权威·前沿·原创

皮书系列为

“十二五”“十三五”国家重点图书出版规划项目

BLUE BOOK

智库成果出版与传播平台

法治蓝皮书

BLUE BOOK OF RULE OF LAW

前海法治发展报告 No.3（2020）

REPORT ON RULE OF LAW IN QIANHAI No.3 (2020)

中国社会科学院法学研究所
主　编／田　禾　吕艳滨
副主编／栗燕杰　刘雁鹏

社会科学文献出版社
SOCIAL SCIENCES ACADEMIC PRESS (CHINA)

图书在版编目(CIP)数据

前海法治发展报告．NO.3，2020／田禾，吕艳滨主编．-- 北京：社会科学文献出版社，2020.11
（法治蓝皮书）
ISBN 978 -7 -5201 -6243 -2

Ⅰ.①前… Ⅱ.①田… ②吕… Ⅲ.①自由贸易区－社会主义法制－研究报告－深圳－2020 Ⅳ.①D927.653

中国版本图书馆 CIP 数据核字（2020）第 198518 号

法治蓝皮书
前海法治发展报告 No.3（2020）

主　　编／田　禾　吕艳滨
副 主 编／栗燕杰　刘雁鹏

出 版 人／谢寿光
责任编辑／曹长香

出　　版／社会科学文献出版社（010）59367162
地址：北京市北三环中路甲 29 号院华龙大厦　邮编：100029
网址：www.ssap.com.cn
发　　行／市场营销中心（010）59367081　59367083
印　　装／天津千鹤文化传播有限公司

规　　格／开 本：787mm × 1092mm　1/16
印 张：18　字 数：268 千字
版　　次／2020 年 11 月第 1 版　2020 年 11 月第 1 次印刷
书　　号／ISBN 978 -7 -5201 -6243 -2
定　　价／128.00 元

法治蓝皮书·前海法治
编　委　会

官方微信　法治蓝皮书（lawbluebook）　法治指数（lawindex）

官方小程序　法治指数（lawindex）

主要编撰者简介

主编　田禾

中国社会科学院国家法治指数研究中心主任，法学研究所研究员。

主要研究领域：刑法学、司法制度、实证法学。

主编　吕艳滨

中国社会科学院国家法治指数研究中心副主任，法学研究所法治国情调研室主任、研究员。

主要研究领域：行政法、信息法、实证法学。

副主编　栗燕杰

中国社会科学院法学研究所副研究员。

主要研究领域：行政法、社会法、法治评估。

副主编　刘雁鹏

中国社会科学院法学研究所助理研究员。

主要研究领域：法理学、立法学、法治评估。

摘　要

前海围绕建设社会主义法治示范区的要求，不断完善法治建设的各方面要素，持续加强深港合作，深入落实各项改革，打造法治化营商环境高地，很多经验值得仔细研究，很多创新值得深入挖掘。

《前海法治发展报告 No.3（2020）》对上述经验进行了全方位、多层次、多角度的提炼和总结，值得向全国推广。此外，蓝皮书还对知识产权保护、信用体系建设、综合执法等领域进行了分析与展现，并对未来前海法治发展进行了预测。

蓝皮书继续发布了全面评估自贸区法治状况的指标体系和评估报告，全面对国家法治示范区进行问诊把脉。评估报告以客观数据和客观材料为依据，主要考察体制机制是否完善，各项制度是否落实，改革创新是否合法。

关键词： 自贸区　法治示范区　营商环境

目 录

Ⅰ 总报告

Ⅱ 指数报告

Ⅲ 法治政府

Ⅳ 制度创新

Ⅴ 司法建设

Ⅵ 法治社会

Ⅶ 知识产权保护

皮书数据库阅读**使用指南**

总 报 告

General Report

B.1

法治前海发展与展望（2020）

中国社会科学院法学研究所法治指数创新工程项目组*

摘　要： 前海既是深圳重要的经济增长极，也是广东乃至全国的制度创新策源地。前海的优势体现在产业的聚集性、监管的特殊性、政策的激励性，法治先行、法治示范功能不断强化。前海正逐步从国内法治先行区走向国际法治高地。前海在规则制定、政务服务、信用监管、知识产权保护、提升司法国际公信力、法律服务业发展等方面的做法值得观察总结，在激活党建力量、突出服务导向、加强风险防范、突出信息化、与其他地方创新良性互动的经验值得推广。今后，前海应纵

* 项目组负责人：田禾，中国社会科学院国家法治指数研究中心主任、法学研究所研究员；吕艳滨，中国社会科学院法学研究所法治国情调研室主任、研究员。项目组成员：王小梅、王祎茗、车文博、冯迎迎、刘雁鹏、米晓敏、胡昌明、洪梅、栗燕杰等（按姓氏笔画排序）。执笔人：田禾、吕艳滨；栗燕杰，中国社会科学院法学研究所副研究员；刘雁鹏，中国社会科学院法学研究所助理研究员。

深推进以法定机构为抓手的机构改革，聚焦制度创新，做好新一轮法治建设，并提升溢出和辐射效应。

关键词： 营商环境 法治前海 法治创新

一 国内外形势的巨大变化

近年来，国际政治经济环境变动剧烈，形势空前复杂。不少发达国家、新兴经济体国家改革乃至重塑国际贸易与投资规则的意向强烈，甚至出现“逆全球化”趋势。全国各地经济下行压力持续加大、招商稳商形势严峻，出口导向型的传统发展模式难以为继。医疗保健、教育培训、科技服务、金融服务、数字贸易等新型贸易和新型科技产业将成为发展的关键所在；区域竞争加剧，政策红利锐减。境外投资意愿有所下滑，一些重大合作项目出现困境，各类纠纷快速增加，治理压力有增无减。以知识产权领域为例，法院案件数量呈逐年上升态势，且涉众型、系列类知识产权纠纷快速增加，社会关注度较高。由于案件争议较大，经常涉及鉴定、证据调取、保全、勘验、以相关案件结果为依据等因素，案件审理难度较大，平均审理周期较长。

面对纷繁复杂的格局，中国制定出台统一《外商投资法》及其实施条例，外商投资立法从“三足鼎立”迈入“大一统”时代。从长远看，中国要从经济全球化规则的被动接受者、参与者，逐步发展为新型全球化的引导者和改革者。中央要求深圳等地加大营商环境改革力度。在此背景下，各地乃至境外的营商环境竞争空前加剧。国内自贸区建设的法治引领与成效保障显著，你追我赶的良性格局、法治框架内改革创新的态势基本形成。前海优势被加速追赶，与上海、海南等地相比，政策优势被不断摊薄甚至大有被赶超之势。

在此背景下，前海利用外资、大项目引进、企业归巢、深港项目合作等，以及更深层次的制度创新、规则创新，均面临空前挑战，改革逐步进入深水区。法治示范区如何再出发？新形势下如何再破题？如何主动承担更重大使命？成为摆在前海面前不可回避的议题。

二　前海做法与创新

在各种不确定因素、疫情影响下，2020 年 1 ~ 6 月，前海蛇口自贸片区注册企业增加值增长 13.3%，实际使用外资 28.89 亿美元，增长 15.1%；进出口按关区口径统计 4640.76 亿元，增长 21.4%，其中前海保税港区 868.15 亿元，增长61.5%[①]。前海成功将新型冠状病毒肺炎疫情的负面影响降到了最低，为全市稳外贸、稳外资、稳投资作出积极贡献，也成为开放度最大、开放水平最高的自贸片区之一。前海经济之所以取得闪亮成绩，其关键在于面向国际高标准推进的制度创新和法治进步。2019 年，《粤港澳大湾区发展规划纲要》《关于支持深圳建设中国特色社会主义先行示范区的意见》相继出台，“加强深港法律事务合作”和“法治城市示范”的战略使命，为前海法治建设示范区赋能。印发《构建自贸试验区改革创新协同示范区工作方案》，建立以自贸试验区为核心的改革创新协同发展推进机制和保障体系，形成协同发展新路径。深圳市委全面依法治市委员会第一次会议审议通过《前海落实〈粤港澳大湾区发展规划纲要〉法治建设行动方案（2019 ~ 2022 年）》，这是九市中首个落实《粤港澳大湾区发展规划纲要》的法治专项行动方案。行动方案明确了粤港澳大湾区背景下前海法治建设的路线图、责任人和时间表。

① 参见《主要经济指标飘红韧性十足 前海半年成绩单亮眼》，深圳新闻网，http://www.sznews.com/news/content/mb/2020-08/10/content_23436390.htm，最后访问日期：2020 年 8 月 24 日。

（一）立法推进取得重大突破

前海各项改革创新，需要立法引领、支撑和保障。从与国际对接的要求来看，一般认为法律法规比政策文件有更强的权威性、稳定性和可预期性。前海按照“急用先行，先易后难，重点突破”的工作思路，开展法律法规适用调整工作，梳理首批诉求22条，上报市人大常委会和市司法局。《深圳经济特区前海深港现代服务业合作区条例》起草完成，已先后8轮征询市各单位意见，收集意见超过400条，经11轮反复修改后上报市司法局。《深圳经济特区前海蛇口自由贸易试验片区条例》起草完成，形成《深圳经济特区前海蛇口自由贸易试验片区条例（送审稿）》报市司法局审议。2020年8月26日，深圳市人大常委会表决通过了《深圳经济特区前海深港现代服务业合作区条例》《深圳经济特区前海蛇口自由贸易试验片区条例》《深圳国际仲裁院条例》三项关于前海的重要条例。三大条例的通过，为前海打造法治化国际化营商环境，打造社会主义先行示范区夯实法治根基。

新版产业发展监管协议已经出台。新版产业发展监管协议、社会信用管理服务办法、招商引资奖励办法、商业发展扶持办法、文创产业扶持办法、数字经济等专项扶持办法的制定、修订更新稳步推进。《前海合作区产业准入目录》《企业所得税优惠目录》正在修订。《深圳市前海深港现代服务业管理局暂行办法》的修订研究已经启动。立法和规则制定，为前海创新保驾护航，构成前海模式的重要组成部分。

（二）政务服务全面升级

前海政务服务多管齐下，服务企业群众创新亮点纷呈。2020年8月出台的《深圳经济特区前海蛇口自由贸易试验片区条例》继续创新外商投资准入模式，探索取消港澳企业准入限制，促进自贸片区贸易自由化。

政务服务大厅软硬件双升级。在硬件方面，服务大厅设立企业开办服务专区，增设深圳市政务自助平台终端、营业执照自助领证终端、社保业务自助服务终端、企业信用信息自助查询终端、出入境自助服务终端等自主查询办事服务终端。各类自助终端设备的启用，为企业群众办理业务提供了诸多便利。在软件方面，打通企业开办全链条，实现商事登记、公章刻制、发票申领、社保登记、银行开户“一站式”服务，企业只需1个工作日即可具备开业的基本条件，真正实现企业开办全流程、全事项、全面落地。打造外商投资“一口办理”升级版。外商投资企业设立办理所需时间进一步压缩，从成立自贸区前的20个工作日压缩到1个工作日。2019年7月试运行至12月31日，通过“一窗通”已办理新设企业3140家，其中外资企业512家。前海聘请第三方咨询机构，启动5S现场标准化管理；对e站通的政务服务进行常态化的满意度调查，促进满意度和获得感双提升。

研发“e企惠”平台便民利企。平台基于对各级政府部门相关产业人才扶持政策的归集和分析、对前海合作区范围内商业楼宇的房源采集，为片区企业提供扶持政策精准匹配和办公房源推荐服务，解决企业在获取和申请扶持政策、园区用房中的“痛点”“堵点”。在内容上，现已汇集国家、省、市、前海的产业扶持政策306项、人才扶持政策44项和区内房源项目15个，覆盖片区企业16万余家，实现了扶持对象智能匹配、申请条件精准测评。

前海研究制定出台金融业、新兴贸易业、高端航运服务业、科技创新创业载体、香港青年创业发展等一系列产业支持政策。覆盖国家、省、市、区四个层次，涵盖行业、企业、人才（资金、住房）、空间（用地用房）、项目等要素的现代服务业产业支持政策体系逐步形成。在各类政策支持下，金融业态层次丰富，集聚效应明显。前海除持牌金融机构之外，还引入大量小额贷款公司、商业保理公司、融资租赁公司、股权投资公司、要素交易平台等创新型金融主体。中央下放地方监管的“7+4”类金融机构中，前海的数量占深圳全市八成以上，其中商业保理公司占全国的3/4，融资租赁公司占全国的1/4，业态丰富、功能完备的区域金融生态圈初步形成。

企业登记“秒批”探索稳步推进。前海管理局与深圳市委政法委、市场监管局和网格办对接，协调应用统一地址库，实行企业登记“秒批”，通过信息共享、自动比对、核验申请，实现基于申请材料结构化、业务流程标准化、审批要素指标化的系统无人干预自动审批。第一，通过建立经营范围标准化表述用语的数据规范，将经营范围申报由原先的手工填报改为菜单选择。第二，应用全市统一地址库，在商事登记中实现地址信息的精准化、规范化。第三，“秒批”系统与南山区网格化管理系统对接，依托网格化管理模式，实现对自然人有限公司的日常巡查，建立秒批质监系统和“登管联动”机制。对于不符合相关法律法规规定的，依法予以纠正或撤销，实现了登记与监管闭环。“秒批”系统的建立运行，使得审批时限压缩到几十秒。“秒批”的上线，不仅大大提升办理效率，申请人完成在线申办后，瞬间即可获知办理结果；从原来依靠工作人员逐项对照材料到系统自动审批，杜绝了滥用自由裁量权、违法违规、人工错误或把握尺度不一等问题。实施至今，内资出资自然人有限责任公司已实现“秒批”，今后“秒批”的适用范围还将不断拓展①。由此，企业登记注册逐步迈向零成本，从时间、空间、费用等方面为企业开办提供最大程度的便利化。

破解民生短板。围绕制约发展的民生设施短板，加快民生用地审批，并主动服务重点项目和重点企业，不断压缩审批时限，保障项目尽快落地。较早探索土地立体化管理，出台三维产权体数据标准和立体复合用地供应管理若干规定，进一步规范了土地立体化管理。其经验经广东省政府批示已在珠三角九市复制推广。修订完善前海人才住房管理办法，完成人才住房年度计划编制，指导人才住房管理，保证人才住房供应的持续性和稳定性。前海产业促进部门协调组织人事、土地房屋等部门，推进人才住房等资源优先向“归巢”企业倾斜，打破了一边“新注册＋区外经营”，一边“二次招商＋归巢”的困局。在之前集中配租的经验基础上，开展滚动式的动态配租模式，有效压缩了各类人才轮候入住人才房的时间。

审批优化再获佳绩。审批引入清单制度，实现了“审批事项进清单，清单之外无审批”。前海管理局规划建设处有52个行政审批服务事项，2019年审批时限平均压减率达69%，且已有19个事项实现了“即来即办”，“零

① 需要说明的是，由于有限责任公司类型较为复杂，经营范围多样，名称鉴别难度大，社会影响面广，“秒批”机制在其他自贸区乃至全国范围的推广还有待时日。

跑动、不见面”全覆盖推进已提上议事日程。推进“前海 80”建设项目审批制度改革，政府投资市政类项目、房建类项目审批时限都控制在 80 个工作日内，快于全国平均值。前海片区国际贸易“单一窗口”2.0 版上线后，企业货物申报数据项减少 33%，船舶申报数据项减少 80%，船舶放行时间由 1 天缩短到 1 小时。推进跨境电商特殊区域出口试点模式，以“供应链协同”方式解决电商出口退税难、通关难、结汇难的问题，使深圳成为全国首个实现电商特殊监管区域出口实单运行的城市。

推进“深港通注册易”和“深奥通注册易”改革。两项业务分别于 2019 年 4 月和 7 月正式开通。该项服务通过商事登记服务前移、离岸受理、远程办理，拓宽香港、澳门投资者的市场准入渠道，借助银行的跨境业务网点，拆除企业商事登记和银行开户的“玻璃门”，凸显专业服务、“一站式”注册前海企业。具体说，通过与商业银行合作，试行香港投资者在港委托银行代为办理前海的企业登记及外资备案手续，代办银行根据其委托，按照规定提交网上申请、收取材料并核验投资者信息，传递至其在深圳的分支机构或合作银行，再由深圳银行机构提交至前海 e 站通服务中心受理，按程序进行商事登记机关登记、商务部门备案。只要材料符合要求，整个企业注册流程无须香港投资者往返深圳，即可注册前海企业；通过落实港人商事登记服务前移，将前海政务服务延伸到了香港地区；银行也能够为港人办理银行开户以及其他附加金融服务，切实提升香港投资者的获得感。

证照分离改革纵深推进。围绕困扰企业的“准入不准营”问题，前海继续开展“照后减证”改革，尽可能减少行政审批事项，进行以“取消、审批改备案、告知承诺制、优化服务”为主要内容的改革，对外提供网上办、指尖办、邮寄办等“不见面审批”办理业务。实施至今，其“照后减证”的改革经验，已在深圳全市推广。

（三）监管效能持续增强

监管是政府的基本职责，创新综合监管、透明监管、综合监管、智能监管，是前海法治创新的重要内容。

综合监管有序推进。2019 年起，深圳前海蛇口自贸片区综合行政执法局正式履职，对外开展知识产权、工商、质监、食品药品安全、交通运输、城市管理、国土资源等领域的综合执法监管工作。

金融监管稳步完善。始终把防范金融风险放在首要位置，进一步深化前海金融开放创新，不断增强金融服务实体经济能力。2019 年 2 月，深圳市前海地方金融监督管理局、前海金融风险防控中心、互联网金融安全技术工业和信息化部重点实验室前海实验基地、深圳市公安局金融风险防控实战预警前海监测中心“1 +3”机构正式揭牌，已完成法人登记注册工作。推动形成以前海鹰眼系统为主，接入深圳私募基金信息服务平台、前海公共信用平台、前海企业地址托管服务系统，联动深圳市地方金融监管局申报系统、深圳市公安局经纶系统等，形成“1 +3 +2”立体式、多维度前海金融风险科技防控体系，金融风险防控水平和监管能力大幅提升。

信用监管成效斐然。前海向中央争取设立信用经济试验区，已向国家发展改革委上报《创建信用经济试验区工作方案》，推动前海出台《社会信用管理服务办法》和《贯彻落实〈国务院办公厅关于加快推进社会信用体系建设　构建以信用为基础的新型监管机制的指导意见〉行动方案（2020 ~ 2022 年）》等一系列制度文件。《2020 年广东省社会信用体系建设工作要点》明确支持深圳推进社会信用体系建设创新，支持前海自贸区创建省信用经济试验区，构建大湾区诚信体系，推进信用监管。健全协同监管平台，实现企业信用信息有效归集和公示。拓展社会化、市场化的守信激励措施，实现信用惠民便企。在税收领域，“信用 + 税收”成果卓有成效。通过税收风险分类管理，使风险识别命中率达 85% 以上，风险管理成效提升 30%，并节省约 26% 的日常管理工作量，监管效能显著提升，执法风险和廉政风险有效降低。前海法院还通过罚款、拘留、律师费转付、诉讼费合理分担等方式，依法制裁虚假陈述、故意拖延诉讼等非诚信诉讼行为。对于自贸区信用 A 类且无不良司法记录的企业，在执行过程中采取更加灵活、温和的执行措施，避免司法执行给企业运行带来过度影响。

前海信用白皮书、社会信用指数编制发布。前海构建“企业信用画像”，充分汇集企业工商、税务以及涉案等企业在经营过程中产生的政府行为信息，对大数据监管模式等内容进行重点研究，归集 70 多家部门超过 2000 万余条数据，从行政处罚、不良行为及贡献三个方面进行深度刻画，对前海蛇口自贸片区内 17 万余家企业按照信用风险等级划分了 A、B、C、D 四个等级，并根据每个类别的信用状况配以相应信用评价，辅助建立了企业预警子模型，帮助监管部门有效识别企业信用评价结果、提高监管效率，实现风险防范预警。由此，以全国自贸片区信用合作交流平台为基础设施，形成覆盖事前、事中、事后全方位信用监管体系，构建以信用监管为基础的新型监管机制，构建以事前信用信息公示、风险预警，事中信用分类监管，事后联合奖惩的完整信用监管体系，全面推进信用监管。推动建立跨地区、跨部门、跨领域联合激励与惩戒机制。

推进信用信息及评级状况的拓展应用，启动企业家信用恢复机制。明确信用恢复的申请条件、审查程序等，规范程序启动机制，及时准确恢复企业家信用，并保障胜诉一方的正常经营。

实施住所托管企业清理专项行动，对于无法联系的报送深圳市有关部门，列入经营异常名录，并同步报送税务机关进行税务锁定处理。由此，失联企业报送和事中事后监管的通道得以打通，对失联企业的震慑作用大为提升。

（四）提升司法国际公信力

前海法院、检察院均高度重视司法体制改革及综合配套改革，为自贸区发展提供司法保障，并不断提升国际公信力。

前海法院作为最高人民法院明确要求建设的司法改革示范法院，坚持落实顶层设计与开展基层探索相结合，出台《全面推进司法体制综合配套改革实施方案（2019～2020）》，要求进一步加强党的领导和党的建设、全面落实司法责任制、深化司法行政职权配置与管理机制改革、推进民事诉讼与执行机制改革等，确保综合配套改革措施平稳、精准落地。

健全专业法官会议机制，明确案件范围和流程。健全新型审判监督管理机制。推进案件质量第三方评查机制进一步完善，包括裁判文书判前评查、案件质量第三方评查常态化，着力提升文书质量。完善重大敏感等“四类案件”监管机制，细化监管范围、发现机制、启动程序和监管方式，并确保全程留痕。

坚持把非诉讼纠纷解决机制挺在前面，完善先行调解机制。对于符合先行调解的案件引导进入诉调对接平台。加强案件全流程跟踪，对于诉讼中当事人仍有调解意愿的案件，移交诉调对接中心进行调解。

完善国际化审判机制，全面对接国际商事规则。前海法院注重对国际条约、协定的准确理解与全面遵循，已适用《蒙特利尔公约》《联合国国际货物销售合同公约》等审理多起案件。为进一步提升司法的国际公信力，前海法院编撰《涉外商事审判法律法规汇编》，全面梳理涉外商事审判中常用的国际公约、司法协定、法律法规、司法解释、指导性案例。自2015年2月开始受理案件，截至2020年6月，前海法院共受理“四涉”民商事案件9144件，从2015年受理611件到2019年受理2183件，“四涉”民商事案件数量逐年上升。自2015年至2020年6月，共受理涉港案件6498件，位居全国基层法院第一。

前海法院在国内首创“港籍调解”和“港籍陪审”，推进6方面27项涉外涉港澳台审判机制改革，充分发挥港籍陪审员和港籍法律查明专家的专业优势，提升正确适用香港法律裁判案件的水平。发布服务保障粤港澳大湾区和自贸区建设十大典型案例，案例涉及国际公约适用、知识产权保护、平行进口车买卖、基金投资、域外商事调解等类型，有利于引导和规范商事主体的行为，明确商事主体的司法预期。前海法院选任32名港籍陪审员，78名港籍调解员参与涉港案件办理。截至2020年6月，前海法院适用域外法审理的案件共76件，其中适用香港法审理63件。前海法院已成为全国适用香港法裁判案件数量最多的基层法院。广州海事法院、广州互联网法院等大湾区法院也共享前海法院港澳台籍和外籍调解员资源，不断提升司法的国际化水平。

前海检察院对涉外涉港澳台民商事审判案件积极开展法律监督。对前海法院2016～2018年度涉外涉港澳台商事案件审判工作开展专项调研，书面审查前海法院近三年2139件判决文书，包括21件适用香港法审理的判决案件，通过书面审查、数据统计等方式，从案件数量、涉外因素、案件类型等多个角度进行了全面总结归纳。探索聘请港澳地区专业人士作为特聘检察官或检察官助理，推动做好适用港澳地区法律审判的民商事案件监督工作。前海法院还与广州南沙法院、珠海横琴法院等搭建“环自贸区司法服务圈”，在诉讼服务、多元纠纷化解等方面共建共治，并规范统一自贸区司法服务标准，形成整体联动效应。

前海检察院积极开展公益诉讼探索。与前海廉政监督局建立公益诉讼协作机制。双方签署《关于建立公益诉讼工作协作机制的意见》，就双方线索移送范围、线索移送及反馈要求、办案过程的协作配合、责任追究机制、沟通协调机制、信息共享机制以及人员交流培训和落实保密制度等方面进行了制度化规范。前海检察院微信公众号增设“办事易”栏目和“随手拍”窗口，检务服务更加便捷，群众可通过政务新媒体进行公益诉讼案件线索举报，并在噪音扰民、海洋环境保护、校园食品安全等方面办理了一批典型案件。在校园食品安全专项检察活动中，前海检察院联合前海综合行政执法局、南山区教育局走访自贸区内的中小学幼儿园，进行专项检查并提出整改建议。

（五）法律服务业集聚发展

前海积极支持法律服务业发展。2019年共扶持法律服务机构16家，扶持金额600余万元。疫情发生后，紧急启动特殊扶持机制。现正修订完善相关政策，加大扶持力度，通过政策引导、资金扶持等方式，不断吸引高端法律服务业聚集前海。

前海注重通过法律服务业的高质量发展，为涉外纠纷高效公正化解夯实基础。筹建前海公共法律综合服务港，吸纳律师（会计师）事务所、仲裁机构、公证机构、司法鉴定机构等入驻。针对前海特点发展新型司法鉴定、涉外法律援助、高端国际公证等业务，鼓励专业法律服务团队集成式提供国际贸易、跨国并购、跨境电商、知识产权等“一站式”法律服务。

前海公证处开展粤港澳大湾区青年实习计划，每年接收数名香港学生实习，让其亲身感受祖国大陆的法治进步。

（六）纠纷化解多元高效

促进多元纠纷化解法治化。2020 年 8 月 26 日，《深圳国际仲裁院条例》出台，这是国内首次针对一个特定仲裁机构专门立法。深圳市人大常委会通过特区立法，巩固了深圳国际仲裁院已有改革成果，并为其进一步深化改革、完善法治治理模式，保障仲裁院独立规范运行，提供了有力的法治保障。

着力推进商事纠纷化解国际化平台建设。前海已形成集商事、金融、知识产权、海事、仲裁等门类齐全的专业审判、仲裁机构布局，具有纠纷化解的独特优势。前海与域内外调解组织加强合作共建，前海法院建立“一带一路”国际商事诉调对接中心。深圳国际仲裁院聘请 148 位香港专业人员担任仲裁员参与国际商事仲裁。深圳国际仲裁院在香港注册成立六个工作平台，其中华南（香港）国际仲裁院被最高人民法院和香港律政司共同确认为符合《关于内地与香港特别行政区法院就仲裁程序相互协助保全的安排》规定的香港仲裁机构。前海“一带一路”国际商事诉调对接中心聘任外籍和港澳台地区调解员 77 名，截至 2020 年 6 月 30 日，香港地区调解员成功调解商事纠纷案件 623 件，澳门地区、台湾地区调解员以及外籍调解员成功调解商事纠纷案件共 35 件。

推进调解专业化规范化。前海法院还创新涉港案件中立第三方评估、防范与惩戒虚假调解、无争议事实记载等机制，依法扩大司法确认范围。《前海“一带一路”国际商事诉调对接中心调解规则》和实务指引出台，内容包括调解规则、10 个实务指引、10 个调解案例、6 类纠纷调解指引，明确了调解工作流程及诉前调解配套机制，实行“类案类调”机制，制订包括融资租赁、知识产权、股权转让等 22 类案件要素表，进一步提升了国际商事调解的有效性、专业性与规范性。自 2018 年成立至 2020 年 6 月底，前海“一带一路”国际商事诉调对接中心共受理各类案件 12579 件，成功调解

4459件。前海知识产权纠纷多元解决平台进一步完善，确立“过滤引导—协调对接—专业服务”知识产权案件调解模式。

探索“互联网+”跨境商事纠纷调解新模式。前海积极对接国际ODR先进经验，扩展在线调解平台运用，实施“线上”与“线下”相融合的纠纷化解模式。在一起著作权纠纷中，内地调解员和外籍调解员分别在前海、北京通过在线视频调解，成功达成调解协议。此类做法正在得到推广，逐步走向常态化。

强化资本市场纠纷化解能力。深圳国际仲裁院以深圳证券期货业纠纷调解中心为平台，完成中国投资者保护中心深圳工作站的挂牌运营，不断提升在资本市场纠纷解决领域的吸引力和公信力。截至2019年12月18日，证券调解中心受理各类咨询817宗，其中，正式受理的调解案件70宗，争议金额超过人民币2.26亿元；办结案件48宗，其中调解成功36宗，和解金额约为人民币5597万元；仲裁确认案件10宗，仲裁确认金额3610万元。

（七）推进知识产权保护系统集成

习近平总书记强调：“加强知识产权保护，是完善产权保护制度最重要的内容，也是提高中国经济竞争力最大的激励。”前海自贸区设立以来，始终把知识产权战略作为创新发展的主导战略，致力于打造全国性的知识产权生态系统建设先行区、落实知识产权保护工作示范区战略。全面推进知识产权司法、行政、仲裁、公证、法律服务等机构在前海聚集发展，建立健全知识产权生态系统，全力打造知识产权保护高地、创建知识产权保护工作示范区。前海商标受理窗口、商标权质押登记受理点的申报稳步推进，其落地指日可待。在机构建设方面，中国（深圳）知识产权保护中心、国家版权创新发展基地、国家海外知识产权纠纷应对指导中心深圳分中心三大国家级重大知识产权保护机构落户前海，大大提升前海知识产权发展和保护能级。

着力知识产权国际保护。2020年4月27日，在前海蛇口自贸片区成立五周年之际，经国家知识产权局批准，国家海外知识产权纠纷应对指导中心深圳分中心在前海挂牌成立。该中心聚焦海外知识产权纠纷应对中存在的难点和痛点，加快建立深圳企业海外知识产权纠纷应对的指导和协助机制，减少企业遭遇海外侵权纠纷时的损失，助力前海、深圳企业走向世界，打造国际化知识产权保护新格局，将成为深圳乃至大湾区企业海外维权的“服务器”，海外规则的“扩音器”，企业国际化发展知识产权能力提升的“助推器”。

突出“一站式”协同保护。2018年底，中国（深圳）知识产权保护中心成立以来，“一站式”协同保护机制取得重大突破的“两快两全”工作平台初步形成。做到了快速确权、快速维权，打通了知识产权从创造、运用、保护、管理到服务的全链条，涵盖专利、商标、版权等“全门类”，在制订知识产权海外维权保护指引、搭建涉外知识产权维权技术支撑体系、建设企业知识产权保护网等方面发挥了重要作用。

突出司法审判执行保护。前海法院建立了“专业法官＋港籍专家陪审员＋知识产权专家＋专业技术调查官”知识产权案件审理机制，破解审理周期长、维权见效慢的问题；选任具有知识产权专业背景的港籍陪审员，发挥知识产权专家的智囊咨询作用；建立专业技术调查官制度，为知识产权案件审理提供专业性技术审查意见；用足用够诉前禁令、惩罚性赔偿等机制，效果良好；2020年4月，前海法院以中英双语发布了《深圳前海合作区人民法院自贸区知识产权司法保护状况白皮书（2016～2020）》。

（八）理论储备前沿引领

前海法治建设，既有面向实践的务实一面，也有注重理论储备的长远视野和理论研讨的前瞻特征。通过理论储备，为前海法治创新提供智识来源。

一是前瞻性开展立法体系研究。受深圳市人大常委会委托，开展市人大常委会年度重点课题研究——“构建适应开放型经济发展的法律体系、推动前海粤港澳大湾区合作示范区建设”，为今后立法做好理论储备。开展“前海社会治理体制机制研究”项目研究，为总规修编提供理论支撑。

二是加强课题研究，提供前沿指引。前海法院对典型案例加以汇编，形成《民商事案例裁判思维与裁判方法——22个精选案例裁判思路解析》。前海法院还加强与国内外科研院所合作，深入开展域外知识产权惩罚性赔偿等课题研究，强化司法审判工作理论支撑。前海主动对标全球一流城市的营商环境标准，委托专门咨询公司开展前海营商环境指数编制和综合评估课题研究，为营商环境建设提供理论指引，并开出针对性“药方”。前海积极推进金融监管沙盒的理论研究，完成“粤港澳大湾区跨境金融监管沙盒”课题研究，形成前海沙盒试点的初步方案。

三是着力推进研究机构建设。2019 年 8 月，“前海知识产权检察研究院”揭牌成立，是最高人民检察院在前海设立的专门研究机构，采取最高人民检察院技术信息研究中心、广东省检察院、深圳市检察院和深圳前海蛇口自贸区检察院四级共建模式，推进知识产权鉴定技术及法庭科学研究，为检察机关办理知识产权案件提供科技保障，并开展涉外、涉港澳台的前沿性知识产权问题研究。2020 年 5 月，位于前海的中国（深圳）知识产权保护中心经国家知识产权局批准，设立国家海外知识产权纠纷应对指导中心地方分中心。

三　经验总结

（一）激活党建力量，党领导牵头抓总

前海一直把政治建设摆在首位，确保法治发展的正确方向，走在全国前列，发挥好排头兵作用。夯实领导组织基础，使得党建工作、党员先锋作用覆盖前海法治的方方面面。注重激活党建力量，不断增强党组织的号召力、凝聚力和战斗力。前海注重拓展融合型支部党建新模式，开展“党建 + 业务”“党建 + 群建”“党建 + 联建”“党建 + 公益”“党建 + 廉建”等多种形式的党建实践。2019 年以来，实现了市委领导前海法治建设的常态化，包括组织两次前海法治建设示范区推进工作领导小组会议，重点研究解决合作区条例修订、自贸片区条例立法和前海体制机制创新等重大问题。党的有力领导保障了前海法治的正确方向，也提供了强大的动力引擎。

（二）突出服务导向，增强满意度获得感

以高效化、集约化、便利化为宗旨，继续探索贸易自由化，突出企业群众获得感。2019 年，前海完成税收优惠产业 125 户企业的认定，并线上线下同步为相关企业提供前海企业所得税优惠咨询服务。从 2014 年开展工作至 2019 年 5 月 31 日汇算清缴期间，共有 1166 家企业享受优惠，共减免企业所得税 48.04 亿元。总体上，企业享受税收减免额度呈逐年上升趋势。

商事登记制度改革是前海法治创新的持续着力点。2013 年就探索商事登记制度改革，降低企业登记注册门槛；2015 年实现商事登记与商务备案的外商投资“一口受理”，企业名称自主申报和全国首张“多证合一、一照一码”的营业执照；2016 年起推进企业专属网页建设；2017 年打造跨境缴税多元化平台；2018 年研发启用跨部门协同监管平台。在流程精简方面，试点“两步申报”通关模式，105 个申报项目最少仅需填报 9 个。

前海法院全面升级诉讼服务中心基础建设，集约设置诉讼辅导、案件查询、自助立案、跨域立案、预约法官、便民服务、法治宣传等功能，打造“厅网线巡”为一体的诉讼服务中心，为当事人提供一站通办、一号通办、一次通办的诉讼服务。

前海法院开设大湾区诉讼专项服务，为港澳当事人提供跨域委托手续面签、立案、文书送达、卷宗查阅等服务，逐步与珠三角九市法院实现诉讼服务互助共享；开设涉外涉港澳台诉讼专项服务，安排多语言服务，为域外当事人提供跨境纠纷调解、诉讼辅导、跨境纠纷跨域立案等跨地域服务。前海公证处“中午不打烊、周末照常办”的做法广受好评，将继续实施。

（三）加强风险防范，确保安全平稳

贸易自由、金融创新等是一把“双刃剑”，既有利于释放生产力，也会带来新的风险。风险的预防、规制，成为前海法治必须关注并有效应对的重要方面。2020 年，突如其来的新冠肺炎疫情使得许多地方治理、经济遭遇

空前打击。前海法院会同法律职业共同体编制《自贸区疫情防控情势下企业法律风险防范指引》，围绕与自贸区密切相关的金融、物流、信息技术、房地产、对外投资和贸易等行业，针对各行业已经发生或可能发生的法律风险点，出台了18个法律风险防范指引。鉴于各地安全生产事故仍时有发生、重特大事故影响恶劣的问题，前海始终保持安全生产高压态势，坚持“不安全不生产”的原则，加大停工整治力度，以铁腕整治倒逼企业落实责任，维护前海整体平安和谐。

（四）用好信息化，法治与智慧同行

利用信息技术赋能提效，加速人才、资金、技术等创新要素的交流、聚集、衍化、融合，为创新提供源头活水，是前海一贯坚持且行之有效的经验。

智慧城市与电子政府一体化建设初步成形。推进前海政务、司法各事项“全业务网上办理、全流程依法公开、全方位智能服务”。上线运行“一带一路”法治地图项目，并被司法部列为“数字法治、智慧司法”建设的重点推进项目，已正式完成内容建设，进入正常运维阶段。

前海法院集约提供网上智能服务，促进诉讼服务一网通办。以电子卷宗随案同步生成及应用为基础，全面推行“数字化”和“网络化”审判，推进诉讼全业务网上办理，庭审数字化记录，逐步实现在线证据交换、调解、庭审，建成“全网络、全天候、一站式”诉讼服务体系。在疫情防控期间，前海法院实现诉讼事项全面网上办理，审判执行不中断，诉讼服务不打烊。2020年2月3日至4月30日，网上立案2683件，占立案总数的64.53%；依托深圳“微法院”推行在线审判模式，开展线上庭审667件。

前海法院针对金融案件证据不易保存、分散复杂等痛点问题，研发区块链金融类案审判系统“至信云审”系统，基于区块链和5G智慧法院建设，发挥区块链数据共享和5G移动通信技术“大宽带、低延时、大连接”优势，与“深圳移动微法院”深度对接，实现平台间数据、功能的互联互通，当事人通过“深圳移动微法院”即可办理链上审判的全部事务。

前海公证处继续推行“互联网+公证”服务，提供线下自助服务、值班+后台同步受理服务。2019年8月，“前海公证处云平台”正式上线运行。平台集实名认证、身份验证、人脸识别、电子签名、可信时间戳等技术于一体，实现在线预约、在线受理、在线签约、在线保全、电子存证等信息化服务功能，可实现电子证据的取证、存证、固证、出证。针对基层公证实际需求，开发上线“前海公证云会议平台”微信小程序，以村股份合作公司为抓手，签署顾问协议，为村集体、股东村民个人和家庭全面提供公证事务，协助清理股权并做好备案登记，为村居股份公司合作开发、换届选举、股权内部流转以及股东、村民的婚姻家庭继承等事务提供综合公证法律服务，积极服务基层治理。

（五）畅通交流，法治创新彼此借鉴

一方面，前海的大量法治创新具有可复制、可推广的价值。另一方面，其他地区特别是自贸片区的法治探索经验，对前海也不无借鉴意义。前海高度重视法治创新的“走出去”和“引进来”，形成法治发展的良性互动格局。发起成立全国自贸片区创新联盟，联盟对象已扩大至28个片区，且有22个片区正在申请加入，范围基本覆盖全国各个自贸区。

其一，将前海法治创新向深圳、广东和全国推广。2019年，前海首次实现向特定区域点对点定向复制推广前海经验。2019年4月，前海36项改革创新成果在江西赣江新区复制推广，同年5月，137项制度创新经验在山西全省推广，16项金融改革创新经验向深圳全市推广。2020年6月，深圳市发布《关于复制推广中国（广东）自由贸易试验区深圳前海蛇口片区第五批改革创新经验的通知》，将前海以制度创新为核心，着力优化营商环境，加快政府职能转变，在投资便利化、贸易便利化、金融开放创新、事中事后监管、法治创新、人才管理改革、体制机制创新等领域43项制度创新向全市推广。

其二，及时总结复制其他地区创新经验。兄弟区域的创新在前海复制推广。第一批23项创新在前海推广。2019年4月，中国人民银行正式批复同

意前海复制上海自由贸易账户体系（FTA），其相关规则已正式落地，对于稳妥探索资本项目可兑换和人民币国际化均具有重要意义。

其三，加强互动交流，提升影响力。前海举办或承办中国法治论坛、前海法智论坛、前海法治讲堂等有重大影响的法治活动（论坛）16 场，增进国内外专家学者对前海法治的了解认同，共同研讨提升法治能力的方向对策。前海法院积极拓展域外司法交流，接待中非法律人才交流项目考察团，邀请香港知名高校专家教授开展交流活动。前海法院还积极推进香港法律专业大学生到法院实习计划，2019 年接收香港法律专业实习生 12 名，增进香港法律人对内地司法制度的了解和认同。深圳国际仲裁院举办第九届中国华南企业法律论坛，汇集来自中央多部门、省市司法机关和港澳相关机构的 600 多名专业、资深从业人员共同研讨国际商事争议解决机制的完善。前海法治公园建设稳步推进，“前海法治建设专题展”已成为传播法治声音的重要载体。

四　未来展望

2019 年 8 月，《中共中央　国务院关于支持深圳建设中国特色社会主义先行示范区的意见》出台，要求深圳“率先营造彰显公平正义的民主法治环境”；2020 年 10 月，中共中央办公厅、国务院办公厅印发《深圳建设中国特色社会主义先行示范区综合改革试点实施方案（2020 ~ 2025 年）》，要求“打造市场化法治化国际化营商环境”。2020 年是前海深港现代服务业合作区成立 10 周年、自贸片区成立 5 周年，站在新的起点上，前海应全面贯彻党的十九大和十九届二中、三中、四中全会精神，在新时代背景下，从更高起点、更高层次、更高目标着力谋划未来法治建设的顶层设计，明确发展方向，推出一系列关键举措。

前海处于经济全球化与法治现代化再平衡的关键枢纽，承担国际经贸投资规则接轨与引领的双重定位，是全面依法治国和全面深化改革的战略支撑。前海要注重全方位、深层次、根本性的制度创新和功能重构。既要充分借鉴国内外先进经验、对标国际先进规则，通过可复制可推广制度机制先行先试，还要考虑长远，对短期内不易复制、不可推广的制度进行差别化试点、前瞻性探索，拓展创新驱动、创新引领的新模式，推进发展模式的转型升级。从长远看，前海还要为国家主导经济、贸易、投资全球化，形成更加公平的国际规则贡献力量和智慧，增强中国在国际投资、贸易规则中的话语权。

今后，前海改革应当秉持理论与实践统一、宏观与微观结合、国际与国内贯通的理念，有机融合习近平新时代法治思想、深化改革思想和对外开放思想的经典逻辑因子，强化战略性视角、结构性视角、制度性视角①，加强系统化思维，提升整体性谋划。前海承担着加快政府职能转变、扩大投资贸易自由化便利化、深化金融开放创新、完善法治保障等重要使命。“前海的改革，要相信法治的力量。”站在全局高度，要深刻把握法治对前海自身和对其他地区的重要意义。前海既要在国内法意义上发挥好改革先行先试作用，推进可复制可推广的法治创新；还要从创设完善国际规范、增强中国话语权着力，提升国际吸引力和国际示范性，打造经济全球化与法治现代化协调共进的社会主义法治示范区。

（一）突出机构聚集，打造法治示范区核心街区

加强前海法治机构集聚，打造前海中国特色社会主义法治示范区核心街区。近年来，前海先后争取到最高人民法院第一巡回法庭、最高人民法院第一国际商事法庭等司法机构的入驻，深圳国际仲裁院、前海公证处、中国（深圳）知识产权保护中心以及粤港澳联营律师事务所等法律服务机构的入驻。在实体法治机构层面，已经具备了很好的基础。为此，拟选址于前湾片区九单元，以法治大厦、正在建设中的第一巡回法庭、规划建设的绿地为中心地带，推进建设前海专业审判大厦、专业服务大厦、廉政服务中心、法治公园，打造独具前海特色的法治核心街区。

---

① 参见牟盛辰《经济全球化与法治现代化再平衡之思：中国自贸试验区法治建构路径研究》，《中国发展》2018 年第 5 期。

（二）激发制度创新，持续提升营商环境

自贸区的核心生命力在于制度创新，制度创新应以法律条文规范为主要载体。顺应新技术、新产业、新业态的发展方向，回应创新、创业的实际需求，实现市场准入最精简、风险防范最牢固、政务服务最高效，构建既便捷高效又有弹性韧性的制度体系。

加速法治创新相关立法。彰显前海全面深化改革和扩大开放试验田的作用，既要做到重大改革于法有据，又要坚持大胆闯、大胆试、自主改。随着外部环境不断变化，中国全面开放新格局深入推进，新挑战新情况新问题层出不穷。在此背景下，上海等自贸区地方性法规的修改工作紧锣密鼓地推进中，前海也应加速相关立法的制定、修改工作。对于已相对成熟和其他地方、域外可资借鉴的创新举措，通过修法明确规定予以固化；对于尚在改革深化中的创新举措，予以概括性规定，为今后继续改革预留空间。

进一步推进政务服务改革。以便民为引领，以效能提升为目标，打造面向国际的政务服务平台。实施精准靶向的特殊制度政策。建立完善高标准、接轨国际的投资管理体系，持续生成并不断释放企业投资便利化红利。还应清醒地看到，企业服务综合机构、专职服务人员较为缺失，导致企业服务能力严重滞后，产业促进精细化程度有待进一步提升。为此，有必要加强企业服务团队建设，为外国投资者和外商企业提供法律、政策、项目等方面的高质量咨询服务，并做好后续准入服务管理工作。进一步完善国际贸易“单一窗口”系统，加快海关税费、国际转运、出口退税、口岸申报、船舶和贸易许可证等事项的集成办理。

纵深推进监管创新走向智慧化高效化。推进信息基础设施建设，实现全程监测、精细监管、精准执法。进行实时数据集成，设置智能客服提高线上运行水平；实现高效管控，进行全方位、全天候、智能化监管，防范化解各类风险。做好要素平台分类处置工作，积极配合市金融监管局，压降违规业务规模，压实交易场所自律管理责任，切实防范和化解交易场所

各类风险；开展“空壳”“失联”“僵尸”企业和违法违规经营为重点的商业保理行业清理排查工作，促进融资租赁和商业保理行业规范健康发展。以金融领域为例，还应探索和完善宏观审慎监管机制，以防范区域性与系统性风险。

持续改善前海营商环境。长期以来，前海以建设稳定、公平、透明、可预期的营商环境为主要目标，这也是制度创新的根本所在。2019 年 6 月，《中国（广东）自由贸易试验区深圳前海蛇口片区暨前海深港现代服务业合作区 2019 年营商环境改革行动方案》（深自贸〔2019〕31 号）出台，围绕提供企业全生命周期政务服务、对标国际先进经贸规则、发挥前海特色优势和加快国际化城市新中心建设等方面提出近 50 项改革举措。今后，前海应再接再厉，进一步为创业创新降低门槛，为市场主体减轻负担，为群众办事生活增添便利。

（三）前瞻导向，做好新一轮法治创新

对照国际最高标准，查短板、补弱项。从被动应对国际经贸规则为主的追赶型法治模式，转而积极参与，甚至抢占先机，形成全球领域的前海法治高地，发挥越来越大的主导作用和引领作用。

在法治框架内完善激励促进政策。在全面评估《前海企业所得税优惠目录》基础上，结合国家相关政策与产业发展需要，论证优惠政策延续的必要性，确保政策延续并推出新版优惠目录，进一步优化税收优惠的认定服务流程。要依法保障金融创新先行先试。加强前瞻性统筹谋划，持续梳理重大金融改革创新项目，争取在人民币国际化、资本项目开放等重点领域率先试点突破；进一步丰富跨境金融政策体系，研究制定前海战略平台深化与港澳的特色金融合作项目。

构建司法服务保障创新驱动发展战略。在司法保障方面，应当清醒地认识到，自贸区独特的运作模式，在推进贸易投资自由化、便利化的同时，也带来意想不到的各类风险、纠纷；在进一步构建国际化营商环境的同时，也需要解决各国市场主体的法律适用等问题，需要充分考虑涉外争议相关全球

性、区域性国际条约、公约、协定和惯例等的适用；在政府职能转变的同时，也应兼顾新形势下廉政的司法保障，以及为政府监管创新提供容错空间。从国内外自由贸易园区实践看，由于制度特殊、监管松散等因素，区内容易产生各种矛盾、违法行为乃至容易被犯罪活动所利用。对此，加强和完善自贸区建设的司法保障势在必行。司法机关首先是现行有效法律规范的适用者和现行法秩序的维护者。在司法审判执行中，还应特别注重进一步加大对知识产权的保护，对洗钱等跨境犯罪行为的打击，正确适用国内、域外、国际三类法律渊源，平等保护中外各方当事人的合法权益，在不妨碍改革创新基础上促进自贸区纠纷的积极解决，并慎重把握入罪标准，兼顾打击犯罪与保护经济自由，分清改革创新与钻空子实施违法犯罪的界限。

加强司法公开。应当承认，前海法院、检察院的司法公开均有较大提升空间。比如，前海法院门户网站设置了“司法改革”板块，其《理论研究》栏目在2016年5月后已长期未更新。而前海检察院虽然微博等新媒体已正常运行，但其门户网站尚未建立运行。通过公开增强前海司法公信力，依然任重而道远。另外，还应进一步理顺前海法院、检察院与南山法院、南山检察院的关系。

创新高端法律供给模式，吸引全球人才。推进涉外法律服务发展。积极引进外国律师事务所、外地律师事务所等法律服务机构落地深圳，吸引更多的高端法律人才聚集前海。重点培育国际化、专业化、品牌化律师事务所，根据前海的发展战略方向，继续吸引擅长国际金融、粤港澳经贸、航运物流、大宗商品等领域的大型律师事务所在前海设立分支机构。探索合伙联营、合作联营、协议联营新模式，推动合伙联营律师事务所在各自执业范围内以分工协作方式深化业务合作，重点为服务“一带一路”建设和中国企业、中国产业、中国商品“走出去”提供高效、专业、优质的跨法域法律服务。

（四）“走出去”“引进来”，提升溢出和辐射效应

前海的诸多探索和创新，是在中央授权先行先试的前提下开展的试验性

改革，是在为其他自贸区、免税区，以及全市、全省乃至全国进行制度创新性的探索。如果前海的成功经验创新仅在当地实施，在一定程度上可能带来区内市场主体与区外的不公平竞争，前海再繁荣、再耀眼，也不能称之为改革成功。只有通过法定程序予以法律化、制度化，不断复制推广，其制度规范和实施效应走出前海走向全国，才是前海样本预期使命落实的表现。

新时代的前海法治创新，面对空前复杂的国内外形势，要把握三个关键词，即对标国际、自主创新、社会主义。一是对标国际，要充分尊重各类国际条约、协定、公约等国际法准则，借鉴发达国家、地区关于自贸园区、保税港区的成功经验和做法范本，追求服务最优、监管最优、营商环境最优，这也是前海一直着力的重点；二是自主创新，对于国内外其他地区暴露的弊端，应当有所警惕、有所认识，在避免克服弊端的同时加大自主创新，在社会治理、民生保障、可持续发展等方面闯出一条新路；三是社会主义，前海作为“社会主义法治示范区”，要凸显人民性和为人民服务，不忘初心牢记使命，让更多的人分享改革发展成果，落实为每个人的自由发展，真正彰显社会主义制度的优越性和先进性。

指 数 报 告

Index Report

B.2

前海法治指数评估报告（2019）

中国社会科学院法学研究所法治指数创新工程项目组*

摘　要： 中国社会科学院国家法治指数研究中心、法学研究所法治指数创新工程项目组从规则制定、法治政府、司法建设、法治社会、保障监督五个方面对深圳前海法治示范区 2019 年法治建设情况进行了第三次系统评估。评估显示，2019 年前海法治评估总体得分为 82.43 分，相比 2017 年（78.42 分）、2018 年（80.48 分）逐年进步，前海法治示范区建设稳步推进，法治化营商环境持续改善，在规则体系、简政放权、优化营商环境、司法建设等方面走在全国前列。在顶层设计、政务服务、

* 项目组负责人：田禾，中国社会科学院国家法治指数研究中心主任，法学研究所研究员；吕艳滨，中国社会科学院法学研究所研究员、法治国情调研室主任。项目组成员：田禾、吕艳滨、王小梅、栗燕杰、胡昌明、王祎茗、刘雁鹏、冯迎迎、米晓敏、洪梅等。执笔人：刘雁鹏，中国社会科学院法学研究所助理研究员；王祎茗，中国社会科学院法学研究所助理研究员；栗燕杰，中国社会科学院法学研究所副研究员；田禾；吕艳滨。

公开透明等方面仍有提升空间。未来，前海法治示范区应当继续深入推进改革创新，补齐短板，争当中国法治建设的排头兵和试验田。

关键词： 法治评估　法治指数　法治示范区

《中共中央　国务院关于支持深圳建设中国特色社会主义先行示范区的意见》明确提出：“全面提升法治建设水平，用法治规范政府和市场边界，营造稳定公平透明、可预期的国际一流法治化营商环境。”作为改革开放“尖兵中的尖兵”，前海自贸片区在法治建设方面大胆积极探索、先行先试，为深圳市、广东省法治建设发挥了模范和表率作用，为其他自贸区贡献了诸多值得借鉴的经验，为全国范围的法治改革提供了可参考的方案。

为客观评估前海自贸片区在法治建设中的进展和成效，营造稳定、公平、透明、可预期的法治化营商环境，《前海中国特色社会主义法治建设示范区规划纲要》提出，“建立前海法治环境指数”。为此，深圳前海管理局委托中国社会科学院国家法治指数研究中心、法学研究所法治指数创新工程项目组研发了前海法治指数评估指标体系，自 2018 年以来，持续开展前海法治指数第三方评估，本次为第三年度评估。

一　评估概况

项目组依照党中央、国务院对法治发展的最新要求，遵循中央对前海自贸片区改革发展的最新部署，参考新出台或新修改的法律法规，吸收国内外自贸区评估的有益经验，动态调整了评估指标体系。

在指标数量上，本次评估指标数量有所变化，共有 5 个一级指标、22 个二级指标、80 个三级指标。

在指标内容上，指标体系保留了评价法治建设水平的基本内容。例如，一级指标仍然以规则制定、法治政府、司法建设、法治社会、保障监督为主，二级指标仍然保留简政放权、审判执行、信访法治等；在规则制定板块增加了规范性文件的科学性、合法性指标；在保障监督板块增加了对廉政规范体系的考察。

在指标难度上，2019 年指标体系评估标准更为严格。例如，在权责清单考察方面，增加了对清单规范依据实效性、准确性的考察。同时，本次评估过程中不仅将前海自贸片区置于自贸（片）区中进行横向比较，而且还将前海合作区人民法院与全国 96 家人民法院共同比较。指标内容、数量以及难度变化，一方面是由于中央对自贸区发展提出了最新要求，另一方面则是由于评估对象法治水平的提升。部分评估内容虽然是法治建设所必需，但并非前海部门职责，故在权重上酌情变化。

（一）评估指标

自贸区法治评估既要考虑法治制度架构的一般含义，如良法善治、依法履职、司法公正、守法尊法等，同时还要考虑自贸区的特殊性，如自贸区法院并不管辖行政、刑事案件，自贸区管委会并非传统行政部门，等等。故在指标设计中既考虑了法治的一般框架，又考虑到前海自贸区的特殊性。

基于此，前海法治指数划分为五个一级指标：规则制定、法治政府、司法建设、法治社会及保障监督（见表 1）。

表 1　前海法治指数评估指标体系

一级指标	二级指标	三级指标
规则制定（25%）	推进立法（40%）	立法规划（20%）
		立法计划（20%）
		立法参与（30%）
		文本公开（20%）
		立法评估（10%）

续表

一级指标	二级指标	三级指标
规则制定(25%)	规范性文件(40%)	三统一(20%)
		科学性(10%)
		民主性(10%)
		合法性(10%)
		监督规范(20%)
		清理机制(10%)
		透明度(20%)
	重大决策(20%)	规范性(20%)
		科学性(40%)
		民主性(40%)
法治政府(25%)	简政放权(10%)	权力下放(25%)
		事项精简(25%)
		权力承接(25%)
		购买服务(25%)
	优化服务(20%)	网上办事(40%)
		流程优化(40%)
		政民互动(20%)
	执法监管(20%)	规范化(40%)
		双随机一公开(40%)
		有效性(20%)
	清单制(15%)	权力清单(40%)
		责任清单(40%)
		负面清单(20%)
	公开透明(15%)	主动公开(80%)
		依申请公开(20%)
	改革创新(10%)	金融(25%)
		税收(25%)
		海关(25%)
		物流(25%)
	容错举报(10%)	容错机制(50%)
		投诉举报(50%)

续表

一级指标	二级指标	三级指标
司法建设(15%)	审判执行(40%)	司法改革推行(20%)
		执行能力提升(30%)
		阳光法院(30%)
		智慧法院(20%)
	检察权运行(30%)	检察改革推进(20%)
		检察监督(30%)
		互联网+检察(20%)
		阳光检务(30%)
	矛盾化解(30%)	调解(40%)
		仲裁(40%)
		合作机制(20%)
法治社会(20%)	社会治安(10%)	工作年报(25%)
		交通统计(25%)
		治安统计(25%)
		警情通报(25%)
	社会信用(30%)	信用记录(40%)
		守法诚信褒奖(30%)
		违法失信惩戒(30%)
	信访法治(10%)	渠道畅通性(40%)
		处置规范度(50%)
		信访秩序(10%)
	普法宣传(20%)	制度建设(30%)
		普法实践(30%)
		实施效果(40%)
	法律服务(30%)	法律查明(10%)
		法律服务国际化(30%)
		司法鉴定(30%)
		公证(30%)

续表

一级指标	二级指标	三级指标
保障监督(15%)	党的领导(20%)	党委组织(20%)
		党务公开(40%)
		基层党建(40%)
	队伍建设(30%)	法律顾问制度(40%)
		国际化法律服务队伍(40%)
		律师队伍建设(20%)
	廉政建设(30%)	廉政体制机制(10%)
		廉政规范体系(10%)
		信息化建设(20%)
		规范履职保护(20%)
		廉情预警评估(20%)
		总结报告(20%)
	基础研究(20%)	理论储备(10%)
		课题研究(30%)
		经费支持(20%)
		应用推广(40%)

(二)评估方法

评估方法直接关系到评估结果是否科学有效，数据的获取方法直接关系到评估结果的客观性、真实性和科学性。项目组主要采取以下方法获取评估数据。

1. 内部数据

(1) 评估对象自报材料

各个评估对象提供的基础材料，以及依照项目组要求所提供的各类文件、报告、总结、纪要、执法记录、案卷等，是评估所依据的基本材料。

(2) 官方统计数据

评估组从官方统计数据中筛选出部分具有法治意义的数据，作为评估法治发展状况的依据。此类数据既有相关部门公开的信息，还包括项目组从评估对象处提取的信息。

2. 项目组经外部采集的数据

项目组评估过程中以相关部门门户网站作为获取数据的重要渠道，考察数据获取的便捷性、网站的友好性等内容；与此同时，项目组还视情况从微博、微信、客户端等新型信息披露与公开互动平台获取了部分数据。

3. 项目组实际验证

项目组还采用一些互动方式，如实名或匿名抽查验证、申请公开等方式，向有关部门提出与实际工作相关的申请、咨询等，来验证相关部门的日常法治实践情况。

（三）评估涉及的部门

由于前海自贸片区不是一级行政区域，不具备完整的立法权限、社会管理权限，如涉及前海自贸片区的地方立法需要提请深圳市人大及其常委会、深圳市政府；在社会管理方面，前海自贸片区很多的社会管理职能由深圳市南山区负责。因此，评估前海法治发展，不仅涉及前海自贸片区自身的工作，还要涉及南山区乃至深圳市的有关部门（见表2）。

表2　评估涉及的部门

评估内容	涉及部门
规则制定	深圳市人大常委会
	市司法局
	前海管理局
法治政府	深圳市政府
	南山区政府
	前海管理局
司法建设	前海合作区人民法院
	前海蛇口自贸区人民检察院
	深圳国际仲裁院
	中国港澳台和外国法律查明研究中心

续表

评估内容	涉及部门
法治社会	市政府相关部门
	南山区政府
	前海管理局
保障监督	深圳市司法局
	前海廉政监督局
	深圳市律师协会
	前海管理局

二　总体评估结果

基于评估指标和各渠道获取的评估数据，项目组核算了2019年度前海法治指数评估结果（见表3、图1）。评估显示，2019年前海法治评估总体得分为82.43分，相比上年的80.48分有所进步。前海作为中国首个国家级法治示范区，在各个领域和各个方面都开展了卓有成效的尝试，很多方面走在法治改革的前沿。在规则制定方面，前海不断完善规则体系，推动科学立规、民主立规与依法立规相结合；在法治政府建设方面，前海通过简政放权、信息化建设等诸多手段，不断提高行政效能，以高效优质的服务优化营商环境；在司法建设方面，前海合作区人民法院、前海蛇口自贸区检察院以及深圳国际仲裁院为自贸区发展提供坚实的法治保障；在法治社会方面，前海管理局创新普法形式，充分利用法律服务资源，推动诚信体系建设，促进社会和谐有序；在保障监督方面，前海不断完善相关体制机制，加强队伍建设，为法治建设保驾护航。

表3　2019年度前海法治指数评估结果

评估一级指标	得分(分)
规则制定(权重25%)	83.20
法治政府(权重25%)	84.40
司法建设(权重15%)	77.80

续表

评估一级指标	得分(分)
法治社会(权重 20%)	80.56
保障监督(权重 15%)	85.00
总分(满分 100 分)	82.43

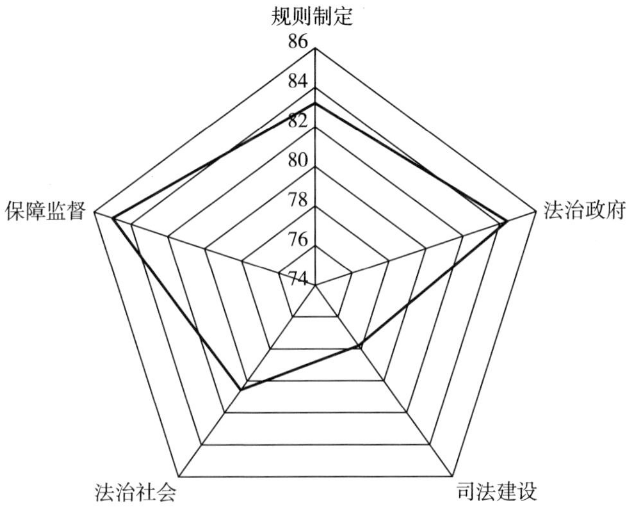

图 1　前海法治指数评估一级指标得分雷达图

作为国家唯一批复的中国特色社会主义法治建设示范区，重视法治保障是前海有别于国内其他功能开发区和自贸区的突出特点，也是前海的核心竞争优势和主要驱动力。评估发现，前海在规则体系、司法建设、纠纷解决国际化等方面在国内众多自贸区中处于领先地位。

第一，规则体系规范性建设依然领先。项目组选择了完整性、全面性、及时性、公开性等若干要素针对规则制定、规则实施以及规则完善过程中的规范程度进行了评估。设置独立指标体系后，项目组评估发现，前海规则体系规范度较高，在自贸（片）区中处于第一梯队（见表 4）。

表 4　规则制定规范度评估情况（截至 2020 年 4 月 10 日）*

单位：分

自贸区	自贸区片区	规范性文件制定(30%)	规范性文件实施(50%)	规范性文件完善(20%)	总分
上海自贸区		90	92	90	91.0
广东自贸区	广州南沙新区	96	88	94	91.6
	深圳前海蛇口	96	90	96	93.0
	珠海横琴	94	86	92	89.6
福建自贸区	福州片区	60	68	60	64.0
	厦门片区	64	70	62	66.6
	平潭片区	60	62	60	61.0
天津自贸区		70	66	66	67.2
辽宁自贸区	大连片区	68	68	72	68.8
	沈阳片区	78	80	60	75.4
	营口片区	58	58	56	57.6
浙江自贸区		84	86	76	83.4
湖北自贸区	武汉片区	80	74	76	76.2
	襄阳片区	68	58	72	63.8
	宜昌片区	60	58	62	59.4
重庆自贸区	两江片区	80	66	78	72.6
四川自贸区	成都天府新区片区及成都青白江片区	88	84	82	84.8
	川南临港片区	68	52	76	61.6
陕西自贸区		56	68	60	62.8
河南自贸区	郑州片区	60	60	64	60.8
	洛阳片区	58	52	60	55.4
	开封片区	58	46	62	52.8
海南自贸港		72	78	80	76.6
河北自贸区	正定片区	38	58	48	50.0
	雄安片区	40	60	50	52.0
	曹妃甸片区	36	56	46	48.0
	大兴机场片区	34	54	40	45.2

续表

自贸区	自贸区片区	规范性文件制定(30%)	规范性文件实施(50%)	规范性文件完善(20%)	总分
黑龙江自贸区	哈尔滨片区	30	40	42	37.4
	黑河片区	28	38	40	35.4
	绥芬河片区	26	36	40	33.8
广西自贸区	南宁片区	38	52	46	46.6
	钦州港片区	34	50	44	44.0
	崇左片区	36	48	48	44.4
云南自贸区	昆明片区	38	42	40	40.4
	红河片区	30	36	40	35.0
	德宏片区	28	40	42	36.8
江苏自贸区	南京片区	56	64	58	60.4
	苏州片区	58	66	56	61.6
	连云港片区	52	62	54	57.4
山东自贸区	济南片区	48	60	58	56.0
	青岛片区	50	62	56	57.2
	烟台片区	48	58	54	54.2

* 该评估为独立指标体系，与表1的前海法治指数评估指标体系不尽一致。

首先，规则体系较为完整。上海自贸区、广东自贸区等成立时间较早，相继制定了自贸区发展规划总纲。例如，上海制定了《中国（上海）自由贸易试验区条例》，广东制定了《中国（广东）自由贸易试验区条例》。此外，自贸片区所在市也纷纷制定地方法规，通过法规的形式确定自贸区的权限、责任以及相关举措。只有方案没有条例、办法等规范性文件的支撑，自贸区很难依法有序推进。评估发现，前海规则体系较为完整，从条例、办法到规范性文件，构成了较为全面的规则体系。而其他自贸区有的缺少统领自贸区发展的地方立法。例如，江苏、山东、广西自贸区自2019年8月批复直至2020年4月仍然没有地方法规指导自贸区建设，更缺少地方政府规章以及其他规范性文件。有的自贸区则缺少指导具体改革措施的规范性文件。

其次，规范性文件公开较为及时。评估发现，前海自发布规范性文件至公开规范性文件间隔时间较短，而其他自贸区或自贸片区或多或少存在延迟现象。

最后，规范性文件公开较为全面。前海管理局将规范性文件均按照文件内容、性质、类型进行分类公开，一方面方便公众查询，另一方面则避免遗漏文件导致关键信息长期没有公开。评估发现，前海管理局基本做到了应公开尽公开，而部分自贸区或自贸片区存在关键文件遗漏的现象。

第二，自贸区法院建设位列第一梯队。评估发现，深圳前海合作区人民法院为打造国际化、法治化、便利化的自由贸易示范区提供了坚实的法治保障，法院建设稳步推进，位列自贸区法院第一梯队。首先，在涉外审判方面，深圳前海合作区人民法院涉港商事案件数量位居全国第一。2019年，深圳前海合作区人民法院新收涉外涉港澳台商事案件（简称“四涉”案件）2183件，占民商事案件总数的30.79%。其中，受理涉港案件1548件，占“四涉”案件的70.91%，涉港商事案件数量位居全国法院第一。其次，在透明度方面，深圳前海合作区人民法院表现良好。项目组就全国94家法院进行了司法透明度评估，深圳前海合作区人民法院在94家法院中排名第30①，处于近百家法院的中上游水平；在自贸区法院中排名第二，位列第一梯队（见表5）。最后，在国际化方面，深圳前海合作区人民法院门户网站设置了中文简体、中文繁体、英文三个版本，港澳台以及境外企业、组织、公民可以通过不同版本浏览深圳前海合作区人民法院发布的规范性文件、经典案例、诉讼须知等关键信息。

① 2019年评估共抽取了全国94家法院作为评估对象，具体包括：（1）最高人民法院；（2）各省、自治区、直辖市高级人民法院以及新疆维吾尔自治区高级人民法院生产建设兵团分院（共32家法院）；（3）较大的市的中级人民法院（共49家法院）；（4）北京、上海、广州3家知识产权法院；（5）北京、杭州、广州3家互联网法院；（6）广东自贸区南沙片区人民法院、深圳前海合作区人民法院、珠海横琴新区人民法院、四川天府新区成都片区人民法院、重庆自由贸易试验区人民法院（共5家法院）；（7）上海金融法院。

表5　自贸区法院2019年透明度评估及排名

单位：分

在全部评估对象中的排名	法院	审务公开（20%）	审判公开（30%）	执行信息公开（20%）	数据公开（15%）	司法改革（15%）	总分
12	广东自由贸易区南沙片区人民法院	83.40	70.00	68.00	86.25	35.00	69.47
30	深圳前海合作区人民法院	43.26	58.10	51.00	71.00	50.00	54.43
42	珠海横琴新区法院	62.00	51.90	35.00	59.00	25.00	47.57
81	重庆两江新区（自贸区）人民法院	38.50	40.40	45.00	10.00	25.00	34.07
91	成都天府新区（自贸区）法院	58.40	34.90	10.00	10.00	10.00	27.15

说明：2019年评估首次加入了新疆维吾尔自治区高级人民法院生产建设兵团分院以及12家专门性法院。完整评估排名参见法治蓝皮书《中国法治发展报告No.18（2020）》。

第三，仲裁员结构国际化程度处于前列。仲裁员是国际仲裁的关键因素，拥有一个中外结合的仲裁团队对于打造国际仲裁中心至关重要。为此，全国各地自由贸易试验区所在地仲裁机构一方面汇聚内地顶级法律人才，另一方面广泛吸收来自香港、澳门、台湾以及境外的专家。评估发现，前海在纠纷化解方面储备了大量国际化人才，尤其是在国际仲裁方面，“深圳国际仲裁院仲裁员名册”现共有933名仲裁员，覆盖77个国家和地区，境外仲裁员有385名，占比超过41.26%，仲裁员结构国际化程度为中国最高（见表6）。

表6　国内自贸区所在地仲裁人才储备情况（截至2020年4月10日）

自贸区	片区	国际商事调解中心	国际商事仲裁中心	人才储备	
上海（2013年9月）		上海经贸商事调解中心	上海国际经济贸易仲裁委员会	港澳台及外籍专家	“仲裁员名册”共有仲裁员965名，分别来自74个国家和地区，其中中国内地仲裁员604名，占62.59%；外籍及港澳台地区仲裁员361名，占37.41%

续表

自贸区	片区	国际商事调解中心	国际商事仲裁中心	人才储备	
广东（2015年4月）	广州南沙新区	南沙自贸区商事调解中心	中国南沙国际仲裁中心	—	新网站没有标注港澳台及外籍信息
	深圳前海蛇口	前海“一带一路”国际商事诉调对接中心	深圳国际仲裁院	港澳台及外籍专家	“深圳国际仲裁院仲裁员名册”共有933名仲裁员，覆盖77个国家和地区，境外仲裁员有385名，占比超过41.26%
	珠海横琴	横琴新区国仲民商事调解中心	珠海国际仲裁院	港澳台及外籍专家	“仲裁员名册”共有仲裁员507名（包括增补名册人员），其中中国内地仲裁员436名，约占86.00%；港澳台地区仲裁员67名，约占13.21%；外籍仲裁员4名，约占0.79%
福建自贸区（2015年4月）	福州片区	—	福州国际商事仲裁院	—	483个仲裁员，未显示国籍，未显示是否为境外仲裁员
	厦门片区	厦门国际商事调解中心	厦门国际商事仲裁院	台湾专家及外籍专家	“仲裁员名册”共有753名仲裁员，其中港澳台仲裁员12名，约占1.59%，外籍仲裁员13名，约占1.73%
	平潭片区	—	海峡两岸仲裁中心	港澳台专家	“仲裁员名册”共有196名两岸仲裁员，其中台湾地区仲裁员25名，约占比12.76%，澳门籍仲裁员4名，约占2.04%，香港籍仲裁员20名，约占10.20%
天津自贸区（2015年4月）	天津港片区	天津自贸区国际商事调解中心	贸仲委/海仲委天津自贸区仲裁中心	港澳台及外籍专家	“仲裁员名册”共有360名仲裁员，其中外籍仲裁员9名，约占比2.5%，港澳台仲裁员11名，约占比3.06%
	天津机场片区				
	滨海新区				

续表

自贸区	片区	国际商事调解中心	国际商事仲裁中心	人才储备	
辽宁自贸区（2017年3月）	大连片区	—	大连仲裁委员会	港澳台及外籍专家	大连仲裁委员会"仲裁员名册"现有仲裁员284人，来自日本、中国香港等国家和地区的仲裁员15名，约占比5.28%
	沈阳片区	—	沈阳仲裁委员会	—	—
	营口片区	—	营口仲裁委员会	—	—
浙江自贸区（2017年3月）	舟山离岛片区	中国国际贸易促进委员会（中国国际商会）浙江调解中心	杭州国际仲裁院	外籍专家	"仲裁员名册"共有553名仲裁员，其中15名为外籍仲裁员，约占比2.71%
	舟山岛北部片区				
	舟山岛南部片区				
湖北自贸区（2017年3月）	武汉片区	—	武汉仲裁委员会/武汉国际仲裁中心	港澳台及外籍专家	"仲裁员名册"共有96名仲裁员，其中8名港澳台仲裁员，约占比8.33%；4名外籍仲裁员，约占比4.17%
	襄阳片区	—	襄阳仲裁委员会	无	"仲裁员名册"共有272名仲裁员，无港澳台仲裁员，无外籍仲裁员
	宜昌片区	—	国际仲裁分支机构	无	"仲裁员名册"共有290名仲裁员，无港澳台仲裁员，无外籍仲裁员
重庆自贸区（2017年3月）	两江片区	中国（重庆）自由贸易试验区仲裁中心	重庆两江国际仲裁中心	港澳台及外籍专家	"仲裁员名册"共有62名仲裁员，其中8名外籍仲裁员，约占比12.9%；3名港澳仲裁员，约占比4.84%
	西永片区				
	果园港片区				

续表

自贸区	片区	国际商事调解中心	国际商事仲裁中心	人才储备	
四川自贸区（2017年3月）	成都天府新区片区	四川自贸试验区仲裁中心	成都仲裁委员会	—	—
	成都青白江铁路港片区				
	川南临港片区	—	泸州仲裁委员会	无	“仲裁员名册”共有307名仲裁员，无港澳台仲裁员，无外籍仲裁员
陕西自贸区（2017年3月）	中心片区	国际商事调解中心	西安仲裁委员会国际商事仲裁院	港台专家、外籍专家	“仲裁员名册”共有99名仲裁员，5名港澳台仲裁员，约占比5.05%；7名外籍仲裁员，约占比7.07%
	西安国际港务区片区				
	杨凌示范区片区				
河南自贸区（2017年3月）	郑州片区	—	郑州仲裁委员会国际商事仲裁院	港澳台及外籍专家	“仲裁员名册”共有仲裁员278名，其中中国内地仲裁员269名，约占96.76%；港澳台地区仲裁员2名，约占0.72%；外籍仲裁员7名，约占2.52%
河南自贸区（2017年3月）	洛阳片区	—	洛阳国际商事仲裁院/洛阳仲裁委	—	“仲裁员名册”共有仲裁员227名，其中港澳台地区仲裁员1名，约占比0.44%；外籍仲裁员4名，约占比1.76%
	开封片区	—	—	—	
海南自贸港（2018年10月）			海南国际仲裁院	港澳台及外籍专家	“仲裁员名册”共有664名仲裁员，其中外籍仲裁员187名，港澳台仲裁员34名，港澳台及外籍专家占比约33.28%

续表

自贸区	片区	国际商事调解中心	国际商事仲裁中心	人才储备	
河北自贸区（2019年8月）	正定片区	—	石家庄仲裁委	港澳台及外籍专家	“仲裁员名册”共有709名仲裁员，其中港澳台仲裁员8名，外籍专家24名，港澳台及外籍专家占比4.51%
	雄安片区				
	曹妃甸片区	—	唐山仲裁委	无	“仲裁员名册”共有202名，无港澳台仲裁员，无外籍仲裁员
	大兴机场片区	—	廊坊仲裁委	—	—
黑龙江自贸区（2019年8月）	哈尔滨片区	—	哈尔滨仲裁委员会	港澳台及外籍专家	“仲裁员名册”共有仲裁员590名，其中中国内地仲裁员543名，约占92.03%；港澳台地区仲裁员7名，约占1.19%；外籍仲裁员40名，约占6.78%
	黑河片区	—	—	—	—
	绥芬河片区	—	—	—	—
广西自贸区（2019年8月）	南宁片区	—	南宁仲裁委员会		“仲裁员名册”共有仲裁员512名，其中中国内地仲裁员486名，约占94.92%；港澳台地区仲裁员9名，约占1.76%；外籍仲裁员17名，约占3.32%
	钦州港片区	—	钦州国际仲裁院		“仲裁员名册”共有961名仲裁员，无港澳台仲裁员，无外籍仲裁员
	崇左片区	—	—	—	—

续表

自贸区	片区	国际商事调解中心	国际商事仲裁中心	人才储备	
云南自贸区（2019年8月）	昆明片区	昆明国家级经济技术开发区国际商事仲裁服务中心	昆明仲裁委员会	—	—
	红河片区	—	—	—	—
	德宏片区	—	德宏仲裁委员会	—	—
江苏自贸区（2019年8月）	南京片区	—	南京仲裁委员会	香港及外籍专家	“仲裁员名册”共有500名仲裁员，有1名外籍仲裁员、1名香港仲裁员
	苏州片区	—	苏州仲裁委员会	港澳台专家	“仲裁员名册”共有327名仲裁员，有8名港澳台仲裁员，约占比2.45%
	连云港片区	—	连云港仲裁委员会	无	“仲裁员名册”共有205名仲裁员，无外籍仲裁员，无港澳台仲裁员
山东自贸区（2019年8月）	济南片区	济南国际法律服务中心	济南仲裁委员会	无	“仲裁员名册”共有仲裁员543名，无港澳台地区仲裁员，无外籍仲裁员
山东自贸区（2019年8月）	青岛片区	—	青岛仲裁委员会/青岛国际贸易仲裁院	港澳台及外籍专家	“仲裁员名册”共有仲裁员739名，其中中国内地仲裁员628名，约占84.98%；港澳台地区仲裁员39名，约占5.28%；外籍仲裁员72名，约占9.74%
	烟台片区	—	烟台仲裁委员会/国际商会仲裁院	无	“仲裁员名册”共有389名仲裁员，无港澳台地区仲裁员，无外籍仲裁员

说明：评估期间发现部分网站始终打不开，导致无法评估，表格中部分“—”代表无法正常评估，特此说明。

三　各板块评估结果

（一）规则制定

法治意味着良法善治，良法是善治的前提，科学立法、民主立法、依法立法是法治建设的基础。前海在推动改革过程中，应当树立规则意识，坚持“凡属重大改革于法有据”，秉持规则意识和制度意识，将规则放在第一位。这样既有利于建立健全前海的规则体系，也有益于总结前海改革经验和成果，更有助于全国其他地区复制推广相关经验。

1. 评估发现的亮点

（1）制定立法规划，推动科学立法

立法（规）规划，是立法（规）机关对经过预测与研究的立法项目进行通盘考虑，这就要求在立法调研的基础上，根据实践需求的轻重缓急、未来发展规划的重点方向、现有的内外条件等多方面因素，对未来一段时间内的立法（规）工作作出合理的统筹安排。立法（规）规划的制定和提出有助于加强立法（规）的科学性，有利于完善规则体系，有益于增强社会公众对未来的预期。研究并制定立法（规）规划，是推动立法（规）有计划、有步骤、有目的进行的重要途径，是推动立法工作有序化、科学化、系统化的重要抓手，对于提高立法（规）质量有重要意义。评估发现，前海对未来五年需要制定的各类法规、规范性文件进行科学论证，形成立法（规）规划，保障立法（规）工作有条不紊。2019 年 5 月，《前海蛇口自贸片区立法五年规划（2019～2024）（征求意见稿）》公开向社会征求意见，前海自贸片区通过立法（规）构建起符合自贸区发展特色的规范体系，推动各项改革创新工作于法有据。

（2）回应征求意见，推动民主立规

无论是立规征求意见，还是重大决策之前，前海管理局都会通过门户网站、两微一端、新闻媒体等多元渠道广泛征求意见，充分吸收民意，将合理意见充分吸收到文件的制定和修改工作中。前海管理局不仅广泛征求公众意见，而且将意见的采纳情况进行公开，一方面反映了前海管理局认真对待每一条意见建议，并对若干有建设性的意见进行了回复；另一方面，公众的意见不会石沉大海，有助于激发公众参与规则制定的热情，推动民主立法（规），进而提高立法（规）质量，增强公众的参与度和满意度。评估发现，前海管理局已经走向常态化，对于所有公开征求意见的规范性文件，都会将反馈情况一一列明，接受公众监督。

（3）关联政策文件，同步推送解读

政策文件对于地方经济社会发展的影响不言而喻，但有时由于文件篇幅大、专业名词复杂难懂等原因，媒体和公众往往把握不住重点，有的甚至抓住文件中的只言片语，加上自己的理解进行解读，导致误解、歪曲。这不仅影响了政策的执行力，而且还可能在群众中产生对抗情绪，因此发布政策文件应当尽量做好政策解读工作。对此，中央多次下发文件要求重视政策解读工作。例如，《国务院办公厅印发〈关于全面推进政务公开工作的意见〉实施细则的通知》（国办发〔2016〕80 号）要求，坚持政策性文件与解读方案、解读材料同步组织、同步审签、同步部署。以部门名义印发的政策性文件，报批时应当将解读方案、解读材料一并报部门负责人审签。文件公布时，相关解读材料应与文件同步在政府网站和媒体发布。国务院办公厅《2019 年政务公开工作要点》再次予以强调。评估发现，前海管理局不仅在门户网站开辟专栏公开与自贸区相关的所有政策文件，而且还做到了以下两点：其一，对每个政策文件均进行解读；其二，对政策解读与政策文件进行了关联，方便公众查询。可以说，前海管理局所做的政策解读是从群众视角出发，既方便了查询，又便于理解。对比其他自贸区或自贸片区的政策解读可以发现，要么选择性解读，解读部分文件，其他文件则忽略；要么解读与文件本身没有关联，无法同时找到文件和解读，浪费公众时间。

2. 评估发现的问题

（1）文件归类不合理

前海自贸片区已经构建起“一条例两办法”为核心的规范体系，相关的规范性文件数量多、内容丰富，对大量文件进行合理的归纳分类有助于公众查找文件内容，有利于文件的整理分析，有益于保障规范体系和谐统一。评估发现，前海管理局部分规范性文件摆放不够合理，一些本应属于前海自贸片区的规范性文件却放置在深圳市法规及规章栏目中。例如，《前海深港现代服务业合作区地下停车场智慧共享工作指引（试行）》（深前海规〔2018〕6号）作为前海自贸片区的规范性文件，却放置在了深圳市法规及规章栏目中；再如，《深圳市前海管理局关于废止〈深圳市前海深港现代服务业合作区外商投资企业管理办法〉的通知》没有出现在前海规范性文件中，却在深圳市法规及规章中。少数中央文件放置在了广东省法规及规章栏目中。例如，《国务院关于印发中国（广东）自由贸易试验区总体方案的通知》（国发〔2015〕18号）被放置在广东省法规及规章栏目。少数深圳市政府文件放置在前海规范性文件栏目中。例如，《深圳市人民政府办公厅关于印发深圳前海深港现代服务业合作区行政审批和行政服务管理暂行办法的通知》（深府办〔2013〕8号）以及《深圳市人民政府关于印发深圳前海深港现代服务业合作区境外高端人才和紧缺人才个人所得税财政补贴暂行办法的通知》（深府〔2012〕143号）。

（2）规范性文件重复

评估发现，前海管理局在公开规范性文件过程中，出现了部分文件重复公开的现象。例如，《深圳前海深港现代服务业合作区支持金融业发展专项资金实施细则（试行）》既出现在规范性文件中，又出现在政策中。又如，《深圳市前海深港现代服务业合作区管理局关于印发〈前海深港现代服务业合作区地下停车场智慧共享工作指引（试行）〉的通知》公开了两遍。规范性文件在不同栏目重复公开一方面说明主管部门未能做到公开前审查内容，没有及时发现待公开文件已经公开；另一方面则说明主管部门事后不经常浏览门户网站，没有从群众视角观察公开效果，导致规范性文件出现重复。

（3）规范性文件缺失

前海自贸片区规范性文件数量多、内容庞杂，除了“一条例两办法”之外，广东省的部分法规规章，深圳市条例、规章以及规范性文件，共同构成了法治前海的规范体系，全面完整公开有助于提高自贸片区法治建设水平，有利于增强公众的规则意识，有益于完善改进规范体系。评估发现，部分与前海自贸片区有关的规范性文件未能公开。例如，作为前海自贸片区推动的进出境游艇监管创新成果，《深圳海关中国（广东）自由贸易试验区深圳前海蛇口片区进出境游艇监管办法（试行）》并没有在门户网站中公开。

（4）顶层设计需加强

前海明显缺乏一批先行先试的新政策作为制度创新的支撑和保障，对标国际、国内部分自贸（片）区，还存在一定差距，为国家做试验、开展先行先试的突破点还不够，改革创新难度不断加大，自贸改革的协调推动力度还有待加强，与举全市之力建设前海自贸片区相比还有差距。自贸区建设的顶层设计有待完善，建设前海的主要指导思想是广东自贸区深化改革方案，尽管《中共中央　国务院关于支持深圳建设中国特色社会主义先行示范区的意见》《粤港澳大湾区发展规划纲要》以及《关于支持自由贸易试验区深化改革创新的若干措施》（国发字〔2018〕38号）等中央文件有部分自贸区的政策支撑，但相比上海临港、海南等，前海自贸片区缺少一套更深层次、更宽领域、更大力度的建设指导方案。随着国务院总体规划中有关前海的先行先试政策陆续落地，前海还须出台新一批先行先试的政策作为制度创新的支撑和保障。前海自贸片区未来法治要继续领先发展，要继续作为领头羊、改革尖兵中的尖兵，就必须争取中央政策支持。尤其是前海自贸片区应当抢抓粤港澳大湾区重大机遇，用好各项政策，争取中央全面依法治国委员会审议通过《关于支持前海中国特色社会主义法治建设示范区先行先试若干举措的意见》，为今后法治发展与制度创新奠定基础。

（二）法治政府

基本建成法治政府，既是党的十八大和十八届三中、四中、五中全会确立的全面建成小康社会的重要目标，也是全面依法治国的必然要求。2015年12月中共中央、国务院印发的《法治政府建设实施纲要（2015～2020年）》要求，“到2020年基本建成职能科学、权责法定、执法严明、公开公正、廉洁高效、守法诚信的法治政府”，并提出了一系列具体标准。根据中央部署和对前海建设法治示范区的要求，本板块从简政放权、优化服务、执法监管、清单制、公开透明等方面对法治政府建设情况进行了评估。

1. 评估发现的亮点

（1）进一步落实简政放权

前海管理局在推行简政放权方面，采取了标准化、便捷化、菜单式审批服务模式，统筹梳理并发布了管委会123项审批服务事项。清理取消行政审批事项25项，占管委会全部自有行政审批事项的17%，集中在企业服务处的行政许可事项已从67项压缩至56项，占压缩总量的44%，实现“审批事项进清单、清单之外无审批”。

（2）推广“证照分离”改革

围绕企业“准入不准营”的问题，开展“照后减证”改革，与市直机关合作，对省市各部门在前海自贸区内实施的，与企业经营活动密切相关、审批频次较高的138项行业准营许可事项开展清理，最大限度减少审批事项，进行以“取消、审批改备案、告知承诺制、优化服务”为主要内容的改革，极大促进了企业创业活力的释放。2019年，自贸片区“证照分离”的改革经验全面在全市复制推广。

（3）推进“最多跑一次”改革

前海管理局利用信息技术为政务服务赋能，推进政务服务“马上办、网上办、就近办、一次办”，在压时限、减材料、少跑动上持续发力，许可事项审批时限压缩总体达到71%，即办率达31.7%，零跑动事项达86%。使用电子证照，减少办事材料99份。对接“i深圳”，实现79项法人事项支持移动申办。持续为改革创新提供“发力点”，102项事项实现“零跑动”。

（4）强化政府采购监管

2019年前海管理局办理各类采购项目近500件，发包金额总计1.9亿元，有力保障了各部门具体工作顺利开展。加大监督检查力度，组织评标及采购专题会136次，开展履约评价抽检28次，配合纪律监督部门开展案件调查3起。加大政府服务力度，做好提前介入，全面提升采购合规水平。评估发现，前海管理局能够较好地公开采购项目，对于部分数额较大、较为重要的采购项目，基本采取全流程公开的方式，从招投标、中标到后期项目验收全面公开。

（5）为企业开展“一窗通”服务

前海e站通服务中心设立企业开办服务专区，将企业设立登记、公章刻制、银行开户预约、申领发票、企业社会保险单位参保登记等涉企事项全部归集到“一窗通”平台，着力实现市场监管、公安、税务、社保、银行等部门线上线下互联互通。“一窗通”可实现各部门业务在物理空间上集中，由e站通配备服务专员，负责企业开办材料综合受理、流转等业务，实现办理营业执照、申领发票、刻制公章、社保登记、银行开户在专区并联办理，1个工作日全部完成，实现企业开办全流程、全事项、全面落地。

（6）维护互联网金融安全

前海自贸片区创新央地合作模式建设开发的前海鹰眼系统，正在发挥强大作用。2019年前海互联网金融风险专项整治过程中，共发现了496家监管部门前期未掌握的P2P平台，累计预警高风险企业657家，对3651家平台定位了服务器地址，协助市金融局、深圳证监局、深圳银保监局、市公安局等相关部门出具100多份风险企业深度核查报告。帮助政府发现互联网金融风险平台实际经营地址、隐藏关联关系、违法违规广告和网络风险舆情等平时难以掌握的信息，助力相关部门及时采取合理应对措施，顺利推进清退工作。

（7）推动数字政府建设

政府数字化转型是大数据时代政府提升社会治理效能必须面对的一场深刻革命，为推动数字政府建设，前海自贸片区逐步推动跨部门、跨行业、跨层级的八大维度数据协同，逐步打造可感知、能记忆、有体验的“智慧大脑”。该平台已经实现19个部门470余万条数据的有序汇聚，确定3000余项指标类数据，提供23个空间服务，未来将全面为前海自贸片区提供数据服务，为精细化城市治理提供有力支撑。

2. 评估发现的问题

（1）法律法规依据待更新

近年来中国法律修改较为频繁，但地方设置权责清单的依据仍然是旧法律条款，而事实上法律修改后很多条款内容发生了变化。例如，中外合资、港澳台合资、港澳独资人力资源服务机构设立审批的法律依据之一为《就业促进法》，评估发现，网站上填写的法律依据为2008年版《就业促进法》。2008年版《就业促进法》第40条规定："经许可的执业中介机构，应当向工商行政部门办理登记。"2015年修改后的《就业促进法》第40条规定："设立职业中介机构应当在工商行政管理部门办理登记后，向劳动行政部门申请行政许可。"在法律条文表述和具体要求上，两者都发生了变化。再如，在政府信息公开方面，前海管理局政府信息公开指南中提及"公民、法人或其他组织也可以向上级行政机关、监察机关或者政府信息公开工作主管部门举报"。2019年修订后的《政府信息公开条例》第51条在举报受理机关方面取消了"监察机关"的表述。而前海信息公开指南中的内容仍然是《政府信息公开条例》修改之前的表述。

（2）事中事后监管披露有遗漏

评估发现，前海管理局关于事中事后监管职责的披露存在遗漏。《劳动保障监察条例》第11条规定，"劳动保障行政部门对下列事项实施劳动保障监察：职业介绍机构、职业技能培训机构和职业技能考核鉴定机构遵守国家有关职业介绍、职业技能培训和职业技能考核鉴定的规定的情况"。因此，非学历职业技能培训机构的后续监管执法属于劳动监察的范围。鉴于该领域已纳入前海蛇口自贸片区综合执法局管理领域，该事项的事中事后监管由前海蛇口自贸片区综合执法局具体承接。但前海自贸片区的权责清单，并无对应前海蛇口自贸片区综合执法局的行政处罚、行政检查、行政强制等的相关内容。

（3）行政权力类型归类有瑕疵

广东政务服务网中深圳市前海蛇口自贸片区行政许可双公示目录中，列入了部分备案等事项。例如，对用水单位用水情况的备案出现在行政许可目录中，而备案本身不属于许可。根据《行政许可法》，地方政府规章仅可创设为期 1 年的临时性许可。显然，其做法存在不妥。

（4）网上办事存在拖延

推行“互联网 + 政务服务”，实现部门间数据共享，让居民和企业少跑腿、好办事、不添堵。加快简政放权、放管结合、优化服务，方便群众和企业办事，这是在国内外新形势下确保中国经济建设和社会持续发展的新举措。前海管理局注重线上线下相结合，能够实现所有事项线上办理，但评估发现，政务服务网上办理还存在办理延迟或旧有系统信息尚未处理等问题，导致部分事项过期仍然没有得到有效办理。例如，部分 2018 年 10 月申办的社会投资项目备案管理项目，仍然显示“待处理”。若上述申请事项已经处理，只是由于系统升级，原有内容没有及时处理，则应当尽快归档，避免公众对政府工作产生误解。

（三）司法建设

司法是保障人民权利与实现公平正义的重要制度保障。党的十八届四中全会明确提出，司法公正对社会公正具有重要引领作用。中央全面深化改革领导小组第三次会议审议通过《关于司法体制改革试点若干问题的框架意见》。2019 年 2 月 27 日，最高人民法院发布《人民法院第五个五年改革纲要（2019 ~ 2023）》（以下简称《五五改革纲要》）；最高人民检察院先后发布《“十三五”时期检察工作发展规划纲要》《人民检察院案件信息公开工作规定（试行）》《2018 ~ 2022 年检察改革工作规划》等重要文件；中央全面深化改革领导小组第十七次会议还审议通过了《关于完善矛盾纠纷多元化解机制的意见》。为此，本板块的司法建设采用较为广义的界定，包括法院、检察院、矛盾化解等内容，设置了审判执行、检察权运行、矛盾化解等指标。

1. 评估发现的亮点

（1）区块链 + 金融类审判

应用新技术能够节省大量的人力成本，前海合作区人民法院作为最高人民法院明确要求建设的司法改革示范法院，积极拥抱信息科技，建设现代化法院。评估发现，前海合作区人民法院积极探索区块链技术在审判执行中的应用范围与模式，在司法取证、存证、示证、电子卷宗、电子档案，以及办案过程中重要的操作记录、文件、裁判文书、数据防篡改和干警档案防篡改等方面加强了区块链技术的应用。尤其是在互联网金融类审判案件中，区块链帮助前海合作区实现庭审、调解视频自动留痕、证据线上展示、笔录电子确认等功能，并根据案件事实要素，辅以令状式、表格式裁判文书等形式，智能形成裁判文书草稿，全方位打造金融案件从立案到判决全流程“链上”办理新模式。前海合作区人民法院通过区块链技术，推动了金融交易的事实条款和诉讼程序条款优化，实现了网上金融交易和纠纷要素化办理，规范了相关金融及衍生交易等活动，提升了自贸区金融业核心竞争力，为前海自贸片区乃至深圳金融业领跑发展，提供精准的司法保障和有力的科技支持。

（2）推动诚信体系建设

《粤港澳大湾区发展规划纲要》指出：“加快珠三角九市社会信用体系建设，借鉴港澳信用建设经验成果，探索依法对区域内企业联动实施信用激励和失信惩戒措施。”法院是企业、个人信用信息的重要来源，前海合作区人民法院通过制裁失信行为，分类、整理、共享个人或企业的涉法信息，推进粤港澳大湾区诚信体系建设。一方面，前海合作区人民法院通过罚款、拘留、律师费转付、诉讼费合理分担等方式，依法制裁虚假陈述、故意拖延诉讼等非诚信诉讼行为。另一方面，前海合作区人民法院及时将个人或企业失信信息共享给政府部门，使个人和企业信用信息成为监管或审批的参考因素。此外，前海合作区人民法院还建立了企业家信用恢复机制，通过明确信用恢复机制的申请条件、审查程序等，规范企业家信用恢复程序的启动，及时准确恢复企业家的信用，有效保障胜诉一方企业正常经营和生存权益。

（3）完善国际仲裁管理规定

国际仲裁规则的完善有利于健全仲裁制度，有助于构建适应国际仲裁的规则体系，有益于提高仲裁公信力。党的十八届四中全会要求：“完善仲裁制度，提高仲裁公信力。”《粤港澳大湾区发展规划纲要》指出：“建设国际仲裁中心，支持粤港澳仲裁及调解机构交流合作，为粤港澳经济贸易提供仲裁及调解服务。”《关于完善仲裁制度　提高仲裁公信力的若干意见》（中办发〔2018〕76号）要求：“完善适应国际仲裁的仲裁规则。”2019年，深圳国际仲裁院修改了《深圳国际仲裁院管理规定》，这既是深圳国际仲裁院落实中央对仲裁改革的要求，也是深圳经济特区进一步建设国际仲裁高地、打造国际一流营商环境的重要举措。一方面，深圳国际仲裁院来自港澳台以及其他国家的仲裁员不少于三分之一，既联动了港澳台，又打造了辐射全球的国际商事中心；另一方面，深圳国际仲裁院已牵头创建了粤港澳仲裁调解联盟（原称“粤港澳商事调解联盟”），参与创建了中非联合仲裁中心，在北美创建了中国第一个海外庭审中心，仲裁和调解当事人来源国已达到119个。《深圳国际仲裁院管理规定》的修订是中国特区国际仲裁事业发展和国际化营商环境建设的里程碑，必将进一步推动中国国际仲裁在特区的创新发展，对建设国际仲裁高地、联动港澳打造国际仲裁中心起到重要作用。

（4）服务自贸区法治建设

前海蛇口自贸区检察院积极参与自贸区法治建设。首先，积极提供法律意见，促进自贸区法治化。前海蛇口自贸区检察院在《深圳经济特区前海蛇口自由贸易试验片区条例》和《深圳经济特区前海深港现代服务业合作区条例》制定以及法律监督、容错纠错等相关制度建设等方面积极建言献策，促进自贸区综合监管规范化及法治化。其次，深化“政府+法院+检察院+律所”法治共同体建设。前海蛇口自贸区检察院在普法宣传、决策咨询、信息沟通等方面提升共建、共治、共享的法治社会建设水平，积极主动参与社会主义法治示范区建设。提升检察服务举措，在辖区组织开展知识产权保护、预防金融犯罪等方面的法治宣传教育，共组织举办知识产权投融资保护、企业商业秘密司法保护、金融职务犯罪监管与预防等主题的讲座7场次。再次，前海蛇口自贸区检察院推动签订《深圳市人民检察院　深圳市市场监督管理局关于建立知识产权协同保护机制的合作备忘录》，加强与中国（深圳）知识产权保护中心的沟通合作。做实驻前海深港青年梦工场检察联络室工作，提供“一个窗口对外、一站式办结”的个性化支持，通过微信、微博及电话等方式，提供24小时法律服务。举办以“检察护航民企发展”为主题的检察开放日活动，邀请香港、台湾的创业团队和高新技术创业公司的企业代表参加，更好地为民营经济发展提供优质的检察产品和法治保障，服务粤港澳大湾区建设。最后，继续推进广东自贸区检察机关协作，丰富广州南沙、珠海横琴建立合作机制的内涵，联合组织开展自贸区检察业务素能培训，通过走访交流、举办业务论坛、编制信息简报等形式，开阔视野，搭建常态化工作交流平台。

2. 评估发现的问题

（1）检务公开依旧停滞不前

《前海落实〈粤港澳大湾区发展规划纲要〉法治建设行动方案（2019～2022）》要求：“进一步完善和规范检察官司法办案权力清单，完善案件管理、监督机制和检察官业绩评价机制；完善法律文书和案件信息公开范围，发布典型案例，公开检察建议。”无论是权力清单的公开，还是发布典型案例，抑或是公开案件信息以及检察建议。均要求建设好公开平台，完善公开渠道，拓宽公开范围。项目组评估发现，2019年，前海蛇口自贸区检察院的公开渠道仍然主要集中在微信公众号，未能建成门户网站。诚然，微信公众号能够实时分享检察院工作的最新动态以及最近活动，其传播力、影响力不亚于门户网站。但需要指出，微信公众号中的信息零散无序、碎片化严重，不方便公众事后查阅，更不便于信息的整理和归集。前海蛇口自贸区检察院除了履行县一级人民检察院的基本职责外，还肩负着国家自贸区战略、深港合作战略、“一带一路”建设等职责和使命，应当比一般县一级检察院做得更多、更好。在检务公开方面，不仅要创新公开方式，还应凸显门户网站作为信息公开第一平台的定位和作用，做好门户网站的公开工作，方便公众获取检察指南，查阅检察法律文书，了解案件信息、典型案例及制度规范。

（2）阳光司法仍有提高空间

司法公开既是司法改革的重要内容，也是司法改革的重要抓手。尽管前海合作区人民法院司法改革落实情况较好，但是在司法公开方面仍有提高空间。首先，规范性文件公开缺失。前海合作区人民法院应当公开与法院相关或者法院制定的所有规范性文件，方便公众查询。评估发现，《深圳前海合作区人民法院关于为中国（广东）自由贸易试验区前海蛇口片区与前海深港现代服务业合作区建设提供司法保障的意见（试行）》没有在前海合作区人民法院门户网站公开。另外，部分与前海合作区人民法院直接相关的司法文件，也没有公开。例如，《最高人民法院关于调整深圳前海合作区人民法院管辖涉外、涉港澳台商事案件标准的批复》虽然由最高人民法院作出，但与前海合作区人民法院息息相关，前海合作区人民法院理应公开。其次，庭审直播无法播放。前海合作区人民法院网站中的庭审直播录像无法正常播放，严重影响庭审直播公开效果，公众只能到广东法院庭审直播网观看前海合作区人民法院的庭审录像。最后，送达公开长期未更新。评估发现，尽管门户网站中设置了送达公开栏目，但最新公开的信息日期是2019年4月28日，此后直至评估结束都没有更新相关内容。

（3）执行信息公开有待加强

2018年评估中，前海合作区人民法院执行信息部分公开不及时，并对此提出了意见。2019年评估发现，前海合作区人民法院将所有执行信息与深圳中院关联，自身不更新与执行相关的信息。这样前海合作区人民法院的信息公开情况受制于深圳中院以及其他基层法院，很容易造成整体信息更新滞后。评估发现，深圳中院公开的基层法院失信惩戒人数信息日期仅为2019年1月到9月，9月之后的信息基本没有。可能是由于其他法院信息整理速度较慢，中院需要等待所有基层法院的信息方能整理后公开。此外，失信曝光台作为惩戒失信被执行人的重要平台，不仅对失信被执行人有惩戒作用，而且还能够起到法治宣传教育功能，教导公民遵纪守法，严格履行法定义务。评估发现，失信曝光台运行并不稳定，出现无法打开的现象，丧失了曝光效果，令部分失信被执行人无法受到应有的惩戒。

（4）过度归集导致信息淹没

虽然说信息归集有利于减少不同平台信息的差别，但是信息过度归集容易造成信息淹没，反而加剧了信息查询成本。评估发现，前海合作区人民法院将裁判文书集中公开在中国裁判文书网，而该网站访问量巨大，常常因为流量限制导致访问体验较差，公众想要查询前海合作区人民法院近期公开的裁判文书，需要和全国其他有需要的群众挤占带宽，其结果往往是无法查询文书，体验感极差。久而久之，前海合作区人民法院所上传的裁判文书没有起到公开的效果，反而淹没在信息的汪洋大海中。

（四）法治社会

法治社会指整个社会对依法治国的普遍认同和坚决支持，养成自觉遵守法律法规，依法解决经济、社会领域纠纷的思维习惯，营造全社会的法治氛围。《中共中央关于全面推进依法治国若干重大问题的决定》提出，“坚持法治国家、法治政府、法治社会一体建设”，增强全民法治观念，推进法治社会建设。为此，前海法治指数评估设置法治社会板块，下设社会治安、社会信用、信访法治、普法宣传、法律服务等指标。

1. 评估发现的亮点

（1）公证工作服务社会治理

前海公证处积极发挥公证证明、监督、服务、沟通职能作用，坚持服务下沉，脚踏实地，探索“一村居一公证”服务模式。针对村居公证实际需求，新开发并在 2019 年 8 月上线“前海公证云会议平台”微信小程序，利用平台系统延展功能，积极服务社会基层治理工作。以村股份合作公司为抓手，签署顾问协议，为村集体、股东村民个人和家庭提供公证服务，协助清理股权并做好备案登记，为村居股份公司合作开发、换届选举、股权内部流转以及股东、村民的婚姻家庭继承等事务提供综合公证法律服务。

（2）公证跨境法律服务

前海公证处在全国首创跨境公证法律服务，丰富了涉外公证法律服务内容，创新涉外公证业务领域，扩大涉外公证法律服务对象，改变传统涉外公证单一证明模式，更好地服务中国企业走出去参与国家“一带一路”建设。前海公证处通过与境外律师事务所合作，以公证文书的形式对境外律师事务所需要的信息和资料进行调取和保全，快速解决境外律师跨境取证难问题，大大提高律师事务所出具法律文书的效率，为中国企业走出去提供切实便利。公证法律事务的开展，丰富了公证机构业务领域，改变了传统公证单一证明模式，实现了“两条腿走路”。

（3）创设前海法治讲堂

普法形式多种多样，有的地方散发法治宣传材料，有的修建法治主题公园，有的发布普法短视频。前海管理局为深入贯彻落实中央、广东省、深圳市有关普法工作的需求，创设“前海法治讲堂”，通过“前海法治讲堂”总结提炼前海法治的核心命题，讲好、讲实、讲深前海法治故事，打造成为粤港澳法律事务交流合作的新载体和法治传播交流新阵地。全年举办讲堂六期，吸引粤港澳三地业界专家主讲，近五万人次线上线下参与，逐渐成为传播法治声音的重要载体。相比其他法治宣传模式，前海法治讲堂具有以下特点。一方面，以“法律＋前沿热点”为主题，汇聚国内外顶级法律、经济、金融、科技等方面的专家学者及精英人士，打造国内一流、具有国际影响的交流平台和可持续的论坛品牌，通过论坛深入探讨交流贸易、金融、知识产权、国际商事争议解决等领域的改革创新，为服务“一带一路”倡议和“粤港澳大湾区”战略规划，营造法治化、国际化营商环境，为落实全市普法工作提供智力支持。另一方面，建立“前海法治讲堂”师资库，选择深港及国内、国际各专业领域优质专家资源，建立（首批）“前海法治讲堂”师资库，制定师资入选、使用和更新办法。

2. 评估发现的问题

《前海落实〈粤港澳大湾区发展规划纲要〉法治建设行动方案（2019～2022）》要求：完善前海公共信用信息平台，建立信息归集与公开制度、综合行政执法信息与社会信用共享机制、跨部门联合信用奖惩机制，构建以信用为中心的事中事后监管机制。制定企业信用分类标准，推进个人信用数据库建设，打造覆盖全区域的征信系统，争取设立国家首个信用经济试验示范区。为实现这一目标，前海不仅要建立与信用有关的制度、体制、机制，还要做好信用信息的公开工作。评估发现，前海的信用信息归集和公开仍有提高的空间。

（1）经营异常名录信息不够完整

根据《企业信息公示暂行条例》第 8 条之规定，企业应当于每年 1 月 1

日至6月30日，通过企业信用信息公示系统向工商行政管理部门报送上一年度的年度报告，并向社会公示。该条例第17条规定，企业未按照本条例规定的期限公示年度报告的应当纳入经营异常名录。评估发现，部分前海自贸片区的企业未按照规定公开企业年度报告，但没有被列入经营异常名录。例如，深圳前海新金虹汽车销售服务有限公司2019年没有公开2018年的企业年报，却不在经营异常名录中；再如，深圳前海伽蓝资本管理有限公司于2019年7月8日公开了企业年报，也不在经营异常名录中。

（2）多平台建设导致信息不完整

与前海自贸片区企业、组织、个人有关的信用信息包括三个平台：深圳信用网、前海信用网以及前海深港合作区微信公众号。三个平台的信息并不完全一致，这无形中增加了信息获取成本。首先，微信公众号中的红黑榜信息和网站的红黑榜信息不一致。网站中信息较为单一，并没有微信公众号中双A企业信息、纳税信用等级A级信息等关键信息。两者信息不一致导致部分习惯用网页检索的用户无法获取信用信息，同时降低了前海公共信用网的可用性。其次，微信公众号中的黑榜只有失信被执行人信息、未结执行案件、异常名录，但没有行政部门的处罚信息，内容不完整，有需要的公众只能结合前海信用网、深圳信用网和前海深港合作区微信公众号三个平台，才能得到相对全面的信息。最后，深圳信用网中部分信息类型缺失。包括企业欠税、企业社保欠缴、产品质量抽查不合格等信息在前海信用网和深港合作区微信公众号中无法找到，查询相关信息不得不使用深圳信用网，而在深圳信用网中部分信息公开的完整度有待提高。例如，欠税记录显示有14万条信息，但打开链接之后仅展示30条信息。这样余下的信息相当于没有公开，无法真正发挥红黑榜和警示榜的作用。

（3）前海信用信息平台体验不佳

首先，信用信息倒序公开。前海信用网中交通运输处罚信息、市场监管处罚信息、商事主体经营异常名录信息等相关信息的公开方式均为倒序，即首页公开的是2015年、2016年、2017年的信息，尾页是2020年最新处罚信息，倒序公开与大多数官方网站惯例不同，也增加了公众查询的难度。其次，部分信用信息归集有待加强。前海信用网应当归集与前海相关的所有失信信息。评估发现，海关涉案单位违规和走私案件处罚信息仅仅归集到2015年，之后相关内容未出现在前海信用网中。最后，部分处罚信息未公开处罚文号。深圳市卫生行政处罚、市场监管行政处罚信息未能公开相关文号，导致后续查询极为不便。

（五）保障监督

保障机制既是法治工作开展的前提基础，也是推进法治建设顺利进行的后盾保证。法治最终落地，需要党的领导、人力资源、监督机制等提供保障，更需要基础理论研究作支撑。故项目组在本板块设置党的领导、队伍建设、廉政建设、基础研究等指标共同对法治保障及监督进行评估。

1. 发现的亮点

（1）打造涉外法律团队

2019年，前海合作区人民法院新收涉外涉港澳台商事案件（简称“四涉”案件）2183件，占民商事案件总数的30.79%。其中，受理涉港案件1548件，占“四涉”案件的70.91%，涉港商事案件数量位居全国法院第一。评估发现，前海合作区人民法院加强了涉外、涉港、涉澳、涉台案件的法律团队建设。首先，拓宽港澳法律专业人士参与纠纷化解渠道，包括完善港澳籍陪审员制度，推动选任范围、选任标准、履职要求等标准化、规范化。其次，推动香港律师以涉港商事案件代理人身份参与民事诉讼和仲裁业务试点，并探索进一步放宽取得内地律师资格的港澳居民从事诉讼范围。再次，拓展专业调解团队。前海合作区人民法院与专业调解团队合作，共同处理一些具有专业性的涉外案件，与前海合作区人民法院合作的47家调解组织中9家为境外调解组织，极大提高了调解成功率。最后，加强与港澳地区法律界、学术界的联系，增补前海法治研究基地域外学术委员，探索港澳地区专业人士作为特聘检察官或检察官助理。

（2）加大应用推广力度

前海自贸片区作为改革创新的排头兵，很多举措被深圳市、广东省、其他省市甚至全国推广，同时前海自贸片区也广泛吸收和借鉴其他自贸片区的改革创新经验，将其消化吸收后切实落地。评估发现，前海自贸片区改革创新成果推广力度较大。首先，国务院第五批 18 项经验中有 6 项由前海提前试点实施或上报，广东省第五批 20 项经验中有 7 项改革事项由前海提供，广东省第三批 51 个制度创新案例中有 26 个由前海提供，前海 15 项标志性成果被国务院自贸试验区工作部际联席会议简报刊载。其次，实现首次向特定区域复制推广前海经验的突破。例如，山西省、江西省赣州市赣江新区、哈尔滨分别复制了 137 项、36 项和 16 项前海经验。再次，法定机构运作模式逐步推广落地。评估发现，不少地方来到前海自贸片区考察学习后，纷纷组建了法定机构性质的功能区管理机构，实行企业化导向的人事管理制度，天津滨海新区所属的 5 个功能区全部由行政机构改为法定机构，海南省组建了国际经济发展局等 4 个法定机构，在深圳以外，旗帜鲜明地提出实行“法定机构”运作模式的单位多达 22 个。最后，加快推动复制推广经验在前海自贸片区切实落地。全国复制推广的 202 项改革试点经验和“最佳实践案例”中，前海自贸片区已经完成 179 项，推进中 5 项，18 项无需求，完成比例达到 97%。

（3）发布创客法务指引

对于创业者而言，除了要解决资金、市场、财务、宣传等问题外，还需要了解可能涉及的法律以及政策问题。创业过程无比艰辛，需要投入大量体力、脑力、财力，但创业发展不能仅仅依靠创业者的想象力，若不了解法律，业务不合规、宣传不合法，反而会浪费创业者的时间和精力。为解决创业者的困扰，深圳创客法律服务中心落户前海，为创客企业提供法律服务，保护企业的创新成果、促进创新成果转化，让创业创新变得更快、更有效率。为服务更多的创客，2019 年 3 月，《深圳创客法务指引》正式在前海发布。该指引系国内首部专为创客量身定做的法务指引，指引贯穿了创业的全过程，针对最实用、最常见、最关心的问题进行逐一分析解读，对深圳市有关创新创业的各项政策法规进行了系统梳理，为创客解决实际遇到的法律问题提供针对性的建议和典型案例参考。

（4）深入开展政策研究

加强实践问题、政策以及理论研究，对于经济社会健康可持续发展至关重要。前海自贸片区重视对理论、政策以及实践的探索和学习，对国内外自贸区的重大政策开展了深入研究。在借鉴省内自贸片区做法上，前海管理局编写了《关于横琴国际休闲旅游岛建设方案的分析研究报告》，提出借鉴珠海对澳合作和旅游业的先进经验，将前海自贸片区打造成宜居宜业宜游的城市新中心。在借鉴上海自贸区过程中，前海管理局组织项目组编写了《〈中国（上海）自由贸易试验区临港新片区总体方案〉分析报告》《前海蛇口自贸片区与上海自贸试验区3.0版制度创新比对分析》两份报告，提出对标临港的一批针对性建议。在对外合作过程中，编写了《关于推进前海与青岛上合示范区协同合作的建议报告》，提出深化与上合成员国家合作，发展成为“丝绸之路经济带”核心枢纽的意见。前海管理局推出了《关于中美贸易摩擦对前海蛇口自贸片区的影响及应对建议报告》等研究报告，供领导决策参考。深入开展政策、理论研究，有助于前海自贸片区时刻了解国内外最新动向，制定并完善适合前海自贸片区发展的规划和制度体系，从而帮助前海自贸片区保持不断创新。

2.发现的问题

（1）廉洁制度体系仍需继续完善

前海建立起“五位一体”廉政监督体系，并制定了《深圳市前海深港现代服务业合作区廉政监督局工作规则》《深圳市前海深港现代服务业合作区廉政监督局人员管理暂行办法》《前海政府投资工程廉情预警评估办法（试行）》等规范性文件，以支撑前海廉政监督局日常工作。评估发现，前海廉政监督局的廉洁制度体系仍然有完善的空间。首先，一些经验做法应当提炼为制度文件。前海管理局研究开展《前海廉洁建设五年行动方案》，推动试点廉洁年金制度，探索与粤港澳大湾区廉政机制协同，强化与香港廉政公署合作，向前海港企开展“防贪顾问服务”，设置“廉洁工作站”，上述种种创新与实践亟须总结归纳，形成制度文件。其次，部分规范是否继续有效值得关注，《深圳市前海深港现代服务业合作区管理局防止利益冲突规定

（试行）》是2017年制定的，试用期两年，截至2019年8月8日该规定试用期结束，该规定是否继续有效，是否需要重新制定，是否需要提请深圳市人大常委会制定地方法规，都亟待提上议事日程。最后，规范更新完善应当提上日程。《前海管理局廉政举报奖励办法》制定的依据是《行政监察法》，而《行政监察法》自《监察法》实施之后就已经失效了，廉政举报奖励办法本身也应当依照《监察法》的精神和原则进行完善和修改。

（2）廉政规范文件未公开

《监察法》第54条规定："监察机关应当依法公开监察工作信息，接受民主监督、社会监督、舆论监督。"监察机关发布的规范性文件是监察机关工作的基础，除涉密文件之外，应当依法予以公开。评估发现，前海廉政监督方面规则公开不到位，多数文件没有公开被公众熟知。例如，2019年6月，深圳前海廉政监督局与前海蛇口自贸区检察院签署《关于建立公益诉讼工作协作机制的意见（试行）》，通过监督执纪与公益诉讼的线索移交，进一步加强前海党风廉政建设和反腐败工作。而该文件只有宣传材料和新闻，却没有发现文件本身。

（3）法律服务资源相对不足

截至2019年底，前海自贸片区已经构建起集仲裁、调解、律师、公证、司法鉴定、知识产权保护、法律查明为一体的全链条法律服务保障体系，汇聚了近30家律师事务所及分所，全国11家粤港澳联营律师事务所有7家均落户前海自贸片区。无论从法律服务的种类来看，还是从前海自贸片区所占的面积来看，上述法律资源都应当较为充足。考虑到前海自贸片区拥有17万家注册企业，未来将不断涌入更多的外资企业、本地创业企业、新兴产业。面对如此庞大的企业、产业群，上述资源则相对不足。美国每万人中就有41名律师，充足的法律资源为美国贸易发展提供了重要保障；而中国每万人拥有的律师数量仅3名，面对未来可能出现的指数级增长的企业，前海自贸片区现有的法律资源，尤其是能够从事涉外业务的律师事务所以及律师队伍仍较为短缺；未来，涉外律师事务所和律师的缺口情况在一定时期内很难有效解决。

四 前海法治发展展望

前海正处于高速发展的风口，党中央、国务院下发了《粤港澳大湾区发展规划纲要》《深圳建设中国特色社会主义先行示范区综合改革试点实施方案（2020～2025年）》《中共中央 国务院关于支持深圳建设中国特色社会主义先行示范区的意见》等文件。前海顺应改革东风，迅速出台《前海落实〈粤港澳大湾区发展规划纲要〉法治建设行动方案（2019～2022）》，今后前海应当抓住政策机遇，切实将法治建设行动方案落实到位，进一步优化营商环境。

（一）进一步完善前海规则体系

相比其他自贸区，前海以“一条例两办法”为核心建立起了较为完善的规则体系，作为国家唯一批复的中国特色社会主义法治建设示范区，重视法治保障是前海有别于国内其他功能开发区和自贸区的突出特点，也是前海的核心竞争优势和主要驱动力。只要改革创新之路不停，规则就需要不断完善。为此，前海编制了《前海蛇口自贸片区立法五年规划（2019～2024）》，通过立法规划，前海将五年内需要出台的规范一一囊括，包括出台《深圳经济特区前海蛇口自由贸易试验片区条例》，修订《深圳经济特区前海深港现代服务业合作区条例》和《深圳市前海深港现代服务业合作区管理局暂行办法》。前海还需要在现代服务业、知识产权保护、贸易便利化、投资自由化、社会信用、电子商务、融资租赁、商业保理等诸多领域制定规范性文件，部分内容可能还需要提请深圳市人大及其常委会制定地方性法规，有的甚至需要深圳市人大及其常委会利用经济特区立法权进行立法。此外，作为与香港毗邻的自贸片区，前海在加强两岸四法域沟通交流过程中，应当重点加强与香港规则的衔接，推动前海在产业引导、教育、医疗卫生、社会组织等方面先行先试，打造与香港规则衔接试验区。

（二）进一步提升政务服务水平

营商环境与政府效能息息相关，政府办事越便利，效率越高，跑动次数越少，时限越短，营商环境则越好。前海通过线上线下并行、容缺收件、好差评、企业开办“一网通”等改革措施，不断优化工作流程，提高工作效能，企业、组织、个人办事最多跑一次，有的甚至一次都不用跑。营商环境的改善不仅惠及中国投资者，而且也为外商投资者提供了便利。为进一步扩大外商投资便利度，进一步提高行政效能，未来前海应当建立健全外商投资服务体系，编制多种语言的外商投资手册和投资指引，让外商看得到、听得懂，为外商投资者提供服务和便利。同时可以为外商投资者提供法律法规、政策措施、投资项目信息等方面的咨询和服务。

（三）打造信用经济试验示范区

信用是市场经济的基石，社会信用建设是市场经济体制中的重要内容。前海以信用信息充分归集整理为基础，强化信用在政府监管、商事交易、信用消费等领域的应用，着力营造信用市场，形成了一批国内领先的创新成果。作为改革先锋的前海，应当致力于打造覆盖全区域的征信系统，将前海建设成为国家首个信用经济试验示范区。为此，一方面，前海应当建设互联互通的审批监管信息平台，实现审批部门和监管部门之间信息共享与互联互通，真正让企业、组织、个人的信用成为影响审批监管结果的重要因素。除了政府内部信息的互联互通，政府部门与法院、银行、企业、组织之间在有限范围内实现信息共享。例如，可以探索个人芝麻信用、企业查等信息在有限范围内作为审批以及监管的参考。另一方面，对于企业、组织、个人的信用评价不能仅仅局限于好坏二分法，而应当探索出台信用评级制度和信用分类标准，真正让企业、组织、个人的信用评分能够成为企业、组织个人的通行证和名片。

（四）进一步深化监察体制改革

《前海落实〈粤港澳大湾区发展规划纲要〉法治建设行动方案（2019～2022）》对于实现廉政风险防控全覆盖提出了更高的要求，既要建立一体化的监督体系，又要实现对公共资源交易、重大资金使用、重大工程项目等部门和行业的监督。未来前海廉政监督局一方面要继续改革创新，大胆先行先试，在宪法法律框架下不断完善监察实践，进一步提高廉政监察的实效；另一方面则要及时将试点、改革、创新的成果总结成制度规范，并依照《监察法》以及中央关于反腐的最新要求不断完善和修改现有的制度体系，同时将部分已经成熟的实践经验体现在新制定的规范性文件中，为中央进一步深化监察体制改革提供经验和模板。

（五）进一步加强涉外司法保障

前海正在朝着打造国际商事争议解决中心、国际法律服务中心的方向努力，随着前海不断完善涉港澳商事案件管辖制度，健全域外法律查明和适用机制，可以预见未来前海将有可能成为中国涉外法律服务的标杆，成为继上海自贸区之后涉外法律服务需求量最大的自由贸易（片）区。这要求，一方面，前海在未来继续加强“四涉”案件审理，加强前海合作区人民法院与港澳司法系统的沟通，尤其是建立三地司法信息共享交流机制，实现司法案例、法律法规等信息的互联互通，同时推动与香港、澳门区际司法合作平台建设，统筹协调行政、执法、司法等方面的问题，强化跨境仲裁交流与合作，完善“一带一路”律师合作平台，推动涉外法律业务发展。另一方面，应当加强涉外法律人才的培养和引进，包括精通“四涉”案件的法官和律师、熟悉涉外商事诉调对接的调解员、熟悉国际仲裁规则的仲裁员等。

法治政府

Law-Based Government

B.3 自贸试验区党建工作“前海样本”调研报告

前海党群工作课题组*

摘　要： 坚持党对法治工作在内的一切工作的领导是新时代坚持和发展中国特色社会主义的首要基本方略。为进一步提升自贸片区党建工作质量，坚持和加强党对自贸片区的领导，深入探索和总结可复制推广的党建工作经验，前海蛇口自贸片区立足实际进行了调查研究，总结凝练了党建工作取得的成效，并对自贸片区党建“前海模式”进行了展望，以期为全国其他自贸片区党建工作创新发展提供参考。

关键词： 自贸片区　“前海模式”　党的领导

---

* 课题组成员：尹志梁、李源、唐敏、邓益波；执笔人：邓益波，前海管理局人力资源部干部。

建设自贸试验区是以习近平同志为核心的党中央在新时代推进改革开放的一项战略举措，主要目的是为全面深化改革和扩大开放探索新途径、积累新经验。为探索和研究全面改革开放条件下，自贸片区党的建设面临的新情况新问题，总结实践经验，深化规律性认识，充分发挥党的政治优势和组织优势，以高质量党建引领自贸区建设，前海蛇口自贸片区以自身为样本开展深入调查研究并形成调研报告。

一　前海蛇口自贸片区党的建设基本情况

2014 年 12 月，国务院决定设立中国（广东）自贸区，涵盖 3 个片区，深圳前海蛇口片区（深圳蛇口自贸区）是 3 个片区之一。2015 年 3 月，中央政治局审议通过广东自由贸易试验区总体方案。2015 年 4 月，《国务院关于印发中国（广东）自由贸易试验区总体方案的通知》印发。2017 年 7 月，蛇口片区纳入自贸区范围，联合组成前海蛇口自贸片区。前海蛇口自贸片区规划面积 28.2 平方公里，分为前海片区（15 平方公里）和蛇口片区（13.2 平方公里）。其中，前海片区为深港现代服务业合作区，由桂湾、前湾、妈湾三个区块组成；蛇口片区原为招商局集团蛇口工业区，是中国改革开放重要的发源地。发展至今，前海已经成为全国自贸区中发展最快、效益最好、质量最高的代表地区。

前海蛇口自贸片区在全国自贸片区里较为特殊。在管理体制上是“一区两制”，即一个自贸区设立一个管委会和前海蛇口两个片区、利用两种管理模式。前海片区由前海管理局法定机构管理，蛇口片区由深圳市南山区负责管理。

1. 前海蛇口自贸片区党组织、党员和党务工作者的基本情况及特点

前海蛇口自贸片区内共有 314 个党组织、3732 名党员、120 名党务工作者。其中，前海片区共有 76 个党组织、882 名党员、40 名党务工作者，蛇口片区共有 238 个党组织、2850 名党员、80 名党务工作者。自贸区党组织及党员呈现“多、高、小”三个特点，即“两新”党组织较多、党员文化

水平和综合素质较高、平均年龄小。现有“两新”党组织283个，党员学历普遍为大专及以上，很多年轻党员是中小微型企业的业务核心骨干或技术研发核心骨干，党员平均年龄在35周岁以下。由于互联网、物联网等行业小微型企业人数有限，其党务工作者需求较大，自贸区一般通过由企业指定专人或者由社区党委下派党建指导员等方式负责企业党建工作，自贸区近两年共选任188名优秀的年轻党员任支部书记，下派58名兼职党务工作者，覆盖了290家中小微型企业。

为全面了解前海蛇口自贸片区党务工作者队伍基本情况，打造专业化的党务工作者队伍，实现“用更优秀的人，做优秀的人的政治工作”理念，调研组随机选取自贸区内60名党务工作者开展问卷调查，调查内容包括个人年龄、党龄、文化程度，从事党建工作时限、动机，职业满意度、认同度，所在党组织党务工作队伍基本情况以及未来的职业规划等，发出问卷60套，收回有效问卷60套。

从文化程度看，受访者中本科学历人数列首位，占受访者总数的50%；其次是大专学历，占受访者总数的24%；再次，高中或中专学历人数占比24%；最后是研究生学历，占比2%（见图1）。文化程度分布反映了前海蛇口自贸片区党务工作者文化程度较高、综合素质较强，但高学历人员较为匮乏。

从党龄看，受访者党龄在6～10年的人群列首位，占比33%，其次是5年及以下、11～15年党龄，占比分别达到15%和14%，16年及以上党龄人数居末位，占比为8%（见图2）。党龄分布反映了前海蛇口自贸片区党务工作者普遍入党较早，思想政治水平较高。

从从事党务工作年限看，受访者从事党务工作1～5年的人群列首位，占受访者总数的38%；其次是6～10年，占受访者总数的27%；不满1年的位列第三，占比达到24%；超过10年的，占比11%（见图3）。从事党务工作年限分布反映了前海蛇口自贸片区党务工作者加入党建队伍时间不长，新从事党务工作、经验不足的人员也占有一定比例。

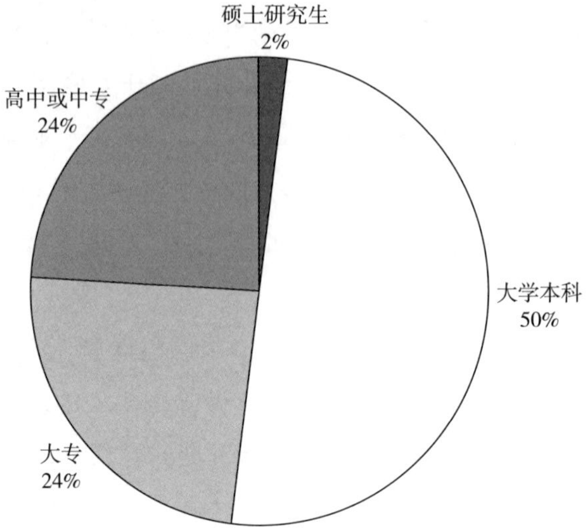

图 1　前海蛇口自贸片区党务工作者学历分布

数据来源：根据调查问卷整理，下同。

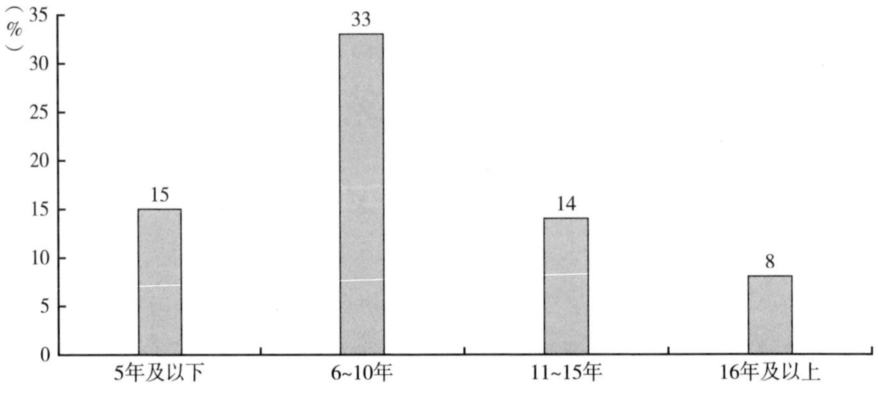

图 2　前海蛇口自贸片区党务工作者党龄分布

2. 前海蛇口自贸片区城市基层治理的基本情况和特点

前海蛇口自贸片区与前海管理局“一套人马、两块牌子”运作，内设15个处室，下设机构1家，局属企业3家。前海片区无街道建制，主要为

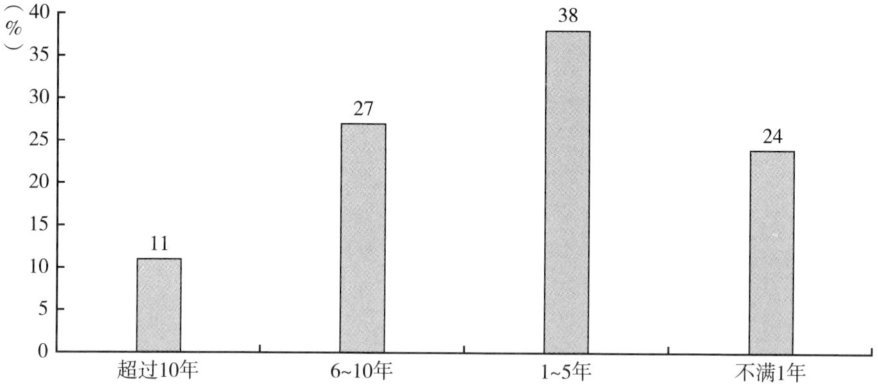

图3　前海蛇口自贸片区党务工作者从事党务工作年限分布

企业居民。截至2019年9月底，前海片区注册港资企业11555家，是粤港澳合作最紧密最成功的区域之一。蛇口片区集湾区、商圈、园区、住宅小区为一体，系商住混合型片区，涵盖招商街道辖内赤湾、五湾两大湾区，水湾、花果山、沿山等10个社区，93个住宅小区，12000余家企业、328家外资企业，户籍人口8.6万人、非户籍人口6.8万人。

从城市基层治理属性来看，前海蛇口自贸片区呈现以下特点。

一是形成了全面覆盖的组织体系。以社区为单位，打造枢纽型社会组织，由社区党委整合辖区内多元主体力量，形成单位党建、行业党建、区域党建互联互通互补，实现组织共建、资源共享、优势互补，构建了共建共治共享的社区治理新格局，有效提升了城市基层治理整体效应。

二是形成了党建引领便民服务体系。以社区党群服务中心为主阵地，分别在园区、商圈、非公企业等打造服务点（站），形成多层次、分领域、广覆盖的“1+N”党建服务网，畅通家门口的党群服务。前海蛇口自贸片区已建成14个党群服务中心、24个党群服务点。

三是形成了职业化社区工作者体系。根据社区党建标准化要求，社区党委书记纳入事业编制，设立岗位等级序列、实行额度管理，专职党务工作者纳入社区工作者队伍。

3. 前海蛇口自贸片区境外人员及外资企业的基本情况和特点

前海蛇口自贸片区常住外籍人口主要集中在蛇口片区，分别来自 45 个国家和地区，共有 6547 人，其中已办理居住登记外籍人员 3600 人，外籍人员各大洲来源、到前海蛇口自贸片区动机等见图 4、图 5。

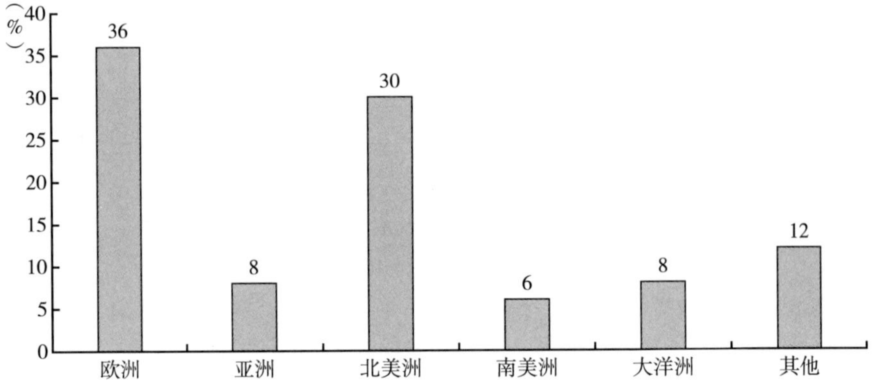

图 4　前海蛇口自贸片区外籍人员各大洲来源分布

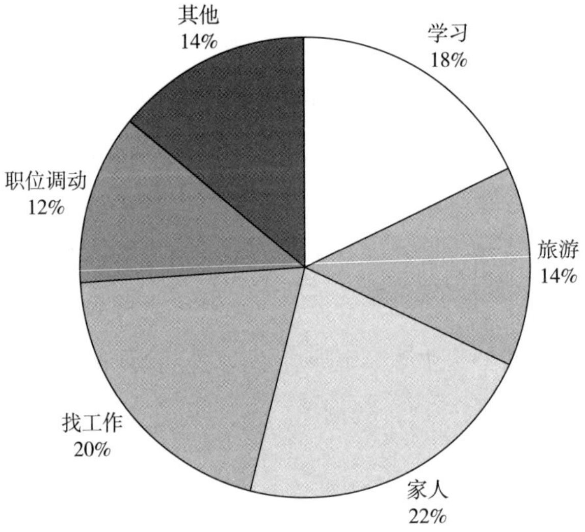

图 5　前海蛇口自贸片区外籍人员来自贸区动机分布

为全面了解在自贸区工作、学习、生活的外籍人士的职业构成，以及他们工作、生活中可能遇到的实际困难，为自贸区党群组织提供针对性服务提供依据，调研组在前海蛇口自贸片区随机抽取100名外籍人士进行调查与分析。

从职位分布看，39%的受访者为自由职业者、25%的受访者为学生、20%的受访者为教师、16%的受访者为工程师（见图6）。从在自贸区居住时间看，50%的受访者居住时间超过1年，居住时间低于1个月的，低于10%。这反映了自贸区内外籍人员职业较为稳定，其在自贸区内的居住和工作相对稳定。

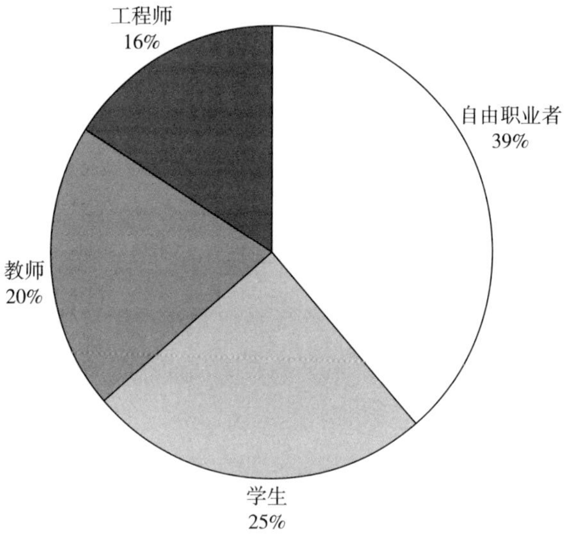

图6　前海蛇口自贸片区外籍人员职业分布

调研显示，外籍人员在自贸区工作生活遇到的困难和希望得到的支持和协助，表现出一定的统计学显著差异。74%的受访者认为最大的困难是“语言不通”，12%的受访者选择了“活动不够丰富”，6%的受访者选择了“没有朋友（孤独）”和“交通不熟悉”。

调研显示，受访者希望自贸区提供的服务和支持，46%的外籍人员希望工作或者居住的社区提供翻译培训，32% 希望提供生活技能培训，6% 希望提供法律援助，4% 希望提供心理咨询，12% 希望提供其他服务（见图 7）。

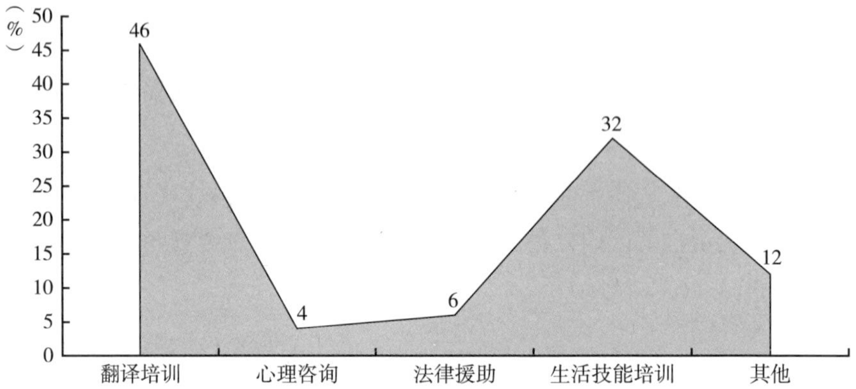

图 7　前海蛇口自贸片区外籍人员服务需求分布

截至 2019 年 9 月，自贸区共有外资企业 13802 家，97.62% 集中在前海自贸片区。大部分企业没有开展党建工作，对党建工作不太了解、党员人数较少、党务专业人才少、党务专业人才少等亟待解决的问题普遍存在。

为全面了解前海蛇口自贸片区外资企业党组织建设情况、对党建工作的态度以及希望自贸区在党建方面提供的扶持等问题，调研组在前海蛇口自贸片区随机抽取 60 家外资企业进行了调查与分析。

从外资企业党组织建设以及对党组织的态度看，受访外资企业中 80% 没有建立党组织。在未建立党组织的外资企业中，70% 对建立中国共产党的基层组织持欢迎态度、30% 的受访外资企业表示“不好表态”，表示“不欢迎”的企业为 0（见图 8）。

调查外资企业开展党建工作的情况以及影响因素发现，60% 的受访企业表示需要在本企业开展党建工作，20% 的受访企业表示“基本能够按要求开展党建工作”，30% 的受访企业表示“基本不开展党建工作”。对于企业开展党建工作面临的实际困难，60% 的受访企业表示“缺乏专业人员”，约 30% 的受访企业表示“时间不够，影响党建工作开展”（见图 9）。

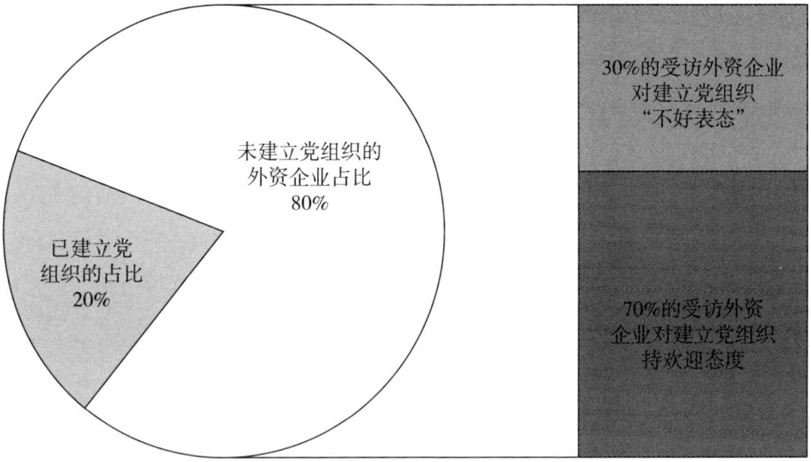

图 8　前海蛇口自贸片区外资企业对开展党建工作的态度情况

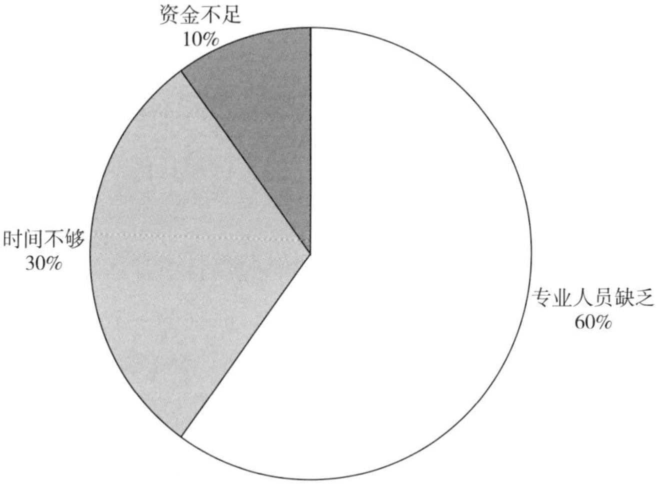

图 9　外资企业开展党建工作的影响因素

二　前海蛇口自贸片区党的建设现状和做法

前海蛇口自贸片区在遵循党的建设一般规律的基础上，着眼于自贸区的特点与使命，以党建引领自贸区各项事业发展，开展了一系列党建工作创新，取得了一定成效，有力推进了自贸区建设。

（一）探索符合自贸区实际的党建实践创新

以顶层设计规划自贸区党建创新。为适应新形势新使命，前海蛇口自贸片区制定实施了《关于进一步加强前海蛇口自贸片区党的建设的指导意见》《前海党的建设三年行动计划（2019～2021）》《五个“再出发”行动方案》等，推动党建创新的系统集成和规范化、标准化，最大程度激发党建创新活力，不断深化拓展自贸区党的建设。

以工程体系推动自贸区党的建设。构建以“拓展融合型”党建模式为中心的“1+6+9”党建工程体系和以“国际化街区+自贸区特色”的“2+2+3+N”国际服务体系和以“3+5+N”为核心的自贸片区党建工作体系，为自贸区在全面开放条件下探索基层党建新模式提供了有力支撑，实现了自贸区党的建设运行方式从行政化向社会化拓展，工作内容从党务向党建拓展，组织覆盖从有形向无形拓展。在党建阵地体系建设上，前海蛇口自贸片区高标准打造前海党群服务中心，完善了自贸片区“1+3+N”党建阵地体系。

以理论智库支持自贸区党建创新。前海蛇口自贸片区联合开展自贸区党的建设研究，调查分析自贸区党的建设现状、面临的挑战并提出对策。前海自贸片区率先建成“自贸区党建工作咨委会”、率先发布“组织力指数”，实现中共广东省委党校前海教学基地、深圳市委党校前海教学点落地，为自贸区党的建设创新发展保驾护航。

（二）建设与自贸区适应的组织和人才体系

以组织建设为重点服务创新发展全局。前海蛇口自贸片区在体制机制上大胆创新，建设以法定机构为核心、以“法定机构+领导小组+央企+监督机构+咨询机构”为特色的治理结构，把党的基层组织建设与“法定机构”改革同步推进。前海片区牢固树立“大抓基层、大抓支部”工作导向，以 18 项具体措施打造“六有”党支部，推出一批鲜活的基层党建创新案例，促进基层党支部全面进步、全面过硬。蛇口片区依托水湾、沿山两个中心，培育和发展国际化社工、国际化社会组织和外籍志愿者等，为区内外企、外籍人员提供“一揽子”综合行政服务，努力打造两个国际化街区基层党建先锋。

以干部建设为关键锻造干事创业队伍。蛇口前海片区结合自贸区建设实际，在建设高素质干部队伍方面进行了一系列有益的探索。前海片区以企业化、市场化为用人导向，全体干部均签订劳动合同，打破“铁饭碗”，破除“官本位”，成为干事创业的热土。薪酬分配与绩效考核挂钩，打破“大锅饭”，激励先进、鞭策后进，激发干部员工干事创业的激情。蛇口片区依据大部制改革有关机构编制设置部门、高标准配置干部，按照“国际化、专业化”标准打造服务自贸区实际需求的高质量人才队伍。

以人才引育为驱动促进自贸区创新发展。前海蛇口自贸片区充分发挥“深港人才特区”的优势，在人才工作上先行先试。前海蛇口自贸片区研究出台《国际人才自由港方案》等，加强人才政策的落地实施，建设引领全球的国际人才自由港，出台技术移民职业清单、实行技术移民分类等十项改革举措，集聚更多国际人才，着力打造大湾区人才高地和粤港澳大湾区高质量人才工作的试验示范平台。蛇口片区作为深圳外籍人员最为集聚的地方，充分发挥市场作用，构建完善人力资源配置体系，培育发展一批行业龙头及具备国际业务能力的人力资源服务机构，推动人力资源服务业国际化发展，设立境外人员管理服务中心，提供包括外国人纠纷调解、旅游指引等 23 项业务服务。前海蛇口自贸片区现共有 404 名海内外高层次人才，其中杰出人才 3 名、国家级领军人才 11 名。

（三）打造自贸区特色的廉政监督新体系

自贸区作为改革开放的试验田，清正廉洁的干事创业氛围是确保自贸区“行”出成果、“试”出经验的重要保障。前海蛇口自贸片区根据各片区经济发展特点强化廉政监督体系。前海片区借鉴香港廉政公署的体制，设立前海廉政监督局，在全国率先探索建立集纪检、监察、检察、公安和审计于一体的廉政监督新体制，为国家的监察体制改革作了有益探索；设立纪工委和市监委派驻前海监察专员办公室，形成了“一套人马、三块牌子”监督格局，逐步形成了管投资、清账户、抓风控为核心的国有资产监管体系。蛇口片区细化廉政监督制度建设，逐步引入外籍人员兼任“议事员”监督制度，通过特聘外籍人员为自贸区、社区国际化建设出谋划策。

三　前海蛇口自贸片区党的建设的成效

（一）强化党建，引领创新发展

坚持党要管党、从严治党方针，牢牢把握党建引领改革开放的主基调，理直气壮大抓党建，积极有效扩大“两个覆盖”，强化“主体责任”“第一责任”，严格落实党风廉政建设“两个责任”、选人用人责任和党管宣传、党管意识形态、党管统战、党管武装、党管群团等各方面党建责任，充分发挥党组织的政治功能，在思想上、政治上、行动上同中央、省委、市委保持高度一致。在前海蛇口自贸片区党组（前海合作区党工委）的领导下，2019 年度前海蛇口片区实际利用外资 41.62 亿美元，增长 11%，占深圳市的 53.3%、广东省的 20.5%、全国的 3.0%；按关区口径统计，进出口总额增长 29.1%。前海蛇口自贸片区的经济总量已超越千亿能级并持续提升，已成为全国自贸区发展最快、效益最好、质量最高的代表性区域。

（二）突出区域统筹，促进协调发展

切实发挥党工委统揽全局、协调各方的核心作用，优化党建工作运行机制，打破体制内外、多元业态之间的机制壁垒。对前海蛇口区域内的组织布局、党建资源、服务管理等进行全面统筹，有效解决党建工作条块分割、机制不畅等问题，构建条块结合、多方发力、齐抓共管的党建工作格局，广领域、多层面凝聚党建合力。

（三）促进多元融合，增强组织力

把握多元融合的时代特征，结合自贸片区全面市场化、快速国际化、高度信息化的特点，研究区域内行政机构、国企、非公尤其是港资企业等多元主体党建工作的突破口和结合点，积极建立党组织、群团组织、社会组织以及草根组织多元主体一致性目标。有效维护多元利益、汲取多元能量，推进多元主体在党建目标、组织、工作和制度上高度融合，把党建工作融入经营、融入创新、融入管理、融入党员群众的日常生活，切实解决少数基层组织有覆盖缺功能，党建工作虚化、边缘化问题，不断增强党组织的整体功能。

（四）坚持开放务实，增进组织活力

充分尊重前海蛇口片区内各方的文化价值、利益诉求和运行规则，坚持不求所有但求所用，坚持以人为本、服务立信，推进党建工作落实由行政命令向服务凝聚转变，积极创新搭建开放式、互动式、社会化的工作载体，采取更加务实管用的工作方法，助力基层党组织有效运转。同时，强化基层基础工作保障，推进工作力量向一线倾斜，极大调动各层面、各类组织和个人参与党建工作的积极性，切实增强党组织引领发展的效力和活力。

四　自贸片区党建“前海模式”展望

前海蛇口自贸片区已处在进一步加强自贸区党的建设“先行者”和“探路者”的发展机遇期。从长远来看，自贸片区党建工作的“前海模式”未来可期。

（一）探索开放条件下党建工作新模式，建立健全片区党建工作领导体制和工作机制

要始终把党的政治建设放在首位，充分发挥“坚持党的集中统一领导”

“集中力量办大事”的显著优势，确保自贸片区建设始终沿着中国特色社会主义方向前进。

一是始终把习近平新时代中国特色社会主义思想作为推动自贸试验区建设发展的强大思想武器。深入学习领会习近平新时代中国特色社会主义思想和总书记关于自贸试验区建设的决策部署和指示精神，增强“四个意识”，坚定“四个自信”，做到“两个维护”，把各级党组织和广大党员群众的思想和行动统一到党中央关于自贸试验区建设的重大部署上来。要始终站在全局高度，妥善处置全局与局部、部门与地方、长远与短期各种关系，为国家开放试制度、为政府治理立标杆、为高质量发展筑高地，不搞地方的自留地、不做优惠政策的洼地、不“栽盆景”，在服务国家战略的过程中赢得地方发展机遇，实现高质量、可持续发展。

二是完善自贸试验区党建领导体制，压实党建工作的主体责任。进一步完善前海蛇口自贸片区党建工作协调机制，提出自贸试验区党的建设整体推进要求，做到自贸试验区党建和自贸试验区建设同部署、同落实、同督查。明确片区内各有关街道是领导和统筹推进自贸试验区党的建设工作的责任主体。

三是理顺自贸试验区党建工作机制。在前海合作区党工委的基础上成立前海蛇口自贸片区党工委，由片区党工委承担自贸试验区区域内的党建工作主体责任，全面领导市直驻区机构、属地街道、重点企业等党组织的党的建设，统筹开展自贸试验区内党建群团等工作事宜，形成“纵向到底、横向到边”的区域化党建工作新格局。同时，参照经济功能区、行政管理区管理体制，在辖区范围内赋予自贸片区党工委在干部人事、财政税收、社会治理等方面更大权力，确保能最大程度调动区域内各种资源为党建工作提供有力支撑。充分发挥各级组织部门牵头抓总作用，明确牵头负责同志，按照干部分层管理、党组织属地管理的原则，统筹自贸试验区领导班子建设、干部队伍建设、人才管理和基层党组织建设等各项工作。

（二）发挥先行先试优势，不断创新片区基层党建的模式方法载体

自贸试验区在探索构建开放型经济新体制过程中，要准确把握开放的市

场环境、扁平的行政体制、多元的文化观念、活跃的人才资源、复杂的社会构成所带来的新挑战，超前谋划、提前布局，推动基层党建工作与时俱进。

一是优化基层党组织设置，把党建工作嵌入经济社会最活跃的“经络”。针对自贸试验区企业注册地和经营地分离、小微企业多、企业开关频繁、党员流动性大等新情况，探索建立片区综合党委等“枢纽型”党组织，明确其隶属片区党委或片区所在地党委，负责片区内基层党建工作，强化其作为“枢纽型”党组织的工作体系与兜底功能，铸就“铁打的营盘”。要做实专职党群工作者队伍，把握“创新、灵活、年轻”，培育选用一批学历、能力、阅历都能适应自贸试验区党建工作特点的新型党务工作者，为片区内党组织特别是“两新”党组织提供专业党建服务和指导。要做实区域党群服务阵地，在自贸试验区产业集中区、人员集聚区建立布局合理、功能完备、互联互通的自贸试验区党群服务站点，发挥其在党员教育管理、联系服务群众、区域资源整合等方面的积极作用。

二是创新党员教育管理方式，把党的组织力体现在宗旨和作用全覆盖上。要强化政治教育，把学思践悟新思想作为工作主题，探索大学习、大调研、大练兵等形式，在学懂弄通做实上下功夫，推动学习贯彻习近平新时代中国特色社会主义思想往深里走、往心里走、往实里走。规范党内政治生活，强化党员的政治忠诚和组织归属。充分运用前海党群服务中心、互联网、大数据、人工智能等技术手段，打造前海蛇口自贸片区“智慧党建”平台，过好网上组织生活，有效激发支部活力。要持续实施“双培工程”，加强对企业管理人员、业务（技术）骨干的政治引领和政治吸纳，支持党员成长为企业业务骨干，在分配发展党员指标时有计划地向自贸试验区倾斜，充分发挥自贸试验区党组织战斗堡垒作用和党员先锋模范作用。

三是强化产业集群党建、行业党建，以“组织链”带动“产业链”“行业链”。根据前海蛇口片区产业特色，充分发挥行业领军企业特别是在自贸试验区建设中发挥骨干作用的央企的示范引领、辐射带动作用，培育龙头企业党组织，在产业链上建立联合党组织，鼓励“国有企业带非公企业”“核心企业带配套企业”“大中企业带小微企业”，推动党组织之间推行组织联合、工作联手、活动联办、阵地联用、事务联商，实现内外互动、业务互补，以产业集群党建推动自贸试验区产业发展。要适应跨境电商、航运物流等行业组织发展的趋势，超前谋划、系统布局行业党建，坚持党建引领行业治理，依托行业协会、商会，建立行业性党组织，引导行业组织在规范行业行为、强化行业自律、维护公平竞争等方面发挥更突出的作用，推动各自贸试验区逐步建立司法监管、行业自律、社会监督、党组织保障的“四位一体”监管体系。

四是注重服务先行，积极探索外资企业党建新模式。针对外资企业党的组织建立难、党的活动开展难等实际问题，因地制宜采取更为灵活有效的方式、手段开展党的工作，积极探索“预案式”“浸润式”“平台式”党建工作模式。拓宽区内外企党员为党工作的渠道和载体，支持他们在企业中担任关键岗位、履行党员义务、开展党的工作。要注重引领工青妇、志愿团队等合法存在的群众组织、民间组织，开展团结凝聚企业职工的工作。

（三）着眼于治理现代化，积极探索高度开放环境下党建引领基层治理的新路径

前海作为国家全面深化改革和扩大开放的试验田，需要坚持以开放促改革、促创新、促发展，为率先实现国家治理体系和治理能力现代化积累经验。

一是以持续激发市场活力为导向，探索抓党建促营商环境优化的新路径。树立“一流党建促一流改革发展”“高质量党建是最好的营商环境”的理念，不断完善市场化、法治化、国际化的营商环境。深化区域化党建，通过“党建联盟”等形式，推动驻区单位、片区党委（党组）、区内企业、社会组织互联互动，实现组织融合、感情契合、资源整合，共同服务于自贸试验区的制度创新和企业的生存发展壮大，真正让企业感受到“抓好党建就是发展生产力，抓好党建就是增强凝聚力，抓好党建就是增强竞争力”。在窗口单位和服务行业开展“岗位建新功、党员见行动”等活动，设立“党

员示范岗”“党员先锋岗”，充分发挥党员先锋模范作用和党组织战斗堡垒作用，解决企业“急难愁盼”问题，在强化服务中体现党的影响力、引领力、领导力。重视各类企业对制度建设的需求，鼓励企业积极参与自贸试验区建设和管理，通过“找茬机制”等方法和手段，提升市场主体在自贸试验区建设中的参与度、获得感、满意度。

二是以共建共治共享为导向，构建党建引领社会治理的新格局。赋予自贸试验区社会管理职责，健全社会管理和服务机制，积极构建党委领导、政府负责、民主协商、社会协同、公众参与、法治保障、科技支撑的社会治理体系，建设人人有责、人人尽责、人人享有的社会治理共同体。充分运用现代信息技术实行网格化管理和服务，积极推进市域社会治理现代化，走出一条智能化、精细化、精准化的基层社会治理新路子。主动做好涉外服务，开展涉外人员法律及政策法规的业务咨询，做好外国人聚居区域管理工作，推动外籍人士遵守中国法律、参与社区活动，帮助他们了解中国、融入中国。

三是以赢得战略主动为导向，建立健全应对各类风险挑战的制度体系。坚持以人民安全为宗旨，以政治安全为根本，以经济安全为基础，始终绷紧国家安全和意识形态安全这根弦，坚持党对国家安全工作的绝对领导，厘清开放、安全和发展的关系，在发展和改革开放中促安全。坚持把人民群众生命健康安全放在第一位，积极主动应对公共卫生风险，牢固树立自贸片区公共卫生安全观，切实做好疫情防控常态化条件下的社会经济发展工作。高度重视开放条件下风险传导机制和放大效应，对苗头性、倾向性问题加强战略预判和风险预警，高度重视青年一代的思想政治工作，防范经济风险向政治、社会和意识形态领域蔓延。充分运用大数据技术对来华企业、社会组织做好背景评估，明确关键岗位的用人要求和敏感数据的使用规范，进一步加强安全管控，不断提升自贸片区安全发展能力。

B.4
前海蛇口自贸片区“证照分离”改革的探索实践

前海管理局企业服务中心课题组*

摘　要： “证照分离”改革，是深化“简政放权、放管结合、优化服务”改革、优化营商环境、激发市场活力的重大举措。回顾“证照分离”改革的历程，总结其中的逻辑脉络，为下一步持续推进市场化、法治化、国际化营商环境建设提供更佳的路径。

关键词： “证照分离”改革　历史逻辑　全覆盖试点

深入推进“证照分离”改革是深化“放管服”改革、优化营商环境、更大程度激发市场活力的重大举措。近年来，中国营商环境持续改善，全球排名大幅提升，但与国际先进地区相比还有很大差距，持续推进市场化、法治化、国际化营商环境建设，需要以更大力度深入推进“证照分离”改革。2019 年 11 月，国务院印发《关于在自由贸易试验区开展“证照分离”改革全覆盖试点的通知》（国发〔2019〕25 号），要求自 2019 年 12 月 1 日起，在全国 18 个自由贸易试验区开展“证照分离”改革全覆盖试点，所有涉企经营许可事项实行直接取消审批、审批改为备案、告知承诺、优化审批服务四种方式的改革；在法律、行政法规和国务院决定允许的范围内，各省级政

---

* 课题组成员：邹萍、黄海、龙建林、周芳竹。执笔人：龙建林，前海管理局企业服务中心干部。

府可以决定在其他有条件的地区开展“证照分离”改革全覆盖试点，可以决定对涉企经营许可事项采取更大力度的改革。由此，“证照分离”改革进入了新阶段。

“照”和“证”是企业取得主体资格、进入市场经营的两把钥匙。所谓“照”，指的是工商行政主管部门颁发的营业执照，而“证”，指的是相关行业主管部门颁发的经营许可证。原先企业要先取得行业主管部门的经营许可证，才能到工商行政主管部门申办营业执照。回顾从2014年自贸区试点开始，逐步推广到全国的“证照分离”改革历程，总结其中的逻辑脉络，可以为下一步持续推进市场化、法治化、国际化营商环境建设提供更佳的路径。

一 “证照分离”改革的历史演进

（一）“证照分离”改革——围绕“照”（2014～2015）

2014年开启的改革，关注的核心是从“先证后照”改为“先照后证”。以深圳为例，改革后原有的69项“先证后照”前置许可事项已经削减至10项（保留的部分主要在监管较严的金融领域），85.5%的前置许可事项改为后置许可。企业主体资格与经营资格相分离，经营资格许可不再作为商事主体资格登记的前置条件，为方便企业从事市场经营活动拓宽了第一道门。但作用有限，原因在于执照有了，可以挂墙上，企业主体是合法的，但是因为没有许可证，企业仍然无法经营相应业务。过去一家企业开展经营需要先拿到必需的经营许可证，再拿营业执照，现在工商部门先颁发营业执照，企业还要拿到许可证件才能正式经营。对企业而言，心理安慰大于实际效果。2015年开始，改革关注的核心是“多证合一、一照一码”，从“三证合一”到“多证合一”。再以深圳为例，2015年实施营业执照、组织机构代码证、社保登记证、刻章许可证、税务登记证合一，并率先启动“多证合一、一照一码”改革，统一社会代码取代执照号作为商事主体唯一的身份识别码。

2018年6月，深圳在全国统一“二十四证合一”基础上，结合深圳实际，实现了“三十证合一”。企业办事的便利度提高了，但从总体上讲，这一步还是“先照后证”的深化，并没有从根本上解决企业领照后快速开业的问题。

（二）“证照分离”改革——围绕“证”（2015年至今）

此阶段改革关注的核心是着力推进照后减证和简化审批，避免“准入不准营”现象。2015年12月，国务院批复《上海市开展“证照分离”改革试点总体方案》，决定在上海浦东新区率先开展“证照分离”改革试点，从涉企经营许可事项中拿出116个事项进行改革。开始从解决“办照难”转向“办证难”问题。

2017年9月，将116项改革举措在上海以外其他10个自贸试验区和四类国家级功能区复制推广；2018年2月，国务院批复《上海市进一步推进“证照分离”改革试点工作方案》，在上海浦东新区推出第二批47项改革举措；2018年10月，国务院发布《关于在全国推开“证照分离”改革的通知》，11月全面推开106项“证照分离”改革举措。2019年11月，国务院决定，在全国18个自由贸易试验区对所有涉企经营许可事项率先开展“证照分离”改革全覆盖试点。此次将涉及中央层面的全部523项涉企经营许可事项列入改革范围，改革力度进一步加大。

二　前海蛇口自贸片区的“证照分离”改革

与全国部署同步，前海蛇口自贸片区开展了“证照分离”改革探索。特别是2017年以来，围绕企业“执照容易准营难”的问题，开展“照后减证”改革，对138项与企业经营活动紧密相关、审批频次较高的许可事项开展清理，尽可能减少审批，进行以“取消审批，审批改为备案，实行告知承诺或优化准入管理，加强事中事后监管”为主要内容的改革。对市场机制能够有效调节的事项直接取消审批；对政府需要获取相关信息并以此为线索开展行业引导、制定产业政策和维护公共利益的事项，由审批改为备案管理；对暂时不能取消审批，但通过后续监管能够纠正不符合审批条件的行为且不会产生严重后果的事项，实行告知承诺，予以容缺受理；对于确实不能取消审批或改为备案，也暂不适合容缺受理的，优化准营管理，如压缩时限和环节、压缩审批材料等。

2019 年国务院决定在全国自贸区率先开展“证照分离”改革全覆盖试点，对所有涉企经营许可事项实行清单管理。广东省、深圳市先后于 2019 年 11 月 29 日、2020 年 2 月 7 日印发实施方案，确定在前海蛇口自贸片区内对 528 个涉企经营许可事项进行“证照分离”改革。

（一）强化制度设计，编制涉企事项清单

对纳入改革的所有涉企许可事项进行全面梳理，逐项列明牵头单位、事项名称、设定依据、改革方式、审批层级、改革举措、事中事后监管措施等内容，企业取得营业执照后，清单之外不得违规限制企业进入相关行业或领域。对清单实行动态管理，定期调整并向社会公布。

（二）明确责任分工，逐项制订具体实施方案

属于市级以下审批权限的事项，要求市直审批主管部门逐项制订具体实施方案，方案需列明改革内容、材料要求、监管措施、实施区域范围等内容，并按照程序向社会公布。截至 2020 年 6 月，涉企许可事项中属于市级以下事权改革事项，相关市直审批主管部门已经逐项制订实施方案并对社会公布。

（三）分类推进改革，注重改革实效

一是直接取消对外贸易经营者备案登记、典当业特种行业许可证核发等 16 个审批事项。改革至今，取消对外贸易经营者备案登记惠及企业 628 户，占全部涉“证照分离”改革市场主体的 62%，成效显著。二是审批改为备案。将诊所执业登记、食品经营许可（仅销售预包装食品）等 8 个事项由

审批改为备案。其中，食品经营许可（仅销售预包装食品）纳入“多证合一”，在企业登记注册环节一并办理备案手续，部分情形已实现“秒批”。三是实行告知承诺。对旅馆业特种行业许可证核发、印章刻制业许可证核发、会计师事务所分支机构设立审批、电影放映单位审批、设立外商投资电影院审批、从事出版物零售业务许可等61个事项实行告知承诺，审批机关制作告知承诺书，向申请人提供示范文本，一次性告知申请人审批条件和需要提交的材料。例如，试点开展食品经营许可远程视频核查工作、公众聚集场所投入使用消防安全检查核发许可证15份。四是优化审批服务，通过推进标准化管理、推行网上办理，明晰办理条件、申请材料、审批流程和审批时限，进一步压缩时限和环节。据不完全统计，涉及市级以下事权约60个事项的审批时间得以压缩，平均每个事项压缩11天，约1/3的事项压缩为即来即办。例如，工业产品生产许可证核发由60个工作日压缩为即办件，广告发布登记压缩为即办件，种畜禽生产经营许可证核发由60个工作日压缩为8个工作日等。压缩审批材料，充分运用政务信息共享、商事登记查询等途径核验申请人身份的真实性和有效性，大幅减少企业申请材料，涉及海关、安全监管、公安、交通运输、商务、市场监管、新闻出版、文体旅游等11个领域审批事项申请材料均实现了不同程度的简化或取消。

三　存在的问题及对策建议

（一）自贸片区管委会获得事权不充分，影响了“证照分离”改革的效果

本轮纳入“证照分离”全覆盖试点的528项事项中，仅有29项事项属于管委会自身事权，仅占全部改革事项的5.5%，超过94.5%的事项属于中央部委以及省、市其他部门审批事项，实际上增加了管委会整体掌握、协调推进的难度。另外，自贸片区管委会自有部分事权前后切割，上级部门仅下放前端权限，后端权限未下放，因而形成割裂。例如，自贸片区管委会已获

得实施设立旅行社开展境内游以及入境游审批权，但未获得出境游审批权限的授权，企业后续要经营出境游业务，只能向中央部委提出申请，无法在前海直接办理。又如，中外合作办学审批权，由于缺乏教育部备案、许可证书核定事项等前后关联事项，虽已授权，但自贸片区管委会并不具备办理该业务的完整权限。对此，应给予自贸片区管委会更大的改革自主权。此次“证照分离”改革四种方式之一“优化审批服务”，要将向基层下放审批权作为重要举措。应充分发挥自贸试验区综合改革的“试验室”作用，加大对自贸片区管委会下放审批权的力度，同时允许自贸片区管委会将自有行政事权（包括但不限于国务院纳入改革的涉企市场准入事项）均纳入“证照分离”改革事项，参照国务院关于开展“证照分离”改革全覆盖试点的要求，根据需求将相关事项进行整合，探索并联审批、“一业一证”等改革举措。

（二）简政放权与加强监管失衡

改革过程中应充分重视简政放权与强化监管之间的平衡关系。现阶段“证照分离”改革的核心是“照后减证”，减证的本质，是政府权力让渡给企业，但是政府权力的让渡，并不代表政府可以完全放手不管，减证后的监管工作应该更加有效，特别是对取消审批、审批改为备案事项，原审批事项主管部门向社会、企业放权的同时，应及时将相关企业纳入监管范围，依法加强事中事后监管。对此，建议充分考虑前海蛇口自贸片区综合执法局（以下简称“综合执法局”）行政执法监管机制不健全和执法能力不足等问题，对于已经纳入综合执法局监管领域的事项，事权审批部门应提前制订具体的监管措施，明确执法标准，由综合执法局履行法律、法规、规章规定的行政处罚权以及相关的监督检查、行政强制职权；对于尚未纳入综合执法局监管领域的事项，事权审批部门应严格按照“谁主管、谁监管”的原则，保持原有的审批、监管职责分工，以确保相关事项改革后监管到位。

（三）“告知承诺制”程序保障环节缺失，亟待完善

对于实行告知承诺制的事项，企业承诺已具备经营许可条件的，企业领

取许可证后即可开展经营，企业尚不具备经营许可条件，但承诺领取许可证后一定期限内具备的，企业达到经营许可条件并按要求提交材料后，方可开展经营；审批部门需要根据风险状况加强事中事后监管，向社会公开企业承诺内容，方便社会监督，发现企业不符合承诺条件开展经营的，要责令限期整改，逾期不整改或整改后仍达不到要求的，依法撤销许可证件。审批机关在实行告知承诺制过程中，可能会涉及向企业进行告知、进行企业风险评估、公开企业承诺内容、开展核查整改、撤销行政许可证等行为，而该过程尚未明确统一完善的程序，合理配置行政自由裁量权，明确违法行政责任，确保各个环节行政权力准确有效运行。对此，针对实行告知承诺制存在的行政风险，开展专项课题研究，做好制度顶层设计，通过制定统一的告知承诺程序规定，修改完善办事指南，按照权责一致原则，明确审批机关及其工作人员尽职免责、失职追责机制；通过完善公示公告机制，营造守信有激励、失信必惩戒的社会氛围，加大失信联合惩戒力度，加强跨部门联动响应，完善“一处失信、处处受限”的联合惩戒机制。

B.5

以平台为枢纽推进新型综合执法的前海实践

前海综合行政执法局课题组*

摘　要： 深圳前海蛇口自贸片区综合行政执法局联手广东省司法厅共同开发建设广东省行政执法信息平台，旨在推动执法方式科学化。该做法以数据化、轻量化的智能技术优化综合执法业务，实现执法信息采集的自动化、执法信息公开化，规范公正文明执法、减轻基层一线执法人员的负担。社会各界可以通过平台来监督执法活动和执法情况，保障切身合法权益。此外，广东省行政执法信息平台将全面贯彻落实行政执法公示制度，同步公示各类行政执法信息，满足公众对"公开"与"监督"的需求，减少公众咨询、投诉、监督的阻碍，深化"放管服"改革，进一步畅通政府、行政机关与人民群众的沟通渠道，真正实现行政执法信息公开化。

关键词： 执法公示　公开透明　综合行政执法

一　基本情况

（一）主要背景

建设行政执法信息公示平台是中共中央、国务院《法治政府建设实施

---

* 课题组成员：宋素茹、何茜、齐哲先、徐建、黄伟集。执笔人：黄伟集、齐哲先，前海蛇口自贸片区综合行政执法局干部。

纲要（2015～2020年）》和《国务院办公厅关于全面推行行政执法公示制度 执法全过程记录制度 重大执法决定法制审核制度的指导意见》部署的重要改革任务，是广东省全面推行行政执法三项制度工作的重要举措，亦是广东省“数字政府”建设任务的重要成果。平台建设的目的是：针对当前部分行政执法信息公开不及时、不规范、不透明等一系列公众关注的问题，通过建立一个全省统一的执法信息公示平台，全面归集广东全省各级行政执法主体的行政执法基本信息、结果信息，在第一时间将各类行政执法信息同步向社会公众公示公开，满足社会公众对行政执法信息公开与监督的迫切需求，进一步推动全省行政执法信息公示制度全面落实。

根据《中国（广东）自由贸易试验区综合行政执法体制改革方案》的要求，前海蛇口自贸片区综合行政执法局（以下简称“综合执法局”）将行使城市管理、交通运输、商务、食品药品安全、知识产权、工商、质量技术监督、安全生产监督、建设工程文明施工、环境保护、水务、劳动监察、文化（含新闻出版、广播、影视、版权）、国土资源等14个领域的执法职能。

综合执法局作为自贸区创新体制机制改革的重要职能部门，本着服务前海、打造法治化营商环境、完善执法联动机制、健全信息共享机制和构建联合监管机制的目的，要搭建一套全面的综合执法系统来支撑业务运行，推动执法科学化、信息化，以期解决传统上全人工、纸质材料为主的执法模式难题，以数据化、轻量化的智能辅助技术优化执法业务，减轻执法人员手工劳动量，并为后续的大数据统计、融合、信用分析提供可靠依据。最终实现执法数据可视化、集中化、实时化、智能化，打造自贸区综合行政执法智慧大脑。

（二）建设思路及目标

围绕“规范行政执法行为、提高行政执法效能、汇聚行政执法数据、强化行政执法监督”四大目标，建设全省统一的“三库三平台”，全面贯彻落实《法治政府建设实施纲要（2015～2020年）》《广东省人民政府关于广东“数字政府”建设总体规划（2018～2020年）》《国务院办公厅关于全面推行行政执法公示制度 执法全过程记录制度 重大执法决定法制审核制度的指导意见》等相关文件精神。

实现广东省内“省、市、县（区）、街（镇）”自上至下四级行政执法主体的执法程序在统一平台内流转、执法信息自动化采集、执法活动网上监督以及执法情况网上查询，从根本上保证全省不同层级、不同部门、不同系统的执法主体都能够在网上共同办案、共享信息和业务联动，提高全省行政执法效率，促进严格规范公正文明执法，切实保障所有公民、法人和其他组织的合法权益。

全面贯彻落实行政执法公示制度，同步公示各类行政执法信息，满足公众对“公开”与“监督”的需求，减少公众咨询、投诉、监督的阻碍，深化“放管服”改革，进一步畅通政府、行政机关与人民群众的沟通渠道，真正实现行政执法信息公开化。

基于全省统一建设的协同办公平台，完善综合网上办案系统。按照网上全流程办案与移动办案建设需求，拓展完善行政执法的立案受理、调查取证、审核决定、送达执行、卷宗管理、统计分析、上报备案等功能，实现行政执法全过程网上办案，形成审批网络化和案卷电子化，实现执法全过程留痕和可回溯管理。配备拍照、录音、录像等模块，确保在第一时间将执法证据固化，提供照片、音频、视频等多种现场证据材料。

对标《国务院关于加快推进全国一体化在线政务服务平台建设的指导意见》和全国行政执法监督综合管理系统等国家标准，制定“两平台”建设的标准规范，实现执法事项、执法依据、执法流程、执法文书、裁量基准、执法监督、执法信息公示等要素标准化，促进行政执法信息化、规范化。加强行政执法标准化基础研究，注重地方标准与国家标准、行业标准的配套与衔接，完善行政执法标准规范体系，推动标准实施进程，为推进行政执法信息化提供基础条件。建立健全标准化工作协调推进机制，组织具体标准的制定、修订和推广应用。

加强科技手段在行政执法中的应用，坚持用科技服务执法的理念，建立一个完善高效的执法终端系统，全面推行移动化行政执法模式，为执法人员配备一系列移动执法设备、信息化执法设备，通过执法现场与系统后台数据的实时联动，快速出击、科学取证、高效处理各类行政执法事务，切实提高一线执法人员的工作效率和办案效能。

依托广东省政务服务网，打破各部门及各政府间的条块分割壁垒。对省直各部门现有行政执法系统业务数据以及各级政府现有行政执法平台业务数据进行整合；通过省行政执法信息公示平台，对全省各级行政执法主体所有的执法信息（包括行政检查、行政许可、行政处罚、行政强制、行政确认、行政给付、行政裁决、行政征收征用等）统一归集后，统一公开各级行政执法主体、职责、依据、程序、清单和监督等事前信息，统一公开行政执法结果、年度行政执法数据和相关行政复议、行政诉讼数据等事后信息。基于“粤省事”小程序、省政务服务网及其微信公众号等渠道平台，打造全新的信息公示系统，为公民、法人和其他组织开通、拓展行政执法信息查询服务，完善行政执法主体与公众、企业间的交流互动，使权力真正在阳光下运行。

（三）基本原则

1. 职权法定、依法实施

按照《行政处罚法》《行政强制法》《广东省行政执法责任制条例》《广东省行政执法监督条例》《广东省规范行政处罚自由裁量权规定》等法律、法规、规章，梳理行政执法事项，规范行政执法程序，强化行政执法监督。

2. 顶层设计、统筹规划

在“数字政府”改革框架下统筹规划设计，强化政务信息资源的有机整合和高效利用，防止重复建设和资源浪费。坚持高层级集中部署，推动信息系统的集约化建设和数据向上集中，构建全省统一的行政执法系统架构。

3. 标准统一、强化应用

以推进行政执法便利化、便民化为导向，强化行政执法标准化。加大科技、信息技术在行政执法领域的拓展应用，推进实现信息资源的有效整合、共享和交换。

4. 公开透明、便民利民

以统一平台的形式及时满足公众对行政执法信息公开与监督的需求，全面落实行政执法公示制度，畅通群众沟通渠道，方便公众对执法信息的咨询、查询和投诉监督，提高执法公正、公开化水平。

（四）搭建准备

基于大数据的综合执法平台是一个综合性、复杂性和时效性较高的项目，需要分阶段完成系统建设。

2018 年 11 月 12 日，广东省司法厅下发《广东省司法厅关于提供本单位行政执法法律依据的函》（粤司函〔2018〕875 号），会同省政务数据局、数字广东公司全力推进“广东省行政执法信息与行政执法监督网络平台”第一期工程建设，该先行先试项目也受到国家司法部的充分肯定和高度关注，现已进入实质开发阶段，并选定深圳前海蛇口自贸片区综合行政执法局作为第一批 8 个试点单位之一，相关软件开发、硬件设备采购均由省司法厅列入采购计划，平台的搭建如火如荼般开展。

2018 年 12 月 29 日，广东省司法厅以省依法行政领导小组办公室名义下发了《广东省行政执法年度数据公开样式》，正式开始部署全省年度行政执法数据公开工作。

2019 年 1 月 4 日，省司法厅制发《广东省行政执法数据公开工作指引》，就各地、各部门集中咨询的公示责任主体、数据统计口径、数据报送方式等问题进行统一解答，初步解决搭建中的困难。

（五）搭建进展

综合执法局高度重视平台建设工作，已积极携手广东省司法厅、广东省政务数据局、数字广东公司，按照司法部的要求开发完毕，成功搭建起一个具有综合执法特色的执法平台，可实现全部行政执法行为的全过程行政执法记录与监督，充分利用大数据分析问题、辅助决策。同时，积极完成国家信息报送任务，已向全国行政执法综合管理系统报送广东省行政执法数据1.38亿条。新的证件管理系统（执法队伍管理系统）和案卷评查系统将于近期在全省上线。

（六）平台特点

①统一全省文书，规范流程，全面落实三项制度。②规范执法程序，固化流程设计，推动案件流转标准化，指导执法人员办案。③执法平台与公示平台业务联动，可以实现执法结果自动公示。④使用执法平台办案，政务云平台为全过程记录提供安全可靠的数据存储保障。⑤设置重大案件流转限制，未经法制审核的无法继续办理。⑥全过程网上办案，推动“电子印章”“电子签名”“电子送达”“电子证照”“电子档案”五电技术，实现无纸化执法，切实提高一线执法效率。⑦数据共享，协同执法。能够实现数源单位一次汇聚、多次应用，切实减少基层数据困扰。推动信息数据共享和在行政执法领域的应用，为一线执法人员的快速出击、科学取证、准确定性、联合执法在技术层面提供强有力支撑，提高现场办案效能。⑧强化行政执法监督。平台上线后，广东省行政执法监督网络平台将与广东省政务服务网进行全面对接，真正做到“法无授权不可为”，对未纳入广东省政务服务事项目录管理系统的行政执法事项，届时将一律不得实施。⑨具有全面的事前、事后监督功能。所有的行政执法都会全流程监控、全过程留痕，做到可追溯、可究责，在群众质疑时提供强有力的证据，使每一次的执法都更加公开、公正且透明。同时，该平台也可以通过后台统计的大数据对行政执法主体及每一个执法人员的工作绩效进行分析量化评估，对办结的案件随机抽查会诊、智能考评，改进执法不足。

二　平台功能模块

平台主要包括以下三个功能模块。

一是移动执法模块。通过配置整套专业移动执法设备，执法人员可以在执法现场进行拍照、线索记录、上传、文书打印等操作后即时同步上传到平台系统，无须再耗费大量精力手动分析录入，提高执法工作效能；另外，执法人员也可以通过微信公众号进行线索记录和上传、法律法规查看、文书查看等操作，同时模块推出普通公众手机版，对接微信公众号、“粤省事”小程序，公众可快速发起行政复议，查询案件进度，进行政民互动，让权力真正在阳光下运行。

二是案件处理模块。从线索管理、立案调查、案件审批、督办和案件归档等全过程实现信息化处理，提高办案速度，避免超期处理各类案件；模块有权责事项库、法律法规库、执法要素库，确保案件处理质量。

三是数据分析及共享模块。平台具备执法大数据统计决策分析功能，充分利用广东省政务大数据，完善依法履职活动监控、政策措施后评估、违法违规行为监测、问题企业分析、数据挖掘、大数据分析比对、风险评估等功能；对接广东省政务云平台，能够实现与信用广东平台及省、市、区相关部门的数据共享，达到建立健全信息共享机制和构建联合监管机制的目的。

三　取得成效

广东执法规范化进程最早可追溯至 1993 年。当年 5 月，省政府《关于全面加强政府法制工作的通知》明确规定：“各级政府法制机构代表政府对各部门执法活动实施监督，并向政府报告监督检查情况。”此后 20 多年间，省级层面不断推出各项规章制度补充和完善规范化执法行为。

1994 年，广东省率先推行行政执法责任制；1995 年，省政府机构改革，设立行政执法监督处，具体负责规范和监督行政执法；1997 年，省政府颁布《广东省〈行政执法证〉管理办法》；1999 年，省人大常委会通过了《广东省行政执法责任制条例》。

经过多年的规范执法积累，广东省行政执法信息公示平台终于在 2019 年 1 月 30 日上线运行。随着公示平台的启用，广东省迅速实现了在全国范围内的“五个第一”：第一个建成全省统一行政执法信息公示平台，第一个统一全省年度执法数据公开标准，第一个实现省、市、县（区）、镇四级政府年度执法数据在线填报，第一个在全省公开年度执法数据，第一个将行政执法年度数据公开工作纳入法治政府考评体系。

社会公众通过省行政执法信息平台，可以按行政许可、行政处罚、行政强制、行政征收、行政征用、行政检查等业务类型进行查阅，还可以按照执法主体进行查阅。通过机构和业务的“双引擎检索”，社会公众获取相关行政执法信息更加准确、方便、快捷，保证了平台服务社会全覆盖、公众查阅无障碍、执法监督全天候。由此，真正将所有的行政执法机构、将深圳前海蛇口自贸片区综合行政执法局的所有行政执法活动置于广大人民群众的监督之下。

四　存在问题

诚然，广东省行政执法信息平台的建设快速推进，但受研发时间短、研发难度高的限制，仍存在亟待解决的难题。

其一，数据支撑功能欠缺。现在各职能部门执法平台并不是单一存在的，一是综合数据平台，如某市交通运输局平台集审批信息、执法信息、信用信息等于一体，平台内数据闭合相互贯通、相互整合，内部审批、执法单位可参考共享信息。例如，审批时可先查询被审批对象是否有处罚或不良记录，执法单位可查询路面车辆信息、施工审批信息等。二是执法+数据平台，行政处罚信息在执法平台流转，但同时辅以其他数据支撑，如人、物信息资源等。由此可见，该平台只是单一的执法办理平台，缺乏各职能部门的信息共享，案件办理中需要查阅、审查的信息都无法体现，还需要向原审批单位调阅。

其二，平台缺乏接受线索功能。一个完整的行政处罚案件是由各类巡查、举报、投诉转化而来的，各种渠道的线索从发现或转办之日起都有各行业各领域的受理时限，现在仅手工登记接收各渠道线索，分发给执法人员，由执法人员判断是否受理、是否立案，只有立案了才会进入该平台办理。线索接收环节没有进入平台，缺乏全流程监管和自动化时限预警。

其三，缺乏案号自动编排功能。系统现有的案号为人工输入，但信息录入时有“所属领域”“细化领域”等选项，建议可在执法人员确定“所属领域”“细化领域”后案号能自动编排，以免执法人员在外执法或遇到紧急任务时无法确定具体案号进而无法操作系统。

其四，无法自动录入行政机关单位联系电话及地址。因为每个执法人员的联系方式、所属单位及办公地址是明确固定的，每个案件都需重复录入，对执法人力资源也是一种浪费。因此，建议在案件信息录入选择执法人员后，相对应的“联系电话”“单位地址”能由系统自动填写。

其五，缺乏案件合并处理功能。在某些领域曾连续不断接到不同举报人对同一家公司同一事项的举报，根据办案流程，执法人员往往已对先接到的举报线索进行受理或立案调查。此类后续接到的举报线索建议系统设置合并受理或合并立案功能。

其六，部分审批程序缺乏行政强制措施。根据《行政强制法》的规定，在紧急情况下当场实施行政强制措施的，可以事后补办手续。在执法过程中，执法人员经常遇到需要现场采取措施的情况，而现有执法系统为“先审批再开具执法文书”模式，且无法更改，缺乏灵活性。

其七，缺乏案件查询功能。在部分执法领域，其自由裁量标准及处罚额度按违法次数进行区分适用。因此，后续需要增加整个行政单位以往对同一当事人、同一涉案车辆、同一项目处罚案件的查询功能。

其八，缺乏案件时限的预警提示功能。深圳前海蛇口自贸片区综合行政执法局职权涉及领域众多，各领域办案要求不尽一致，在案件信息录入选择具体领域后，系统不能自动根据预设的各领域时限要求进行倒计时及到期提醒，亟待后续改进。

其九，缺乏短信发送及截图功能。根据部分执法领域的办案流程要求，执法人员需要告知举报人受理、立案、延期、行政处理结果相关信息，通过短信发送功能进行留痕。

其十，缺乏案件办理程序锁定功能。例如，当事人申请听证的案件，为避免执法人员误操作进入下一步，应当增加部分人员账号权限，在收到当事人听证申请材料后能对案件进行锁定，不能再进行下一步操作，并自动确定案件办理时限。

五 展望

行政单位在行政执法过程中被一些问题长期困扰。例如：各部门因职责交叉、界限不清，部门之间对同一执法对象执法环节衔接不够，存在执法空档现象；各部门单打独斗，存在“谁都能管，谁都难管”的情况，难以形成合力；多头重复执法，企业苦不堪言；部门间数据信息不能互联互通，造成执法流程滞后；执法不规范，出现“运动式”执法、选择性执法；行政法律文书制作不规范，行政处罚随意性大等问题。这些问题的根本原因在于各行政执法部门之间没有形成“一张网”，没有一个量化的标准和统一的行政执法信息平台。

深圳前海蛇口自贸片区综合行政执法局作为负责自贸片区综合执法的行政机关，自 2019 年 1 月 1 日起正式承接了交通运输、城市管理、工商、食品药品安全、知识产权、质量技术监督、国土资源等 7 个领域法律、法规、规章、规定的行政处罚权以及相关的监督检查、行政强制职权。2020 年下半年，更是准备全部承接市、区 14 项管理领域的行政执法工作，几乎承接了除公安、教育、卫生等外的所有行政执法领域，这是前所未有的创新和改革，是对现有的传统行政执法分头作战的体制改革，走在全国前列。“全国改革开放看深圳，深圳改革开放看前海”。但不可否认的是，14 个执法领域对于前海管理局现有薄弱的执法力量而言，着实挑战巨大。与发展成熟的城区不同，前海正处于迅猛发展时期，各种工地遍地开花，共有约 16 万家注册企业。仅 2019 年，前海管理局下辖派出机构南山街道执法队就处理各种投诉举报线索约 935 宗，立案办理案件 455 宗。在前期缺乏执法系统、在岗在编人员只有 7 人的情况下，所有案件需用纸质档案材料流转，在案件办理完毕后也需要人工填报进行执法信息公示，需要耗费大量的人力物力，影响办案进度。另外，因涉及的 11 个市、区职能部门都有各自不同的执法系统，包括不同的法律文书、执法流程和执法平台，如果不进行整合，势必造成大量重复无效的工作。广东省行政执法信息平台以省政务服务事项目录管理系统记载的行政执法类权力事项为基础，依托省政府统一的数据共享平台，归集综合网上办案系统采集的执法数据和部分已有执法系统部门的数据，比对各类行政执法的实施主体、执法流程、裁量基准、执法监督等规范要求，可以实现行政执法流程的全过程监控。因此，使用全省统一的行政执法信息公示平台迫在眉睫。该平台的上线，不仅为打造法治化营商环境、健全信息共享机制、完善执法联动机制、构建联合监管机制提供强有力的抓手，还将大幅提高执法效率、减轻执法人员手工录入等劳动量，为后续的大数据统计、融合、信用分析提供可靠依据，进而实现执法数据可视化、集中化、实时化、智能化，打造自贸区综合行政执法智慧大脑。

今后，深圳前海蛇口自贸片区综合行政执法局将继续践行以人民为中心的发展思想，持续深入理解、主动积极推广广东省行政执法信息平台，推动落实“谁执法谁公示”制度；配合建设“广东省行政执法信息和行政执法监督网络平台”，使之真正成为贴近群众、服务群众、方便群众及时获取执法信息、有效监督执法活动的重要平台；坚持公平正义准则，依法履行法定职责，在逐步与各类行政执法投诉举报平台对接的基础上，形成一套“内部监管、外部监督”的新型监督格局，力求每一项执法活动都在阳光下运行，不断推动政府治理体系和治理能力现代化走在全国前列，让人民群众切实感受到行政执法活动中的公平正义。

制度创新

Institutional Innovation

B.6

前海推进供应链创新应用与打造现代供应链体系

保税区管理处课题组*

摘　要： 前海蛇口自贸片区一直高度重视供应链产业的发展，《前海深港现代服务业合作区总体发展规划》将包括供应链在内的"现代物流业"确立为四大主导产业之一，且在《中国（广东）自由贸易试验区深圳前海蛇口片区建设实施方案》中明确提出了"深港合作共建全球首屈一指的供应链管理中心"的建设目标。自全国供应链创新与应用试点启动以来，前海管理局按照中央要求，不断优化和完善供应链创新发展的良好营商环境，推动前海蛇口自贸片区供应链服务高质量发展，发挥前海全球供应链核心枢纽作用。

* 课题组成员：林琳、周艳梅。执笔人：林琳，前海管理局保税区管理处干部。

关键词： 供应链创新　服务平台　供应链标准

一　主要举措

（一）重点培育供应链综合服务平台

为促进流通与生产融合发展，加强从生产到消费的有效对接，促进供需匹配，前海重点培育了一批有一定规模、市场影响力的供应链综合服务企业，如比亚迪供应链、华富洋供应链、东方嘉盛、碧盛发展、中燃物资、花万里供应链、越海全球等营收都已过百亿元。这些企业通过专业化集成服务协同客户非核心业务外包，提供集中采购、组织生产、物流分销、通关税务、终端管理、品牌营销、电子商务等一体化的供应链服务，融通物流、商流、信息流、资金流，通过平台直接服务需求终端，在供应链模式创新、供应链协同及降本增效方面具有重要的示范带动意义。

（二）着力打造国内一流产业供应链协同平台

为提升产业上下游业务的集成和协同效率，增强产业发展的活力，前海围绕农产品、煤炭、建材、大宗商品、电子零器件等行业构建一批产业供应链协同整合平台，提供共享采购、分销、电子商务、金融、物流等服务。比如，瑞茂通搭建的国内“煤炭采购分销业务 + 供应链服务 + 供应链金融”产业协同平台，中农易鲜搭建的“农产品互联网交易平台 + 供应链服务 + 供应链金融平台”产业协同平台，综合信丰搭建的“电子元器件交易平台 + 供应链服务 + 供应链金融”产业协同平台。

（三）规范发展服务实体经济的供应链金融

一是金融机构通过产品和服务创新推动供应链金融服务模式变革。前海金融资产交易所首创人民币债权资产跨境交易平台，为人民币债权资产跨境交易双方提供资产真实性审核、交易见证、资金监管、交易结算、备案登记等服务，打开了境内13万亿元企业应收账款资产跨境交易的市场。鹏华资产管理有限公司与亚洲保理（深圳）有限公司设立的“小额分散型中小企业应收账款融资模式”，已向包括传统物流、制造、零售行业和新兴劳务派遣、传媒、机票代订行业等十几个行业的中小企业提供融资服务。前海联易融金融服务有限公司与南山区政府、北京银行深圳分行、华润置地（深圳）有限公司签署战略合作协议，通过政—银—企三方合作，运用区块链技术搭建供应链金融服务平台，实现政—银—企资源高效交互对接，解决中小企业融资难、融资贵问题，提升中小企业获取金融服务的效率。

二是实体企业主动创新供应链金融服务模式。比如，中兴供应链通过引入应收账款资产证券化模式，探索新的供应链融资途径，加快资金周转，降低业务风险。川能充分整合境内外金融机构，打造人民币跨境双向资金池，实现集团内资金跨境流通，提高供应链金融效率；花万里创新包括商票、保理、应收款链、票据池等供应链融资模式，已与超过20家资金方建立合作关系，主要针对黑色代采、有色现货质押、有色在途、进口采购开展业务。链融科技通过对“区块链+大数据+云计算”技术模式的应用，在可信空间内，连接商品交易商和金融服务商，构建“138供应链产融生态联盟”，实现200余家链上企业与多元金融机构产融深度链接。

（四）加速构建绿色供应链体系

前海一直坚持绿色低碳、可持续发展。深圳港是国内首个倡导集装箱船舶转用低硫燃油的沿海港口，96%以上进入前海自贸片区港口的集装箱船靠泊期间都使用了硫含量低于0.1%的低硫油。前海自贸片区港口岸电设施建设已覆盖9个泊位，2020年底前达到13个泊位，覆盖率达到80%以上。港区、码头推进“油改气”“油改电”，港区内传统柴油拖车已改用液化天然气拖车，叉车、龙门吊等都改用电力驱动，进一步降低废气排放，大大改善了港区及港区周边的空气质量。

片区内企业地上铁中国已成为中国最大的新能源物流车运营商。该企业专注于新能源物流车集约化运营的服务配套，致力于为各大快递物流及城配企业提供一站式的新能源物流车队租赁及运营配套服务。发展至今，地上铁拥有不同类型的小面、大面、大 VAN、轻卡、冷藏等新能源物流车投放并实际运营 28000 + 台，业务范围覆盖深圳、北京、上海、广州、成都等 50 多个一二线城市。合作的项目包括顺丰速运、跨越速运、京东快递、德邦快递等物流业巨头，并为深圳海吉星农产品批发市场提供"城市绿色配送示范项目"服务方案，开启了全国首个城市绿色示范工程项目。片区企业顺丰也致力于绿色物流和绿色供应链的研究和应用，建设了包装技术研究及检测实验室，在包装基础技术研究与标准制定方面不断推进与突破，推进包装的轻量化、减量化、可循环、可降解、智能化应用与落地，构建可持续包装生态链。截至 2019 年上半年，已针对传统、冷链、医药、重货、特种、同城餐饮等行业研发百余套包装解决方案，并不断探索创新，在太阳能光伏板、白色家电特色经济领域，研发具有自主知识产权的各类特色包装产品，持续为各行业客户创造价值。

（五）有序推进亚太供应链管理中心建设

前海依托全球首屈一指的深港港口群、30 公里半径范围内坐拥两大国际机场的区位优势，背靠有"世界工厂"之称的珠江三角洲发达的经济腹地，是连接世界各地与珠江三角洲经济圈乃至中国内陆腹地的"海上门户"。自贸片区内的深圳西部港区拥有航线 160 余条，亚洲航线占比达到 65%，国际中转集拼、国内水水中转业务发展迅猛。保税港区已成为港企贸易链的仓储配送及供应链管理中心，利丰供应链将前海作为出口中心，出口业务保持连年强劲增长；嘉里物流逐步将香港仓储业务转移至前海；周大福通过电子商务拓展国内珠宝销售市场，年均保持两位数增长；世界 500 强英迈供应链 2018 年在前海实现 20 亿美元的进出口额。按关区口径统计，2019 年 1 ~ 12 月进出口总额达 8721. 91 亿元，增长 29. 1%。前海湾保税港区进出口贸易总值 1359. 8 亿元，增长 58%，在全国 14 个保税港区中位列第一。华为、苹果、华星光电、三星等高技术企业相继在园区开展业务，东方嘉盛、顺丰、大洋物流、越海等国内供应链龙头企业均已在前海布局全球业务，亚太供应链管理中心初现规模。

二　经验做法

（一）加强顶层设计

《中国（广东）自由贸易试验区深圳前海蛇口片区关于开展供应链创新与应用试点的工作方案》要求，依托前海蛇口自贸片区已有的供应链相关产业基础，分步骤、分层次确定试点目标及内容，致力于在前海打造具有全球较强影响力的供应链创新与应用试验示范区。

（二）落实工作推进机制

基于前海实际，探索建立“政府—协会—试点企业”三方联系机制，充分发挥行业协会作用，三方协力挖掘并筛选、导入区内重点企业库，初步形成“市场主导、协会指导、政府服务”三位一体的试点推进机制。根据试点分阶段目标，拟订工作实施计划、明确工作职责，每月召开工作小组常规性议事会议，跟踪、总结试点成果，研讨和解决试点任务实施过程中的障碍和困难。

（三）夯实基础

基础设施建设。前海与粤港澳毗邻区域联动基础设施网络建设稳步推进。前海对外大交通体系不断完善，深中通道预计于2024年通车，广深沿江高速横贯，为区域联动互联互通奠定基础；已建地铁线、在建地铁线、规划地铁线等共8条线路汇聚于此，兴海大道、妈湾大道、月亮湾大道疏港交通承载能力强，形成具有较强辐射力的现代综合交通体系，妈湾跨海通道作为承担南山港区（妈湾、赤湾、蛇口）的疏港货运交通，兼顾承担妈湾、赤湾片区与大铲湾等片区的客运交通联系，已开始动工，前海区域道路网结构进一步完善。

信息化建设。前海单一窗口功能打通国际贸易全产业链，突出“前海特色”。前海自贸片区在单一窗口功能模块设计上，不仅具备了国家标准版和市“单一窗口”的电子政务功能，而且增加了多个前海自贸片区特色业务功能（包括：货物数据采集、舱单数据采集、港区信息查询、港区监管、大数据中心、“一带一路”建设等功能），下一步计划通过引入大数据、区块链、人工智能和物联网技术，开展贸易大数据分析、税务大数据分析、通关时效分析、前海舆情监控、科技金融、防伪溯源、智慧供应链等基础信息设施建设。根据试运行期间的测算，企业应用该板块后，其货物申报数据项减少1/3，船舶申报数据项减少80%，船舶放行时间由1天缩短到1小时，现有的28个船舶申报纸质单证取消27个，保留1个，基本实现全电子化操作。该板块成功实现与国内港口和国际港口信息联网后，企业1分钟内便可查询到出口货物抵达国外目的港口情况，极大地便利了企业的跨境贸易行为，在一定程度上突破了供应链瓶颈。

2019年，前海湾保税港区5G铺设工作顺利完成，标志着前海正式完成全域5G覆盖工作，为下一步智慧供应链体系建设奠定了通信基础，前湾保税港区已完成了智慧卡口改造工程，并通过信息化监管技术，解决了前海三个码头、两个园区、一个查验场共计6个区点之间的监管货物周转难题。前海围绕科技产业发展的需求，联合科创投公司启动了前海云平台建设工作，未来前海智慧交通、智慧安保、智慧环保、智慧能源、智慧医疗、企业服务等应用均将依托前海云平台进行建设，供应链企业可以依托云平台开展人工智能、大数据、物联网、区块链等先进技术的应用及采购，同时通过新科技进一步提升综合办公、金融、法律、知识产权等服务和交易的效率与质量。

标准建设。前海管理局参与起草的深圳市地方标准《绿色供应链企业评价》（DB4403/T10－2019）、《供应链企业金融风险控制与评价》（DB4403/T11－2019）、《供应链企业分类与评估》（DB4403/T28—2019）都已发布，均属行业领域首创。下一步将积极推动标准的推广和应用，以标准引领带动行业高质量发展。

政策支持。为进一步加大产业扶持力度，2020 年以来，前海陆续出台了支持自贸片区产业发展的相关政策措施，构建多层次、全覆盖的政策支持体系。发挥前海政策先行先试的独特优势，坚持产业发展共性扶持与专项扶持相结合、普惠政策与特殊政策相结合，企业政策获得感显著增强。在制定实施《前海蛇口自贸片区及前海合作区着力打造最佳营商环境改革行动方案（2018～2020）》的同时，修订《深圳市前海深港现代服务业合作区总部企业认定及产业扶持资金申报指南》，出台促进企业回归办公用房租金补贴办法，全面实施新兴贸易发展专项扶持、高端航运服务业专项扶持政策，以及境外高端人才及紧缺人才认定及个人所得税补贴办法，引入人才发展引导基金等，同时委托深圳市现代供应链管理研究院、中国国际贸易促进委员会研究院等专业机构对标国际一流水平，全面摸清片区企业情况，深入调研。结合片区优势及实际情况，形成《深圳前海蛇口自贸片区现代供应链（智能供应链）配套政策研究》《前海现代物流业发展研究》《前海湾保税港区产业发展规划研究》等成果，为明确前海供应链创新发展方向和政策出台提供重要指引。

统计分析。参考国家物流业统计方法，根据前海实际情况与特点设计科学的统计指标，按季度搜集企业的统计数据，建立样本数据库。以季度统计数据为分析基础，通过问卷调查、召开企业运行经济分析座谈会、实地调研等掌握重点和代表性企业每季度的生产经营情况、变化原因、发展面临的问题，以及企业经营管理/商业模式创新情况、发展诉求等；不断增强统计工作对促进前海蛇口自贸片区现代物流、供应链产业发展的先导性和全局性作用，提高政策调控的针对性和有效性。

（四）发挥自贸创新优势

前海蛇口自贸片区挂牌以来，因地制宜地积极探索，依托保税港区累计推出了超过 500 项制度创新成果。“海运国际中转分拨集拼业务”“前海离港空运服务中心”和“全球中心仓”等改革项目，有效促进了粤港澳大湾区资源互融互通，实现“海、陆、空”三位一体的全路径供应链立体式发展。对照世界银行营商环境评价指标优化片区营商环境，经普华永道评估，如将前海蛇口自贸片区视为一个单独的经济体，2018 年度前海营商环境便利度在全球 190 个经济体中排在第 31 位（中国整体排在第 46 位），营商环境国际化、法治化和便利化程度稳居国内第一阵营。

三　试点成效

（一）供应链协同整合能力不断增强

协同企业数量不断扩大。前海龙头供应链企业充分发挥协作引领、技术示范和知识服务输出等外溢效应，通过构建紧密合作的供应链网络、协同现有资源，大幅提升产业组织能力。比如，越海实现供应链协同的企业数量包括众多世界 500 强企业共计 5000 余个，全国 OEM 工厂 500 多家；深业晋展物料供应有限公司建立的高新技术产业集群式供应链协同平台集成了 100 多家高科技企业、高校、科研单位和超过 1000 家欧美日尖端设备厂商、供应商。链融科技已实现 11 个产业领域内 200 多家企业和金融机构的对接，为商品交易商解决了 80 亿元的资金需求，为金融服务商引流 70 多亿元的优质资产，为产业链上的中小微企业解决应收应付账款超过 300 亿元。

协同区域范围日趋扩大。前海龙头供应链企业已突破地域和产业界限，协同不同行业、不同地区、不同企业实现资源整合、优势互补、协调共享的能力，不断优化产业组织能力和组织效率。比如，前海瑞茂通搭建煤炭行业采购分销网络，上游采购网点覆盖了湖南、湖北、山西、内蒙古、陕西等国内及印度尼西亚、澳大利亚等国外主要的煤炭资源生产地，能够以优势价格获取较齐全和优质的货源，下游分销客户覆盖国有六大电厂下属的优质电子企业。端信投资控股（深圳）有限公司在运营的半年时间里就与 30 余家大型国企央企、上市公司及其产业链上下游企业展开以采购执行、销售执行、票据保理为主的供应链合作，行业范围涵盖消费、电子、电力、建筑、能源和农业六大行业。

深入融合全球供应链体系。随着中国深入参与全球供应链的分工，越来越多的前海企业抓住“一带一路”发展契机，以强化全球化视野，确立以全球资源应对全球的理念，通过加强品牌打造、平台建设、网点布局、国际合作等，深度参与全球产业链、价值链竞争、合作与分工，深入融合全球供应链体系。比如，递四方在全球设有30个海外仓，并与新加坡邮政开展多渠道合作，物流产品服务基本覆盖“一带一路”沿线国家。易商供应链已在英国、美国、澳大利亚、德国、法国、加拿大等10个国家和地区拥有全资子公司及仓储物流处理中心，面积28000余平方米，服务网络覆盖国际电子商务活跃市场80%以上的国家与区域。一海通供应链的全球海外仓资源集采已经覆盖欧洲、北美、中南美、东南亚、中东5大地区，共20个国家，有近30个海外仓库资源，跨境专线覆盖中英、中法、中德、中俄、中马等。深圳越海全球物流在泰国、菲律宾、马来西亚等东南亚国家搭建全球智慧仓网，进行物流网络规划。

（二）供应链创新模式不断丰富

前海已经形成覆盖采购/分销供应链综合平台、产业供应链协同平台、外贸综合服务平台、供应链科技、供应链金融、跨境供应链等多种创新服务模式。比如，越海通过搭建“B2B + B2C + 供应链协同”社会共享体系，首创“C2B + DIY”模式，建设全国智慧仓网，并依托强大的VMI&JIT运营能力，助力1000多个商家高效应对持续变革的消费市场。深圳铜道富强供应链管理有限公司采用移动互联网、大数据、物联网等先进技术，构建了O2O/B2B大宗商品交易平台 + 在线供应链金融 + 第三方支付结算 + 物联网 + 大数据平台，整合全产业链的生产企业、加工企业、贸易商、仓储物流企业以及银行、保险、担保公司等金融机构的优势资源，在交易全程输出金融服务、支付结算、数据技术和风险管理等服务，实现大宗商品产业链O2O生态闭环。深圳中芯供应链建立的IC半导体行业供应链综合服务平台，涵盖芯片设计、芯片制造、芯片分销、产品方案、产品集成、品牌终端等整个产业链的核心区域，提供采购/分销执行、供应链金融、数据赋能等多项服务。中农易鲜主要以电子商务交易平台为核心，引入供应链服务支持方式，为产业上下游的生产者、加工企业、供应商、终端商等提供包括交易、信息、结算、金融、物流等全流通解决方案，其母公司已成为中国农产品 B2B 行业标杆企业。

（三）供应链技术应用步伐加快

加快对大数据、区块链、云计算、人工智能等新技术以及自动仓库、无人机、无人车、自动分拣装备等高科技设备的应用，已成为前海供应链企业抢占竞争新优势的重要选择。比如，瑞茂通利用区块链技术，自主开发了瑞翼云控系统，致力于实现煤炭产业供应链业务的实时可视化；东方嘉盛通过引入机器流程自动化系统、AI 智能、智能化设备（包括自动化测量设备、自动导向车系统、WMS 升级改造、智能化监控行为分析系统等），快速打通各个系统及数据源之间数据传递渠道；递四方自主研发 WMS 物流系统及自动分拣流水线的软硬件，助力实现 600 万单/日操作能力，建立北斗可视化平台及大数据平台，采集各种跨国数据、业务数据、项目数据、决策后数据等。

（四）标志性创新的示范带动效果显著

越海“创新的流通制造模式”。越海是前海第一家“独角兽”企业，也是中国物流与供应链行业第一家 A 轮融资达到“独角兽”级别的企业。越海 C2B + DIY 平台项目，是基于电商平台最终消费者的订单需求，按需生产，以需求驱动供应链、生产、配送的运作模式。项目的运作模块包括原材料配件采购、生产制造、分销协同、仓配、供应链金融、信息数据共享、店铺代运营、售后服务等。结合工业 4.0 与越海的智慧仓网体系，越海“C2B + DIY”平台优化了供应链结构，实现了按需生产的以需求驱动供应链新模式，解决了需求与供给的矛盾，助力国家供给侧结构性改革战略，实现了“供应链服务与制造一体化”，被商务部定义为“流通制造业”模式。

链融“供应链金融综合服务平台”。链融科技在业内率先将区块链技术落地应用到供应链金融领域，以“电子发票+基础交易合同”确定交易的真实性，以具有法律效力的电子商品作为商业流转的工具，以区块链、大数据、云计算、物联网、人工智能等前沿技术为支撑，搭建供应链综合服务平台，打造“为供应链交易商找资金、为金融服务商找资产、为链上企业控风险、为合作伙伴增价值”的产融生态联盟，让联盟企业实现商业信用可计量、有价值、可流转、能增值，让金融服务商实现业务合规、资金安全、操作方便、客户聚集，推动现代供应链生态的协同发展与产融发展。

产融联盟业务包括广度普及和深度定制两个维度，其中，广度普及方面，重点打造138个产融生态场（30家联盟核心企业、100家上市公司和8家金融机构）；在深度定制方面，结合深圳产业优势，专注打造酒类、药品、黄金珠宝、电子、建材、冷链和汽车等7条垂直产业深度链条。

东方嘉盛“全球中心仓”模式。东方嘉盛作为前海首批货物按状态分类监管试点企业，2016年联合其客户华硕电脑股份有限公司，在前海湾保税港区设立“华硕华南物流分拨中心”。通过这个项目在供应链创新方面取得了突破性成果——全球中心仓分类监管创新业务模式；全球中心仓的主要业务模式是在保税仓内开辟普通仓库区域，保税货物完税后只需在同一仓内做移库以物理隔断做保税与非保税区域划分，海关会对非保税区域进行实时视频监控，真正实现了一仓多功能、一仓多形态的业务模式。实现区内不同类型账册互转，使原来需要存储于多个地区、多个仓库的多种物流及贸易形态可以在自贸区内一个中心仓一站式完成。创新业务模式将国内贸易、国际贸易融合在一起，真正实现了国内普通货物、国内监管货物与国外货物三合一的监管模式，大幅降低运输、仓储等物流成本，提升供应链效率。

经过三年不断深化完善，“全球中心仓”已成为前海的标杆项目，吸引了华为、苹果、华星光电等品牌企业入驻，保税港区内有近10家企业已运用此模式开展业务。以华为公司为例，2019年1~9月，华为公司通过全球中心仓完成贸易值在2018年增长4倍的基础上又增长66.4%，达665亿元。

顺丰创新“保税+社区新零售”模式。在“保税+实体新零售”基础上，进一步优化升级，顺丰优选依托跨境电商、社区实体店、快递到家的叠加创新，将保税展示交易点前置到社区，允许货物凭保出区，先销售后缴税，顾客线上下单，商品物流到家，市民在家门口的社区门店即可购买海外“爆款”商品。

华富洋打造“智慧供应链综合服务平台”。华富洋多年来专注于服务电子行业的中小企业，服务客户累计2万多家，平台月活跃用户2000多家。通过技术创新，打造电子产业嵌入式供应链综合服务协同平台（E链），企业云服务平台、智慧物流网络等为客户提供“一站式供应链管理服务”，即将传统的物流服务商、增值经销商、采购服务商等服务功能加以整合，从纵向对服务项目进行专业化分工，形成强有力的服务产品，其产品线几乎覆盖了以上传统服务商的业务范围；从横向对整个供应链进行一体化整合，为企业提供“镶入式”服务产品，使企业外包环节与非外包环节能够无缝衔接，最大限度降低物流及管理成本，提高供应链效率。智慧供应链综合服务平台运营将为上下游客户提供快捷、便利、专业的系统服务，2019年平台交易额500亿元以上，直接服务客户3000家以上，间接服务实体经济及中小企业10000家以上。

美邦国际“离港空运服务中心”。美邦国际主营国际航空综合物流业务，深圳美邦运通在海关支持下，在前海湾保税港区设立“离港空运服务中心”。该模式创新解决货物拆箱后重新打板的问题，构建深港贸易无缝衔接通道，化解原有通关时间不确定、香港空运转口不可预期两个长期困扰中国出口贸易的痛点。企业可在前海完成出口货物订舱、打板、安检等全部业务流程，打造香港、深圳、广州三大机场“航空货运直通登机口”。自2018年10月运行以来，进出口货物量呈现逐月递增趋势。截至2019年9月底，累计完成货物8823吨、货值68.1亿元，逐步形成以前海为中心的“全球揽货—前海集聚—机场直飞”贸易生态圈。同时，该项目也获评广东自贸区四年来在投资贸易便利化领域5项制度创新最佳案例之一。

B.7 前海金融业开放创新的重要实践

前海地方金融监管局课题组*

摘　要： 前海深港现代服务业合作区成立十年以来，深入贯彻习近平总书记的重要批示指示精神，牢牢把握“依托香港、服务内地、面向世界”，推动金融业对外开放实验示范窗口和跨境人民币业务创新试验区建设。以深化金融改革、服务实体经济、防控金融风险为主要任务，推动前海金融业高质量发展，为前海开发开放提供金融支持，塑造金融领域的“前海模式”，打造前海金融业开放创新的重要实践。

关键词： 金融改革　服务实体经济　风险防控

40年前，党和国家为推进中国改革开放和社会主义现代化，作出兴办经济特区的重大决策。进入新时代，习近平总书记亲自谋划、亲自部署、亲自推动前海开发开放，在党的十八大后视察的“第一站”就来到前海，向世界郑重宣示中国坚持改革开放的时代强音。十年来，前海始终坚持以习近平新时代中国特色社会主义思想为指导，深入贯彻落实习近平总书记对广东重要讲话和对深圳、前海重要批示指示精神，充分发挥国家金融业对外开放试验示范窗口和跨境人民币业务创新试验区功能，始终坚持“服务国家大局、对标国际一流、聚焦先行先试”，紧紧围绕“深化金融改革、服务实体

---

* 课题组成员：文娉、杜伟伟、杜文洁、赵晨。执笔人：杜文洁、赵晨，前海地方金融监管局干部。

经济、防控金融风险”三大任务，推动前海金融业实现高质量发展，多项改革在全国率先破冰，金融开放和改革创新都实现跨越式发展，取得显著成效。

一 金融业实现高质量发展

（一）金融产业支柱地位持续增强

2019 年，前海实现税收 428.1 亿元，其中金融企业纳税 238.3 亿元，占比 55.7%，连续五年保持第一支柱地位，是前海经济发展的“压舱石”；纳税超十亿元的企业均为金融企业，纳税超千万元的金融企业 217 家，占比 54.3%，前海纳税百强企业中，金融企业 51 家，是前海重点纳税企业的绝对主力军。

（二）持牌金融总部机构贡献突出

2019 年底，前海蛇口自贸片区持牌金融机构 243 家，其中前海持牌金融机构 193 家，共实现税收 162.3 亿元，占前海金融业税收的 68%，经济贡献突出。金融类总部机构 42 家，其中持牌金融机构总部 36 家，非持牌类金融机构总部 6 家。

（三）金融业态层次丰富、集聚效应明显

除持牌金融机构外，前海还集聚了小额贷款公司、商业保理公司、融资租赁公司、股权投资公司等创新型金融主体。截至 2019 年底，中央下放地方监管的“7 +4”类金融机构总量占全市的八成，成为重要的新金融机构集聚地，初步形成业态丰富、功能完备的区域金融生态圈。

（四）金融科技呈现梯队发展态势

以微众银行、招联消费金融公司、财付通等为代表的金融科技领军企业

已经在前海落地生根，带动效应明显。前海已经初步形成金融科技领军企业、持牌金融机构专业子公司和众多金融科技服务企业集聚的金融科技创新发展梯队。截至2019年底，前海已有25家金融企业被认定为国家高新技术企业。

（五）多层次资本市场体系日趋成熟

前海着力支持企业直接融资，初步形成以上市融资为主体、区域股权交易为辅、境内外发债为重要补充的多层次资本市场。前海出台多项扶持政策，鼓励区内企业在境内外上市（挂牌）融资、跨境发债等，促进企业在主板市场和债券市场融资。支持前海股权交易中心落户前海，切实发挥“四板”市场支持实体经济的作用，截至2020年4月底，前海股权交易中心已为7381家企业提供挂牌展示、发债等服务，累计为企业发债融资达577.4亿元。积极推动大湾区债券平台建设，拓展境内债券市场开放的广度和深度，丰富境外投资者类型和数量，引导境外资金支持企业发展。

二　金融改革开放创新取得突破成果

（一）塑造前海“六个跨境”金融特色品牌

2012年，国务院批复支持前海开发开放22条政策，赋予前海“建设我国金融业对外开放试验示范窗口”和“构建人民币业务创新试验区”重大使命。近年来，前海推动金融改革创新，形成了以跨境双向人民币贷款、跨境双向发债、跨境双向本外币资金池、跨境双向股权投资、跨境资产转让、跨境金融基础设施等“六个跨境”为特色的跨境金融品牌，有力服务实体经济，促进前海开发开放。

跨境双向人民币贷款。2012年12月，前海跨境人民币贷款在全国率先破冰，拓宽了人民币回流渠道，进一步巩固香港离岸人民币中心地位，降低了企业融资成本，该政策被复制推广到上海自贸区、苏州工业园等，充分发挥了前海的“试验田”作用。2016 年，招商银行前海分行等前海银行机构成功发放广东自贸区首笔境外人民币贷款，意味着前海跨境人民币贷款业务实现双向打通。截至 2020 年 6 月，前海跨境双向人民币贷款业务备案超 1000 亿元，实际提款规模近 400 亿元。

跨境双向发债。率先打通跨境双向发债，扩大实体经济境内外直接融资渠道。2015 年 4 月，前海金融控股有限公司在香港成功发行首单自贸区人民币债券，发行 10 亿元，认购规模 131 亿元，12 倍超购，有力激活了当时疲软的香港人民币债券市场。2015 年 11 月，前海区内企业境外母公司招商局集团（香港）有限公司成功在银行间市场公开发行 5 亿元人民币短期融资券，是首单区内企业境外母公司“熊猫债”，也是全国首单公开发行的境外非金融企业“熊猫债”；香港上市公司中国燃气集团成功发行“熊猫债”25 亿元。

跨境双向本外币资金池。2013 年 6 月，前海正式启动跨国公司总部外汇资金集中运营管理试点，目前有 9 家跨国企业集团开展业务，涉及境内成员企业 432 家，境外成员企业 158 家，累计跨境收支规模 332 亿美元。2014 年 11 月，前海正式开展跨境双向人民币资金池业务，已有 27 家跨国企业集团办理了跨境双向人民币资金池业务备案，涉及境内成员企业 399 家，境外成员 77 家，累计所有者权益 6402 亿元。2019 年 5 月，中国银行前海蛇口分行为中石化集团设计了以前海注册实体为主办企业的跨境本外币资金池方案，成员企业多达 77 家，是深圳市首个备案成功的跨境本外币资金池项目，并于 6 月顺利为集团完成跨境资金调拨，打通了境内外、本外币市场，拓宽跨境资金流动通道，提高资金使用效率，有效降低成员企业的资金成本。

跨境双向股权投资。2012 年 12 月，前海启动外商投资股权投资（QFLP）试点，已发起设立 QFLP 基金 34 家，设立规模 54 亿美元。2014 年 8 月，前海启动合格境内投资者境外投资（QDIE）试点，共设立 QDIE 企业 48 家，备案额度超 15 亿美元。跨境双向股权投资试点的开展进一步丰富了资金跨境双向流动渠道，拓宽了境内外主体跨境投资方式，对于降低融资成本、服务实体经济具有重要意义。

跨境资产转让。2016 年 12 月，经国家外汇管理局批准，前海金融资产交易所成功办理国内自贸区首单不良资产跨境转让业务，也是国内通过交易平台对外挂牌转让的首单债权业务。2017 年 6 月，国家外汇管理局将不良资产跨境转让审批权限下放深圳分局，深圳成为全国首个获得授权自主审核管理银行不良资产跨境转让业务的城市。2018 年 3 月以来，前海相继完成全国首单依托交易平台的商业保理资产、租赁资产对外转让业务。截至 2020 年 3 月底，前海金融资产交易所开展跨境资产交易量达 153 亿元，其中，不良资产跨境交易量 42 亿元。

跨境金融基础设施。2019 年 4 月，中国人民银行正式批复同意前海复制上海自由贸易账户体系（FTA）；9 月，中国人民银行深圳市中心支行印发实施《中国（广东）自由贸易试验区深圳前海蛇口片区分账核算业务管理实施细则（试行）》；12 月 31 日，中国人民银行总行批复同意前海自由贸易账户正式落地，同意首家前海自由贸易账户的试点银行对外办理 FT 账户业务，为前海企业综合运用境内外两个金融市场提供了有力的基础保障，为探索建立本外币一体化账户体系和国家资本项目有序开放提供重要支撑。

（二）资本项目开放与人民币国际化取得重大突破

作为国家金融业对外开放试验示范窗口，前海加快探索推动资本项目开放与人民币国际化进程，多项改革试点取得重大突破：2015 年 3 月，前海作为首批三个试点区域之一率先启动外债宏观审慎管理试点，2016 年 5 月，该项试点升级为全口径跨境融资宏观审慎管理，并在全国范围内推广；2018 年 2 月，国家外汇管理局批复同意，在前海深港合作区范围内开展资本项目收入的支付审核便利化试点，符合条件的试点企业可凭支付指令直接在银行办理资本项目收入的相关支付，这是前海对资本项目可兑换改革的积极探索；2019 年 7 月，深圳外汇局正式印发《深入推进中国（广东）自由贸易试验区深圳前海蛇口片区外汇管理改革试点实施细则》，出台资本项目相关政策“组合拳”，实现扩大资本项目外汇收入支付便利化试点范围、允许资本项目外汇收入用于境内股权投资、扩大企业在跨境融资上自主选择权等三个方面突破；2019 年 9 月，前海作为试点地区之一，获中国人民银行批准以跨境人民币开展更高水平贸易投资便利化试点业务，有效缩短企业跨境人民币业务流程，提高业务办理效率。

（三）深港金融合作成果丰硕

前海坚持“依托香港、对接香港、服务香港”，持续深化深港金融合作，推进金融市场互联互通，一批重大港资金融企业陆续开业，标志着 CEPA 框架下金融业对香港地区开放措施在前海全面落地，有力推动了粤港澳大湾区和先行示范区建设：2014 年 8 月，CEPA 框架下全国首家消费金融公司前海招联消费金融有限公司获得银监会批准设立；2016 年 6 月，CEPA 框架下全国首家港资控股公募基金公司恒生前海基金管理有限公司获准设立；2017 年 6 月，证监会批准设立汇丰前海证券有限责任公司、东亚前海证券有限责任公司，港资合并持股比例分别为 51% 和 49%，其中，汇丰前海证券是在 CEPA 框架下全国首家港资控股证券公司；2017 年 10 月，东亚联丰投资管理有限公司在前海正式设立外商独资私募证券投资基金管理机构（WFOE），是粤港澳大湾区首家港资背景的外商独资私募证券投资基金管理公司；2018 年 10 月，由香港交易所集团与前海金融控股有限公司联合发起成立的现货大宗商品交易平台深圳前海联合交易中心在前海正式开业。2018 年 4 月，前海管理局与香港品质保证局签署了《深港绿色金融合作备忘录》，深港携手促进绿色金融发展。2019 年，前海港资金融业纳税超千万元企业有 29 家，占前海金融业纳税超千万元企业（217 家）比重为 13.4%。

（四）金融创新经验在全国复制推广

十年来，前海始终抓住制度创新的核心任务，打造改革开放的新高地，形成了一批可复制可推广的金融创新成果和经验，为国家、省、市全面深化改革、扩大开放提供新动力。截至 2020 年初，累计推出 94 项金融创新成果：2019 年 4 月，前海蛇口自贸片区 36 项改革创新成果在江西赣江新区复制推广，其中有 8 项为金融创新成果。11 月，山西全省复制推广深圳前海蛇口自贸片区31项金融制度创新政策。“资本项目收入支付审核便利化试点”等13项金融制度创新案例入选广东省第三批制度创新案例，“现货电子厂库仓单在线融资产品”等17项金融改革创新经验入选第五批改革创新经验并向全市复制推广。连续四年发布四批共87个金融创新案例，在金融业界形成重要影响力。

三 服务实体经济水平全面提升

前海坚持对标国际一流金融营商环境和国际通行金融惯例，不断巩固“六个跨境”金融优势，持续优化跨境金融服务，深化拓展跨境金融创新，着力优化金融市场结构，不断激发各类市场主体活力，全面提升金融服务实体经济能力和水平：2014年12月，国内首家民营银行和互联网银行微众银行开业，2015年在全国首创全线上、自助式、小额循环贷款产品——“微粒贷”，切实落实普惠金融的目标；2015年12月，前海申报国家知识产权投融资试点获得批复；2016年6月，全国首批相互制保险机构之一众惠财产相互保险社获保监会批筹，前海率先探索相互保险这一国际传统、主流的保险组织形式；2016年12月，全国首家采用国有、民营混合所有制形式前海再保险股份有限公司获批开业，为发展和丰富中国再保险市场增添动力；2017年6月，前海首家、深圳第二家金融租赁公司前海兴邦金融租赁有限责任公司正式开业，为企业创新提供融资服务模式；2017年12月，深圳知识产权法庭和深圳金融法庭在前海揭牌成立，两个法庭将分别办理知识产权案件、民商事金融案件等。

四 金融风险防控能级显著增强

前海坚决贯彻落实中央、省、市关于金融风险防控各项工作部署，率先探索建立地方特色的金融风险防控“前海模式”。2019年，在缺乏政法、公安、信访、街道等关键配套力量的情况下，率先在全市完成网贷机构停发新标工作任务，率先完成国家两办（互金整治办和网贷整治办）“确保 2019 年底实现在营机构基本清零”目标，超额完成全市清理整顿各类交易场所攻坚战工作任务，多次妥善化解大规模聚众群访事件，守住了一方平安。

（一）构建“1 + N”央地合作的金融综合监管机制

2018 年 5 月，《国务院关于印发进一步深化中国（广东）自由贸易试验区改革开放方案的通知》在全国首次提出，“探索在前海蛇口片区开展金融综合监管试点”，拉开了全国地方金融监管改革创新的序幕。2019 年 2 月，在深圳市主要领导的重视和支持下，深圳市前海地方金融监督管理局正式揭牌，成为国内自贸区首个地方金融监管机构，探索国家赋予的“金融综合监管”试点，填补了前海金融业态繁多、机构高度集聚区无金融监管机构的空白。同时一并成立了前海金融风险防控中心、互联网金融安全技术工业和信息化部重点实验室前海实验基地、深圳市公安局金融风险防控实战预警前海监测中心。同年 12 月，中国人民银行深圳中心支行签署合作备忘录，依托前海鹰眼系统，共建深圳网络金融行为监管实验室。至此，连同 2013 年深圳证监局成立的前海监管办公室，前海逐步构建起“1 + N”央地合作的金融综合监管机制和体系。

（二）建立“横到边、纵到底”的监管长效机制

纵向与中央及派出机构协同，与中央网信办网络安全应急中心、中国人民银行深圳中心支行、深圳银保监局、深圳证监局等开展合作，共建防控系统，加强金融消费者权益保护教育。横向与省、市各兄弟部门协同，一方面与北京、上海、四川、重庆有关部门跨省（市）合作，形成异地联合攻势，加速推进风险出清；另一方面，与市公安经侦局、市地方金融监管局、市通管局、市场监管局、前海税务局等建立联动机制，合作打击金融违法犯罪和非法集资。属地与福田、南山区等辖区协同，建立紧密联系机制，加强信息共享，共同开展联合检查、联合约谈、联合“扫楼”、联合处置、联合专班。积极用好第三方协同，充分发挥多方专业力量，利用会计师事务所、律

师事务所、商秘公司及物管公司等第三方机构现场核查摸清风险底数，创新“业务小组＋专业机构人员＋专家顾问”风险处置模式，为风险清退工作平稳有序规范化开展提供有力支撑。率先探索按照市场化、法治化原则化解存量风险，积极协调引入第三方机构建立纾困资金，推动高风险平台转为拟良性退出机构。率先通过协调存管银行限制发标功能方式实现网贷机构清退，该经验得到国务院领导批示，并以国家互联网金融风险整治工作简报形式向全国推广。

（三）打造“科技＋监管”金融风险防控新模式

前海积极顺应金融科技融合发展趋势，通过科技赋能金融监管，紧紧围绕金融风险防控、金融监管改革、金融科技创新发展的目标，不断探索“科技＋监管”金融风险防控新模式，逐渐形成金融产业蓬勃发展与金融风险总体可控相辅相成、科技监管精准高效与综合监管齐抓共管有机结合、金融科技助力实体经济与金融监管营造发展空间齐头并进的新局面。以前海鹰眼系统为核心，打通前海公共信用平台、深圳私募基金监管服务平台、企业住所托管服务系统、前海金融投诉咨询处理平台等不同平台间的底层数据，协调获取中央驻深金融监管部门掌握的相关数据，建立多维度前海金融数据库，全面提升前海金融风险防控水平和监管能力。截至 2020 年 5 月，前海鹰眼系统已监测覆盖 5 万余家各类金融企业，累计预警高风险企业 803 家，持续定位 3651 家平台服务器地址。全网巡查发现了 686 家监管部门前期未掌握的 P2P 平台，排查涉嫌非法从事外汇交易业务的 39 家平台、涉嫌非法开展黄金业务的 79 家公司，为公安、金融监管等部门及时提供了有效线索。同时，前海主动探路“监管沙盒”创新载体，积极参与央行金融科技创新监管试点落地工作，着力推动地方金融监管沙盒试点落地工作，加快推动形成科学合理的金融科技监管体系，建立健全前海金融创新监管试验区。

B.8

前海全国人才管理改革试验区建设报告

前海管理局人力资源部课题组*

摘　要： 前海作为习近平总书记亲自谋划、亲自部署、亲自推动的新时代国家改革开放战略平台，在人才工作方面肩负着建设深港人才特区、海外高层次人才创新创业基地、粤港澳人才合作示范区、全国人才管理改革试验区 4 项重要战略使命。近年来，前海大胆探索、先行先试，创新人才政策和人才体制机制，实现人才规模爆发式增长、海量集聚。

关键词： 人才政策　人才体制机制改革　人才海量集聚

前海深港合作区成立近 10 年来，特别是习近平总书记首次视察前海 7 年来，深圳和前海认真落实习近平总书记重要批示指示精神，推动前海从一片滩涂起步，发生了天翻地覆的沧桑巨变，在深化改革、深港合作、制度创新、经济发展、城市新中心建设等方面都取得了重大突破。

人才是推动经济社会发展的战略资源。前海开发开放取得这样显著的成效，是党中央国务院、省委省政府、市委市政府坚强领导的结果，也是中央、省、市人才办悉心指导、大力支持的结果。前海先后获得中组部授予"海外高层次人才创新创业基地（2011）"、国务院批复"深港人才特区（2012）"、中央人才工作协调小组授予"全国人才管理改革试验区

* 课题组成员：陈海、谭亚岸、杨伟文、白璇、王焕裕、陈理。执笔人：杨伟文，前海管理局人力资源部干部。

(2012)”和“粤港澳人才合作示范区（2012)”4块牌子。近年来，前海从零起步，在短短几年内实现人才大规模集聚。

一　主要内容和特点

一是注重便利国际化人才往来居留。发挥制度创新策源地作用，如在全国率先落地实施港澳居民免办“台港澳人员就业证”，并允许购买公积金，率先实现香港会计师、律师、建筑师等十多类专业人士在前海直接执业，先后共有29名香港注册税务师通过考核获得在前海执业资格。有147名香港仲裁员获颁SCIA聘书，吸引了香港工程企业超过42家（其中建筑师事务所6家)、香港专业人士多达150余人，签署合同金额约12亿元。相继颁发全省首张外国人技术积分“中国绿卡”，推动办理全省前两例外籍人才家政服务签证，累计办理“5年工作居留许可”3000多证次，推动初创企业人员零门槛办理赴港商务签注，并进一步升级至前海高层次人才商务签注、重点企业按需申领商务签注政策，已有1300多家企业4000多人次得到便利。推动实现了境外人员网上申报住宿登记，以及体检从口岸医院扩大至全市三甲医院。

二是注重以市场为主体的人才载体建设。前海坚持以市场和企业作为主体吸纳人才、培养人才，以7万多家开业企业集聚近130万纳税人员。同时依托深港青年梦工场、深港设计创意产业园、深港创新中心、深港基金小镇等重大平台空间，建设一批科研型平台载体，成立“广东院士团队创新创业前海驿站”“前海海外现代服务业人才离岸创新创业基地”“前海离岸创新创业人才（香港）联络站”。区内已累计孵化创业团队399个，其中境外团队198个，总融资额超15亿元，建成院士工作站1家，在建院士工作站1家，建设2个国家级研发平台。

三是注重深港人才交流合作。深港合作是前海人才工作的生命线，2018年3月，在全国率先落地实施港澳居民免办“台港澳人员就业证”，出台了《关于支持香港青年在前海发展的若干措施》，对香港青年到前海实习、就业、创业等提供扶持。建立了“深港（前海）公职人员交流计划”“香港大学生前海实习计划”“深港（前海）人才合作年会”等人才合作交流机制，累计服务港籍人员数万人次，2019 年组织前海企业赴香港高校招聘，最终向香港学生发出 200 多个录用通知。

四是注重人才环境建设。依靠法治软环境建设，吸引国际人才和国际资本。先后在前海落户最高人民法院第一巡回法庭、第一国际商事法庭、境外法律查明“一中心两基地”、中国（深圳）知识产权保护中心等法治机构，构建集仲裁、调解、律师、公证、知识产权保护为一体的全链条法律服务保障体系；前海法院首创“港籍陪审”和“港籍调解”制度，共受理涉外商事案件 6899 件，其中涉港案件数量全国第一；首创适用香港法律审结 42 起经济纠纷案件；全国 12 家粤港澳联营律师事务所中 7 家落户前海，营造了吸引人才、尊重人才、保护人才的良好法治环境。同时，前海积极引进哈罗公学、礼德国际学院，规划建设国际医院，为人才提供优质的教育和医疗服务，积极营造人才宜居宜业的良好发展环境。

五是注重让人才得实惠。注重发挥国务院批复政策的示范引领作用，放大境外人才个税政策效应，对境外人才实施“个税 15%”的类香港税率，按照“是不是人才，由企业说了算、由纳税贡献说了算”的理念，政策清晰、简单、易操作，累计为 1010 名境外人才补贴 4.316 亿元。2019 年申报人数猛增至 420 人，接近前 4 年的总和。2019 年 3 月，财政部、国家税务总局发文明确将此项优惠政策复制推广至粤港澳大湾区珠三角九市。此外，还通过各种方式完善扶持体系，留学人员创业补贴量已占全市 1/3，累计配租 4492 套人才保障房，助力人才安居乐业。

当前，随着国际化人才竞争日趋激烈，国家对人才和人才工作的认识逐步深化，从“第一资源”到“战略资源”，从“人才优先发展”到“人才引领发展”，越来越凸显人才资源对实现“两个一百年”奋斗目标和中华民族伟大复兴中国梦的重要意义。习近平总书记提出“完善人才引进各项配套制度，构建具有全球竞争力人才制度体系”“完善外国人才引进体制机制”等系列重要观点。2019 年 8 月，党中央、国务院明确支持深圳建设中国特色社会主义先行示范区，为深圳规划了“三步走”的建设目标，提出到21世纪中叶，深圳要“成为竞争力、创新力、影响力卓著的全球标杆城市”。前海将紧紧抓住党中央、国务院关于粤港澳大湾区建设和支持深圳建设社会主义先行示范区的重大历史机遇，进一步发挥全国人才管理改革试验区作用，在打造全要素、全链条、全生态的国际化人才发展环境方面下功夫，为国家在全球范围吸引各领域精英人才作出先行示范贡献，将前海建设成为新时代改革开放的重要窗口、高质量发展的重要窗口、社会主义现代化强国城市范例的重要窗口。

二 具体创新措施

其一，实施境外人才个人所得税15%特殊财税政策。前海境外人才个税补贴政策核心内容参考对标香港“标准税率15%”的标准，是对“类香港”税收制度的借鉴与试验，政策实施以来前海管理局累计补贴461名香港居民1.58亿元。前海的先行先试为在粤港澳大湾区范围实施境外高端人才和紧缺人才认定及个税补贴政策提供了可借鉴、可复制推广的经验模式，对于探索新一轮税制改革的取向和路径有重要意义。2019年3月，财政部国家税务总局发布《关于粤港澳大湾区个人所得税优惠政策的通知》（财税〔2019〕31号），规定“广东省、深圳市按内地与香港个人所得税税负差额，对在大湾区工作的境外（含港澳台）高端人才和紧缺人才给予补贴，该补贴免征个人所得税”。从整体上看，国家对前海以政策引导的人才激励机制、以市场为导向的人才评价机制、以服务为核心的人才引用机制的创新实践予以认可。

其二，提供人才出入境和居留便利服务。人才国际化的重要前提是国际化人才出入境居留便利，近年来研究起草了《国际人才自由港方案》《加快建设全国人才管理改革试验区若干措施》等，前瞻性地提出多项政策建议并推动有关部门采纳。2019年，“人才类”商务备案制度是前海蛇口自贸片区管委会联合深圳市公安局探索推进“信用评价 + 无感申办”改革的一项重要举措，其建设理念是将传统的“依托企业担保”转变为“依托个人信用”申请。以往企业人员办理赴港商务签注，须由其所在企业完成商务备案作为前置条件，对企业资质要求严格但对个人资质要求相对宽松，导致“创新人才难入门，备案企业弱监管”现象频出。通过运用大数据分析手段，围绕人才个人贡献、行政处罚、不良行为三个维度，为在前海蛇口自贸片区人才直接提供备案便利服务，人才按需申办商务签注，赴港商务签注的有效时限也由原来的1年增加至最长5年，为人才创造更加宽松便捷、积极开放的出入境环境。截至2020年6月，全市累计1419家自贸片区注册企业、4137人次在前海蛇口自贸片区享受了港澳商务便利政策，该举措切实为在前海蛇口自贸片区创新创业的各类型高层次人才创造了更加宽松便捷的出入境条件，大大提升了企业以及人才办事便利度，同时依托“信用评价”对人才进行实时跟踪和重点防控，有效制止了部分人员浑水摸鱼、恶意利用政策现象的发生，为事前事中事后监管提供了有效支撑。

其三，推动香港专业人士在前海执业便利化。近年来，前海通过合伙联营、项目试点、执业备案等特殊机制安排，单方面降低香港专业人士准入门槛，已实现香港会计师、律师、税务师以及建筑、结构、屋宇装备、工料测量、园境、建筑测量、社工、房屋经理等20多类香港专业人士在前海执业，167家香港工程企业获得资质，150多位香港建筑专业人士在前海执业，签署合同金额约20亿元。完善法律机构布局，全国11家粤港澳合伙型联营律师事务所有7家落户前海，形成全国独一无二的集商事、金融、知识产权、海事等门类齐全的专业机构布局。前海法院完善“香港地区陪审员”和“香港地区调解员”机制，2015年至2020年一季度，受理涉外涉港澳台案件8492件。

其四，打造一批深港人才合作平台载体。依托“前海深港青年梦工场”“前海深港创新中心”“前海深港基金小镇”“前海深港文创小镇”等特色平台，为深港人才创新创业、合作交流提供空间支持。另外，前海充分借助各方力量推动深港人才合作：与市人社局挂牌成立“前海国际人力资源产业园”“前海留学人员创业园”；与广东院士联谊会签署了战略合作协议，建设“广东院士团队创新创业前海驿站”，积极引进院士等高端人才，开展粤港澳科技成果转化研讨会、院士前海行等活动；与京港学术交流中心、深圳市博士后联谊会共建“深港博士后交流驿站”，支持前海企业建立博士后站点，联合全国博士后管委会面向全国招募挂职博士后，为前海提供智力支撑；与市科协共建“前海海外现代服务业人才离岸创新创业基地”，并在香港前海国际联络公司挂牌“前海离岸创新创业人才（香港）联络站”，探索支持离岸创新创业模式，初步形成了“双园三站三基地”深港人才交流合作的特色载体。出台实施《关于支持港澳青年在前海发展的若干措施》，为港澳青年来深圳创业提供租金减免、创业资助、创业辅导等优惠，已累计补贴4095万元。此外，还开展了系列常态化深港人才交流服务活动。为延伸人才服务手段，成立了公司化运作的前海国际人才服务中心。累计举办50期前海讲堂（每月一期）、21期人才沙龙（每季度一期）、6届深港（前海）人才合作年会（每年一届）。前海企业中从事人力资源业务的共507家，逐渐凸显“产业聚集、人才聚集”的双聚效应。

三　未来展望

以习近平新时代中国特色社会主义思想为指导，牢固确立人才引领发展战略地位，紧紧围绕前海合作区党工委中心大局和建设国际人才自由港主攻方向，积极主动把握国际秩序变局、人才流动变化重大机遇，健全党管人才工作格局，深化人才发展体制机制改革，推进实施重大人才载体和人才工程，营造国际化人才服务发展环境，打造国际人才高地和高端创新人才基地，以服务和引领粤港澳大湾区、先行示范区“双区”建设新举措新成效。为加快构建具有全球竞争力的人才制度体系、把人才制度优势更好地转化为国家治理效能，为深圳决胜全面建成现代化国际化创新型城市、建设中国特色社会主义先行示范区提供人才特区支撑。

其一，探索落实党管人才原则的有效实现路径。建立人才工作联席会议机制。研究制定《前海合作区人才队伍建设规划（2021～2035）》，推动形成政府、社会、市场三方良性互动、大抓“第一资源”的工作格局。加强人才政治引领和政治吸纳，健全领导干部联系服务专家人才制度。

其二，推进重大人才载体建设。研究实施全球杰出人才集聚工程，企业家人才服务工程，开展港澳及国际知名大学独立设立理工类经济类学院试点，建设港澳青年教育培训基地。探索在前海发起成立新型国际经济、科技、人才组织，建立完善外国人才服务保障体系，引进一批国家级科研机构，支持博士后创新实践基地建设。促进港澳和内地创新链对接联通，推进与港澳知识产权合作，建设高端创新人才基地。

其三，深化人才发展体制机制改革。抓住中央支持深圳实施综合授权改革契机，积极争取落地实施一批国际人才先行先试政策和授权改革事项，形成一批可复制可推广的人才制度创新成果。推动粤港澳大湾区人才协同发展，加快推动粤港澳人才、技术和科研资金等跨境流动，搭建粤港澳职业共同体交流发展平台。建立人才工作咨询委员会制度，探索前海人才事业“合伙人”机制。

其四，围绕引进、培养、使用“高、精、尖、缺、新”人才，进一步优化人才发展环境。加快推进高层次人才综合服务平台进度，高水平打造前海国际人才服务中心，吸引国际知名猎头公司落户，支持人才服务业集聚发展。研究制订前海“国际化人才创新街区”建设方案和“前海人才乐居”十年规划，办好深港人才合作年会系列活动，研究设立人才创新创业基金，完善人才诚信体系建设，建立健全人才工作法律顾问制度，做好人才安全防范工作。

司 法 建 设

Juidicial Construction

B.9

构建前海检察行政公益诉讼模式的困难与对策

前海蛇口自贸区人民检察院课题组*

摘　要： 国家对深圳前海蛇口自贸片区的定位之一是体制机制创新的试验场。在这一命题下，片区实行法定机构主导社会治理的新型治理模式，体现出与一般行政区行政相区别的治理特点，也对自贸区检察机关行政公益诉讼工作提出了新要求。前海检察院结合“不忘初心，牢记使命”与公益诉讼工作，通过走访、座谈、办案等方式，深入开展了专项调研，发现前海开展检察行政公益诉讼工作，面临着共赢理念未树立，自贸片区治理结构协调性不强、行政管理职责不清，公益保护监督手段有限和整

* 课题组成员：李当杰、王永城、吴昊。执笔人：李当杰，前海蛇口自贸区人民检察院四级主任科员。

改效果缺乏科学考评体系等五个方面的问题。前海检察院需要着重按照前海实际，立足问题导向，从监督难点出发，有针对性地谋划下阶段工作。

关键词： 公益诉讼　自贸片区　检察改革

作为“特区中的特区”，前海既是深港现代服务业合作区，又是自由贸易试验区，承担改革开放新起点、转型升级试验田的重要使命。根据国家对前海开发开放要“依托香港，服务内地，面向世界”的总要求，前海落实比特区还要“特”的先行先试政策，探索更多可复制可推广的改革经验。管理模式上，“前海管理局是实行企业化管理但不以营利为目的履行相应行政管理和公共服务职责的法定机构”。“前海管理局成为全国首个法定机构。”除了经济政策和对外开放有创新作为以外，前海在管理模式上也作出了积极的探索，就是立足深港合作的命题，借鉴香港设立“法定机构”，目的是提高管理效率、优化服务水平、减少行政色彩，为前海对标一流、打造最优营商环境提供制度保障和组织保障。前海管理局在推动前海深港现代服务业合作区建设方面确实有一定作用，也成为前海建设的一大特色和亮点。但是作为一项创新的改革举措，还存在一定弊端和法律问题，需要进一步加深研究和认识。

立足检察机关作为“法律监督机关”的视角，在前海开展检察行政公益诉讼工作，面临理论和实务两方面难题：如何认识前海管理局行政职权的法律属性？如何找准自身定位以及实行法律监督的切入口？这是摆在前海自贸区检察机关面前的法理问题，也是开展监督首先要思考的问题。

一　对前海自贸片区治理模式的法理思考

前海管理局是前海自贸片区治理模式的中心和枢纽，承担着相当多的下放行政许可权，还包括与其他国家机关职能衔接的功能。一方面，要在自贸片区内做好公益保护工作，必须紧紧抓住前海管理局职权运用这一“牛鼻子”，但另一方面又不能局限于前海管理局本身，而是要以更宏观的视角看待前海自贸片区内各国家机关的衔接与配合，检视公共利益保护中的缺失，进而探讨构建更符合前海实际的公益保护检察模式。

（一）一种新的治理主体

法规授权下的前海管理局法定机构治理模式，是对香港法定机构制度的借鉴和移植。要清晰认识前海管理局行使的行政职权，首先要梳理向其授权的法律法规。前海管理局行使职权的“母法”，就是“法定机构”的“授权之法”，即“一条例两办法”——《深圳经济特区前海深港现代服务业合作区条例》、《深圳市前海深港现代服务业合作区管理局暂行办法》（深圳市人民政府令第232号）、《深圳前海湾保税港区管理暂行办法》（深圳市人民政府令第233号）。一部经济特区法规和两部地方政府规章相互配合构成前海行政管理的基本框架。从《立法法》的角度认识，经济特区法规是由全国人大授权深圳经济特区人大及其常委会制定的，其法律效力与法律一致，享有与法律同等的位阶，有权设定许可、强制、处罚等各类行政行为。作为地方政府规章的“两办法”，在行政许可、行政处罚、行政强制各个环节享有一定主动权。

“法定机构应是政府依据法律设立的履行公共管理和服务职能的公共事务组织，其存在的目的在于克服传统科层体制中行政成本高、行政效率低的弊端，实现行政组织的精简化和效率化。”对“法定机构”的探索，源于欧洲兴起的“新公共管理运动”，时代背景是要求行政机关，亦即政府，将“管不了”“管不好”而又不宜直接放权的市场或社会管理、服务事项交由相对中立的“法定机构”管理，减轻政府管治压力，提高管理效率和服务质量。这也能提高行政管治威信，呼应欧洲资本主义社会对“小政府”的期待和诉求。20世纪中叶，“将政府部门的某些职能剥离，由设在部门以外的机构来执行”的管理理念产生于英国。诞生于这一背景的“法定机构”

对“放管服”改革也有一定启示。

设想中，法定机构与行政机关不存在直接的领导与被领导关系，与其他各级行政机构也不存在指导与被指导关系。对外能以自身名义独立地提供公共服务和公共产品并承担责任，对内实行现代法人治理结构。这样的安排源自统一价值目标的指导——去行政化。然而，自设立10年来，在缺乏第三方独立评价的情况下，前海管理局法定机构模式似乎并未达到理想，被质疑独立性不够、行政化弊病仍存。在外部治理结构中，与政府的关系定位不够清晰，职能划分不够明确；在内部治理架构上，法定机构架构不够完整，制度设计不够周全等，这些问题都可能会窒碍前海管理局法定机构这一治理主体的进一步发展。

（二）一种新的治理模式

法定机构的改革是“表”，理论界和实务界关于行政职能的重构和行政主体法律定位的再认识是“里”。新的治理模式的兴起代表着公域之治软法理论的深化拓展，也深刻阐释着公共治理范式转换背景下行政主体理论之重构。“治理”意味着具有管理职权的行政主体的多元化，诸如“法定机构”的新型公共组织基于法律授权或行政机关委托获得行政权参与社会治理。这体现了新的治理理念，但同时要求检察机关树立新的监督理念——不能再局限于过去对行政机关行政行为的审视，行政主体和行政行为的多元化要求法律监督机关更新监督理念。

前海管理局参与社会治理的手段或者工具，主要通过行政许可实现。根据广东政务服务网的披露，前海管理局（前海蛇口自贸片区管委会）共有32项行政管理职权，其中含行政许可类26项，其他类6项。前海管理局主要凭借这32个工具参与社会治理，实现管治职能。可以判断，前海管理局参与前海合作区的治理是片面的，或者说有限度地参与社会治理：通过行政许可、行政备案、行政指导等较为软性的手段，实现引导金融、信息科技、现代物流、现代服务等产业发展目的。实际上是通过把握“准入门槛”，强调“事前监管”，实现招商引资、打造产业新城的发展目标。至于比较麻烦的“事中监管”“事后监管”，则按照市区两级的管理权限，还是保留在深圳市和南山区两级行政执法部门，两级行政执法部门的工作压力并未因为前海管理局的设立和法定机构治理模式的确立而减轻，相反还要面对行政许可和后续监管、处罚“两张皮”的问题。

（三）一种新的监督需要

前海自贸片区的法定机构治理模式确实有一定优势，更加灵活便捷，通过控股的三大企业直接参与市场运作，完成土地出让、基础设施建设和产业引导等任务，快速实现经济开发。这种开发建设模式的初衷是去行政化，追求行政服务便捷化，最大限度减少行政成本。但事实是否如此呢？前海管理局在去行政化方面成效未达理想，更多是将行政管理的“事前事中事后”三个阶段拆开，为原有的行政机关增加了管理难度和协调成本。总的来说，基于社会实践的发展，组织体制调整采取了实验性的改革措施，法定机构作为一个新的社会治理主体带来了新的监督需要。立足检察机关的视角，需认真思考“要不要对其行为开展监督”“如何对其行为开展监督”两方面问题。

回答第一个问题，要对其行为开展监督，否则会面临行政检察监督空白，以及前海自贸片区检察机关部分职能悬空的问题。第二个问题是需要重视和加强研究的重要课题。面对与一般行政区行政、地方政府管理的模式差异，在前海自贸片区法定机构治理模式下做好公益诉讼检察工作并不容易，因为在新型治理模式下开展检察监督是有鲜明的探索性的。但这份答卷，肩负探索使命的自贸区检察机关必须做好。中国现有行政法治的监督模式具有多元化特点，从监督效果来看，各种监督存在不同程度的不足，现有监督模式既有盲区亦有缺位。从世界范围来看，发达国家均从意识形态、法律传统、政治体制等国情出发，选择与自身相适应的行政权控制或者监督模式。

构建前海检察公益诉讼模式，要弄清楚三方面的问题：一是前海管理局与深圳市、南山区行政机关的职权划分；二是前海管理局与其下属企业的职权划分，判断哪些行为是行政行为，哪些是市场行为；三是弄清楚哪些公共利益属于前海自贸区检察机关重点保护的公共利益，工作范围是严格按照自贸区行政区划范围还是按照事项种类划分。

二　前海开展检察行政公益诉讼工作的困境

前海检察机关开展公益诉讼至少面临五个方面的困境，有客观的也有主观的，有理念的也有实际操作层面的。一是共赢理念未树立，被质疑监督的必要性。二是自贸区治理结构协调性不强，治理结构在设计之初就未明确自身应当承担哪些职能。三是行政管理职责不清，前海管理局、南山区行政执法部门与招商局集团等区内大型企业之间存在管理不畅的问题。四是检察监督手段有限，主要依赖检察建议书一种形式。五是检察机关履行诉前程序后，对行政主体整改效果的评价未形成指标体系。

（一）共赢理念未树立

做好检察公益诉讼工作，要有正确的理念作为指导工作的依据。最高人民检察院提出，“要考虑法律监督的目的和价值，树立双赢多赢共赢的监督理念，共同推进严格执法、公正司法”。要推动公益诉讼工作成功落地，必须树立“共赢”理念，才能化矛盾冲突为合作共赢，在推动工作中谋实招、办实事、结实果。

当前前海自贸片区内的机关、企业、居民等对“检察公益诉讼”了解不多、理解不深，似乎对公共利益保护的需求不很迫切。从前海管理局的角度来看，由于其属于法定机构，不是传统意义上的行政机关，是否属于《行政诉讼法》规定的受监督对象范围存疑。从南山区相关行政执法机构看，南山区已设有检察机关，公共利益保护职能应当由其行使，前海检察院再行使相关职权有多头执法的嫌疑。从南山区检察机关角度来说，两院需要协调执法范围，避免重复执法，避免造成负担。以上种种看法，部分确有道理，但也存在部分误解，导致监督职能履行不畅、监督对象不愿支持、不愿配合的情况存在。相比落实“共赢”理念的要求还有不小差距，甚至部分办案人员还未树立“共赢”理念。

（二）治理结构协调性不强

治理结构协调性不强，分为内部和外部两个方面。内部体现在一个事项的多头管理上，管理局机关与下属企业的职责混同，分工不明。外部表现为多个主体对同一事项的管理权纠纷，对一些管理职责存在为难情况，实际上是一种治理尴尬和不到位。

治理结构内部协调性不强，可以表现在对前海水环境治理问题上。基于对环境保护实施最严格措施，需要层层压实责任，最终落实到人。前海自贸片区内的河道管养和水环境管理第一责任人是前海管理局局长，由前海管理局负责水环境保护的日常职责。但落实到具体部门，则很烦琐。前海管理局规划建设处负责河道和建筑企业给排水的规划设计管理；前海管理局自贸新城建设指挥部办公室负责协调区内建筑工地的文明施工问题，对施工企业违规排水问题给予督促、警告；前海投控履行河道修筑的出资人职能，在竣工验收前履行公共给排水设施业主的职责；前海科创投作为前海基础设施固定资产的管理方，履行日常巡查、监督、管理、维护职责。但实际上，前海自贸片区内河道和沟渠众多，巡查工作量和难度都很大，依靠前海科创投有限的编制和人力资源无法胜任这一职责。因此，前海科创投实际上将河道的巡查责任外包给某水务咨询公司承担。如此一来，起码有前海管理局、前海投控、前海科创投、水务咨询公司四个法人主体参与水环境治理，带来了很大的管理、协调成本以及监督成本。

外部协调性不强，同样可以体现在水环境治理问题上。南山区环保部门的执法人员，在被询问妈湾港区和赤湾港区沿海的海水环境监测工作是否由其承担时，其观点是，这两个均属于招商局集团的港口，港口航运业务繁忙，航道管理专业性强且涉及港航管理部门和海洋局的职责。加之港口辖区面积太大，又远离南山市区，在编制紧缺的情况下，对两个港口的海洋污染检测防控实在是有心无力。以同样的问题与前海管理局相关人士交流，其委婉表示招商局集团历史悠久，业务广泛，管理局要承担港区的管理职能并不容易。实际上，招商局集团是央企，前海管理局是深圳市属的法定机构，南山区环保部门是区属的行政执法部门，三家机构的层级不同、属性不同，工作职责互有偏重也有交叉。立足环境公益诉讼视角，海洋保护之责如何归属，实在需要费一番周折。归根结底，一些公益事项并不能直接体现经济价值，就表现为处处为难，实际上就是社会治理结构不协调、衔接不通畅的问题。

（三）行政管理职责不清

前海蛇口自贸片区的行政管理处在改革深化和不断调整过程中。按照改革的思路，前海蛇口自贸片区内行政执法功能由一个执法主体行使。根据深圳市机构编制委员会2017年4号文，组建深圳前海蛇口自贸片区综合行政执法局（以下简称“综合行政执法局”），与南山区城市管理局合署办公，作为南山区政府的组成部门。综合行政执法局将承担自贸片区内商务、知识产权、环境保护、水务、劳动监察、文化（含新闻出版、广播、影视、版权）、建设工程文明施工、城市管理、国土资源、工商、质量技术监督、安全生产、食品药品安全、交通运输等管理领域职责，法律、法规、规章规定的行政处罚权以及相关监督检查、行政强制职权由市、区、街道相关职能部门剥离，交由自贸片区综合行政执法局承担。实际上，各执法队伍的人员和编制仍在原来的南山区南山街道和招商局街道，两个街道执法队以综合行政执法局名义开展工作，产生的法律责任由综合行政执法局承担。在执行过程中，至少产生三个方面的问题。一是综合行政执法局的功能贪多求全，起码承担了15项执法职能。这些职能原本分散在市级机关、区级机关和街道办，种类繁多、层级不同。相关执法人员有无足够的专业知识和执法经验承担这样的执法压力存疑。二是职能移交需要一个过程。例如，2017年3月深圳市编委的文件出台后，直到2018年10月，深圳市市场和质量监督管理委员会南山市场监督管理局和综合行政执法局才签订行政执法职权移交协议，移交所属部分职权。但相关职权的实际行使，仍需要等待综合行政执法局的执法资格公示以后才能启动。对于其他职权，也只能说正在移交过程中，进展缓慢，阻力不小。三是综合行政执法局机关和执法队伍可能存在“两张皮”问题。综合行政执法局设立专职的副局长一名，局长由南山区城市管理局局长兼任，另一名副局长由前海管理局领导兼任。但是执法队伍的人员、编制仍在原来的南山街道和招商局街道。可以说，除了专职副局长一人外，其他人员都只是以综合行政执法局名义开展工作的兼职人员。综合行政执法局机关和执法队伍之间的领导指挥体系、考核评价体系还衔接不畅。

行政管理职责不清，还体现为管理技术上的客观难题：自贸片区范围参差不齐，可归纳为三个典型的现象。一是如招商海月花园小区，一期、二期属于蛇口自贸片区，三期、四期、五期则不属于。二是“一山分两区”，大南山和赤湾山的东南半边是蛇口自贸片区范围，西北半边则不是。三是“一路跨三区”，以重要的疏港货运通道兴海大道为例，其东南一段属于蛇口自贸片区，中间一段不属于自贸片区范围，可以视作南山区道路，西北一段属于前海自贸片区。类似的情况还出现在东滨隧道和沿江高速上。这些情况都给路政执法和噪声管理等带来法理困惑和实务难题。

方方面面问题的原因，有主观的，也有客观的；有历史的，也有现实考量造成的；有体制机制的，也有人为因素掺杂其中。这些问题制约着前海蛇口自贸片区的行政执法工作，也对区内公共利益保护提出了不小的难题，要求自贸区检察机关加强研究，精准监督，追求实效。“到位而不越位、不缺位”是个低标准，同时也是一个高标准、高要求。

（四）检察监督手段有限

在检察公益诉讼实务中，主要依靠检察建议书推动整改工作。检察建议是诉前程序的核心内容，也是主要抓手。公益保护检察监督手段有限的问题，不是自贸区检察机关特有的，而是普遍存在的。依赖检察建议书作为监督手段，会产生以下方面弊端。

一是监督的单向性。每次只能针对一个行政机关怠于履行职权立案，一份检察建议书也只能针对一个行政机关发出。在管理问题相对复杂、职权尚未完全厘清的情况下，办案过程中以监督对象为主体，将监督职能机械地切分并形成一份份独立的检察建议书，协同性不够，办案效果难免因为不同机关各自为政而打了折扣。二是监督的滞后性。基于对司法机关行使监督权的谦抑性考量，在很多情况下，环境未污染、公益未受损，哪怕管理体制机制存在一定问题，检察机关也不好提前介入调查。从法理上讲，这是对司法权和行政权分野之考量，也是对行政裁量权和行政行为能动性之尊重。毕竟，司法机关办案强调严肃性，立案前需要经过论证的法定程序。以公益受损为前提介入监督，有一定的滞后性，也许是对公共利益保护立法初衷的偏离。三是监督手段的软弱性。检察建议书本身没有罚则，不按照检察建议书的要求整改可能会被诉至法院，检察建议的监督刚性不足。

（五）整改效果评价体系尚未建立

监督工作着实不易开展。食品药品安全、国有土地出让、国有财产管理等领域主要依赖第三方评价，诸如检测机构、研究院所和会计师事务所等。但是检察机关尚未形成系统性的第三方专业机构服务平台，相关机构之间不成体系，权威性和专业性参差不齐。另外，环境污染难免会有断断续续的情况，出现“人一来就停，人一走就犯”的问题。检察官的精力有限，难以长期驻点检查，采取抽查方式难免会有疏漏。因此，有必要建立起科学完善的整改效果评价体系。

三　探索建立更富实效的检察行政公益诉讼工作新模式

（一）树立公益诉讼共赢新理念

“个体的理性往往导致了集体的不理性。”每个主体都在追求自身利益的最大化，导致了整体利益最大化实现差距扩大。共赢理念的树立本质上是“博弈论”在工作开展中的体现。“博弈论的基本问题就是以某种方式为每个局中人找到对他而言哪个选择是一个好选择。”这不难理解。然而，当这成为制约事业推进的桎梏时，就需要正视这个问题并加以解决。

要深刻认识到检察监督制度的精髓在于互相制约，价值追求则是共同维护法治、维护公平正义，从而实现双赢多赢共赢，监督是为了提醒、促进监督对象重新审视并自我纠错，推进更加全面地依法规范司法。树立双赢多赢共赢的理念，可从以下三个方面着手。一是争取党委重视和支持。广东省委省政府、深圳市委市政府都对检察公益诉讼工作高度重视，并出台文件加以支持。争取党委重视，可以最大程度发挥其统揽全局、协调各方的作用，从政治上、心理上督促相关机关正视问题。二是要加强与其他司法机关和行政机关的沟通、交流。检察公益诉讼毕竟是一项新的职能，要抛弃过去“监督就是高人一等”的心态，明确追求共赢的目标和态度，才能赢得别人的信任和支持。三是要加强对辖区企业和公民的释法说理。争取扩大案源，推动执法者普法，营造检察机关在市民心中“公共利益维护者”的良好形象。

（二）争取形成相互协调的治理新结构

要争取形成相互协调的前海蛇口自贸片区治理新结构，可以从制度、体制、机制三方面着手。一是检察机关牵头制定自贸片区相关单位联席会议制度。邀请前海管理局、局属企业，区内大型国有企业如招商局集团、中集集团、西部物流公司和前海综合行政执法局等南山区相关职能部门召开会议，商议履行公益保护职责相关问题。二是构建公开约谈机制，通过邀请人民监督员、人大代表、政协委员、媒体记者等成员参与“围观”公开约谈，无形中增加被约谈单位的职责压力，督促尽快解决问题。三是体制上探索成立生态环境公益诉讼保护联盟。针对生态环境污染难以测量、环境功能修复费用难以计算、生态平衡难以重新建立等问题，引入专业的环境保护民间组织或专业团体作为第三方支持力量，成立生态环境公益诉讼保护联盟。诸如深圳市绿源环保协会、深圳市蓝色海洋环境保护协会等机构都有庞大的志愿者队伍，其中不乏各技术门类的专家，可以提供智力支持。这些民间团体的办会历史悠久、动员能力强、群众威信高、环保工作经验丰富，积累了很多公益实务经验和生活智慧，很大程度上能补足检察人员法律知识以外的不足。

通过以上三方面工作，相信能最大限度地减少推诿扯皮，加快理顺法定机构、局属企业、国有大型企业、南山区执法部门四方面的管理关系，减少制度和沟通成本，增强公益保护工作的合力和专业性。

（三）推动自贸区行政管理职能重构

有两种思路推动自贸区内行政管理职能重构。一是严格按照编办文件要求，加快将15种行政管理职能向前海综合行政执法局集中，完成机构改革之初“一门式执法”的目标任务和使命。以常抓不懈、“做就做成”的“钉钉子精神”，将前海综合行政执法局的职能要素配置好，人员编制由两个街道办向综合行政执法局划转，充实力量以承担其使命。二是实现职能重构。要一个编制只有40人的区级单位承担15项行政执法职能，未免强人所难。毕竟，除去局领导、办公室文秘、内勤，以及因为培训、休假、借调挂职等在编不在岗的人员，基本上1~2人就需要承担自贸区28平方公里内某一种类的全部执法任务，执法压力过大，难以保证执法质量。可以考虑保留与自贸区功能相匹配的执法任务，如商务、市场监督管理、知识产权、国土资源、安全文明施工等，其余执法职能仍由原市区两级职能部门行使，减轻执法压力以确保执法质量。

推动行政管理职能重构，归根结底是要理顺自贸区内的执法关系，确保检察监督的精准性。因此，对检察机关来说，无论自贸区内行政管理职能如何构建或调整，都可以编制行政管理职权归属清单，掌握执法权归属，并按照职权移交状况及时更新清单。确立权责相一致的执法思路，找准公益受损害的监督切口。当然，职权清单主要应包括环境保护、食品药品安全、国土出让、国有资产管理、英雄烈士名誉保护等法定范畴。至于“等”外，则可以探索做文章。

（四）创新检察监督手段

针对公益诉讼依赖检察建议书作为监督手段导致的监督手段单向性、滞后性、软弱性问题，可以借助“行政协商理论”，改进相关工作。行政协商强调的是行政主体通过与公民、法人或其他组织的商谈、对话，以追求理性共识，推动行政目标之达成。它既是中国社会主义协商民主在行政领域的重要实现方式，又是回应中国行政治理诉求的新手法。行政协商理论，原意是针对过去“命令—服从”式的行政管理手段，最大程度解决伴随行政命令而来的粗放式管理难题，增强管理中的对话性、沟通性、协调性，争取在形成共识中减缓对抗性，从而解决问题。

通过协商推动解决公益受损的问题，有以下显著优点。一是可以提前介入，在发现管理体制机制上暴露的问题时，可以防患于未然，将问题化解于无形。二是有助于寻求共识，减少被监督单位的抵触情绪，还可以立足实际情况借助司法权威推动解决一些“老大难”管理难题，减轻行政主管部门的工作阻力，以“借力”化解“阻力”形成“合力”。三是有助于行政主管部门“举一反三”，树立公益和风险意识，在执法过程中遇到类似问题可以更加注重公益保护，避免同类问题再次发生。当然，协商解决并不意味着不立案，毕竟在实务中还要考虑办案数量和指标考核。

（五）建立对检察建议整改落实情况的科学考评体系

针对解决整改落实情况考评难问题，建议从以下三个方面着手。一是检察机关加快建立第三方专业机构服务平台，参照司法鉴定的服务形式，确立若干有业务资质的检测单位或者鉴定单位，公益诉讼办案中可以借助第三方力量审视公益修复情况，从而论证行政职能部门的履职情况。二是要建立公益修复考评制度，以内部工作规程的形式，确定考核人员、考核程序、考核方式、考核结果论证方式、考核结果通报方式等要点，实现考核的客观化、可视化、定量化，增强考核的公正性、权威性。通过“虚功实做”，把监督工作做扎实，做出实效从而实现监督的刚性。三是加强检察技术支援。以海岸线巡查、海洋污染修复等范围大、距离远的监督问题为例，单靠人工难以解决，完全可以借助无人机等力量去完成。通过无人机侦查，实现取证和考核的便捷化、高效化、客观化，能大大释放检察工作的人力资源。

B.10
化解群体性证券纠纷的探索与实践

深圳金融法庭课题组*

摘　要： 保护投资者特别是中小投资者合法权益，打击证券市场各种欺诈行为，是保持证券市场健康稳定可持续发展的要求。随着行政查处力度的加大，投资者维权意识上升，群体性证券侵权民事纠纷日益增多，但中小投资者面临维权成本高的现实困境，法院也面临案多人少的审判压力。在此背景下，深圳法院结合群体性证券侵权民事纠纷的特点和审判工作实际，发布了《关于依法化解群体性证券侵权民事纠纷的程序指引（试行）》，该指引以提高群体性证券纠纷案件审判效率、实现纠纷多元有效化解、维护投资者合法权益为出发点，对群体性证券民事纠纷提出了系统化解决方案，确保案件审理法律效果与社会效果的有机统一。

关键词： 证券纠纷　示范判决　代表人诉讼

2018 年以来，深圳中院受理了涉及 12 家上市公司证券虚假陈述纠纷案件 2171 宗，证券虚假陈述纠纷案件呈现爆发增长势态。随着 2019 年新修订的《证券法》实施和证券市场注册制改革的深入，可以预计未来此类案件

---

* 课题组负责人：袁银平，深圳金融法庭庭长。课题组成员：刘茹、秦拓、王畅、单静、周亚东。执笔人：周亚东，深圳金融法庭法官。

还将大幅增长，如何提高审判效率、集约化解纠纷是当前司法领域亟须解决的问题，也是值得深入研究的课题。《最高人民法院关于进一步推进案件繁简分流 优化司法资源配置的若干意见》《最高人民法院中国证券监督管理委员会关于全面推进证券期货纠纷多元化解机制建设的意见》《全国法院民商事审判工作会议纪要》均要求各级法院探索可复制的经验。各地法院纠纷多元化解决机制的探索实践正如火如荼。深圳金融法庭在保千里系列案件审理中，探索出示范判决等七项审理机制，在总结此前相关案件审判实践经验基础上，制定了《关于依法化解群体性证券侵权民事纠纷的程序指引（试行）》（以下简称《指引》，通过建立示范判决机制，推进群体性证券侵权民事纠纷多元化解。

一 出台背景

一是证券市场违法违规现象频发，亟须增加法治供给维护资本市场秩序。据中国证监会统计，仅 2019 年证监会即作出行政处罚 296 件，罚没款金额 41.83 亿元，市场禁入 66 人。对于证券市场违法违规行为，除了行政处罚措施之外，构成犯罪的还可以依法追究相关责任人的刑事责任。对于强化违法违规者的民事赔偿责任，广大中小投资者这方面的诉求更为直接和迫切，这就要求人民法院因应司法规律，尊重资本市场规律，在民事诉讼中积极回应社会关切。

二是中小投资者面临维权成本高的现实困境，亟须进一步畅通投资者民事维权渠道。中国证券市场投资者以自然人为主体，大量的中小投资者风险识别和自我保护能力相对较弱，更缺乏相关的法律专业知识，在诉讼中存在单个原告与被告诉讼能力极不均衡的现象，再加上诉讼成本较高、周期较长，有时候投资者诉讼维权成本实际上高于收益。这就迫切需要建立一套能够便利投资者诉讼、方便投资者维权的程序，真正把证券侵权民事责任制度落到实处。

三是法院面临案多人少的审判压力，亟须提高群体性证券纠纷的审判专业化水平。近年来，全国法院普遍面临收案大幅增长态势。2019 年深圳法院受理案件近 60 万件，其中金融类民商事案件 5 万余件，法官人均结案达到 492 件。证券虚假陈述案件的爆发式增长加剧了法院审判压力，从中院办理的证券虚假陈述纠纷案件看来，这类案件往往人数众多且不特定、投资者分散全国各地，有的涉及同一家上市公司的案件在不同时间段或多或少地分批诉至法院，时间跨度很大，按照传统民事诉讼程序处理司法成本很高。同时，法院审理证券侵权纠纷时也面临查证事实难、认证难等问题，迫切需要优化司法资源配置，探索集约化解纠纷的新途径，提升审判专业化水平，提高审判质量和效率。

二　出台依据

一是《民事诉讼法》及其司法解释关于代表人诉讼的相关规定。《指引》解决的是不同类型、不同情况下群体性证券纠纷的化解机制问题，因此严格遵循《民事诉讼法》及其司法解释的规定。《指引》的核心内容之一即是代表人诉讼，《民事诉讼法》第 53 条、第 54 条对代表人诉讼进行了原则性规定，《民事诉讼法》司法解释对这两条亦进行了细化解释，为《指引》出台提供了基础性支撑。

二是新修订的《证券法》关于代表人诉讼的相关规定。2020 年 3 月 1 日起施行的新修订的《证券法》专章规定了投资者保护的内容，其中第 95 条就代表人诉讼制度作了专门规定，该条第 3 款第一次明确规定，“投资者保护机构受五十名以上投资者委托，可以作为代表人参加诉讼……”，《指引》中投资者保护机构作为代表人的制度设计也是基于该条规定。

三是深圳中院审理证券虚假陈述纠纷案件的实践经验。2018 年以来，深圳中院先后受理一大批涉及保千里公司的虚假陈述责任纠纷案，已审结 1191 件，大多数当事人服判息诉，仅有 2 宗提起上诉。在该系列案件审理中，法院探索出示范判决、诉调对接、庭前会议、集中审理、管辖权异议处理、专家辅助人、损失计算系统支持等“七项机制”，得到上级法院充分肯定，最高人民法院认为“极具推广价值”，深圳中院的工作经验还被国务院优化营商环境专题组向全国推广，这为制定《指引》提供了实践基础。

三 主要内容

《指引》共8章79条，分别是一般规定、纠纷化解方式、示范判决机制、平行案件的处理、代表人诉讼机制、送达的特别规定、财产保全的特别规定和附则。《指引》针对不同的案件情况，提出了解决群体性证券民事纠纷的系统化方案，构建了一个“15233”工作体系。

“1”即1个前置程序。《指引》与最高人民法院《民事诉讼程序繁简分流改革试点实施办法》第2条、第3条、第4条、第21条相衔接，审理群体性证券侵权民事纠纷过程中，鼓励引导当事人选择调解、和解的方式解决纠纷。2020年3月，深圳中院和深圳证监局签署了《关于进一步推进证券期货纠纷多元化解机制建设的合作框架协议》，共研共建证券期货纠纷多元化解机制，《指引》将“调解优先”作为审理群体性证券侵权民事纠纷的前置程序，并将调解贯穿案件审理全过程，采取立案前委派、立案后委托、诉中邀请等方式，建立证券期货纠纷特邀调解组织和特邀调解员名册制度，紧紧依靠各方力量，充分调动市场专业力量化解矛盾纠纷的积极性，加大对群体性证券纠纷案件的柔性化解力度。针对群体性证券侵权纠纷“小额多数”的特点，建立了“小额速调机制”，鼓励证券市场经营主体基于自愿原则与调解组织事先签订协议，承诺在一定金额范围内无条件接受该调解组织提出的调解建议方案。

“5”即五大审理机制。《指引》根据当事人人数、起诉时间、诉讼效率和社会效果等考量，提出了五大审理机制，即合并审理机制、示范判决机制、代表人诉讼机制、支持诉讼机制、公益诉讼机制，供法院和当事人灵活选择适用或综合适用。具体而言，在人数规模不大时，如原告只有十几人、几十人时，可以考虑采取合并审理机制；人数较多时，如几百人、上千人，可以根据情况选择适用示范判决机制、代表人诉讼机制。《指引》还特别规定了支持诉讼机制，机关、社会团体、企事业单位、投资者保护机构对损害投资者利益的行为，可以通过为投资者提供专门法律服务等方式，依法支持投资者向人民法院提起诉讼。总部在上海的中证投资者保护中心已经对投资者提起诉讼支持展开试点。同时，该投保中心对每一家上市公司均持有100股，作为股东以自己的名义提起诉讼也是其分内的职责。未来该中心拟将诉讼部门单独设立公司，并将在深圳设立分支机构。近期深圳中院受理一起中证中小投资者服务中心支持诉讼的案件，中院根据《指引》的规定，将支持诉讼机制与示范判决机制以及多元调解相结合，及时稳妥化解纠纷。此外，《指引》还为公益诉讼机制预留了通道，对侵害中小投资者合法权益等损害社会公共利益的行为，检察机关可以自己的名义向人民法院提起诉讼，各地检察机关准备在群体性证券侵权民事纠纷领域探索公益诉讼。虽然检察机关提起证券侵权民事诉讼是否存在请求权基础存在较大争议，前海也仅仅是原则性规定，但为未来探索成功经验留下对接端口。

“2”即两大重点内容。化解群体性纠纷的理想状态是，以较低成本，一次性解决纠纷。即使不能一次性解决，后续纠纷至少也能简便快速化解。因此，《指引》特别突出了示范判决机制和代表人诉讼机制，并作了专章规定，较好地解决了法院案多人少矛盾和当事人单独维权成本高的双重困境，这也是化解群体性证券纠纷的重点和难点。示范判决机制就是在处理群体性证券侵权民事纠纷中，选取具有代表性的案件作为示范案件，先行审理、先行判决，通过发挥示范案件生效判决的示范作用，促进其他与示范案件有相同事实争点和法律争点的普通共同诉讼案件（平行案件）的多元化解或集约化裁判，大幅提高相关案件的审判效率。《指引》对示范判决作了详细的规定，包括示范案件确定条件、原则、程序、与平行案件的衔接，以及示范案件审理、技术支持、裁判内容。选取确定的示范案件尽量充分涵盖群体性证券侵权民事纠纷共通的事实争点和法律适用争点，做到认定事实全面、焦点辩论充分、计算方法科学、上下经过沟通、文书上网快速，真正发挥示范效应，为后续批量平行案件的集约化、高效率调解或判决打下基础。关于代表人诉讼制度，实践中基本空置，原因是效率过低，无操作性。《指引》对

《民事诉讼法》第53条、54条和《证券法》第95条分别规定的人数确定的代表人诉讼、明示加入的人数不特定的代表人诉讼和默示加入的人数不特定的代表人诉讼的具体操作作了原则性规定，包括：代表人诉讼机制的启动、公告登记、代表人选定、诉讼代表人的权限范围、被代表人的明示加入和退出、默示加入和明示退出，代表人诉讼和解或调解、上诉权限，代表人诉讼裁判既判力扩张等难点问题作了规定，在充分发挥代表人诉讼效率功能价值的同时，平衡中小投资者的权益保护力度。

第一个“3”即平行案件3种简化处理模式。《指引》为充分发挥示范判决示范效应，参照示范判决认定的共通的事实、法律适用标准和处理原则，结合平行案件中不同当事人诉请，采取3种简化处理模式，包括：“示范判决+调解”（优先）、“示范判决+不开庭审理”（原则）和“示范判决+开庭审理”（例外），有助于提升审判效率，切实降低当事人的维权成本。在示范判决确定了共通的事实、法律问题和损失计算方法等实体处理原则之后，对于平行案件中不同原告面临的不同案件事实仅仅是损失计算问题，鉴于中国证券登记结算公司保存的电子交易数据具有客观性，依照该电子数据和共通的计算方法核算的损失具有唯一性和不可争议性。故平行案件再仅就损失金额进行开庭调查，以更简化的方式进行审理。因此，《指引》规定了平行案件简化审理的上述三个模式，具体而言，示范判决生效后，平行案件各方当事人优先参照示范判决进行调解；不同意调解或者不能达成调解协议，但均申请按照生效示范判决认定的共通事实、法律适用标准和处理原则不开庭审理的，可以依职权或委托第三方机构向中国证券登记结算有限公司调取交易数据，参照示范判决径行裁判；当事人坚持需要开庭审理的案件，可以采取在线集中开庭等方式，并简化庭审程序，已经示范判决所确定的事实和证据，可以不再举证、质证。因为类似案件事实和法律适用基本相同，主要是通过交易数据确定损失金额，简化审理并没有违反《民事诉讼法》规定，更没有侵犯当事人的诉讼权利和实体权利。有了这三种模式，基本可以在有示范判决的情况下，相同类型的平行案件随到随调随判，从而根本上解决群体性证券侵权民事纠纷的裁判效率问题。

第二个“3”即代表人诉讼3种情形。《指引》根据《民事诉讼法》和《证券法》关于代表人诉讼的内容，对代表人诉讼机制作了系统性规范，以应对代表人诉讼中可能出现的3种情形，包括：人数确定的代表人诉讼、“明示加入”的人数不确定的代表人诉讼和“默示加入”的人数不确定的代表人诉讼。群体性证券侵权民事纠纷基本属于人数不确定的群体性纠纷，“明示加入”和“默示加入”的人数不特定的代表人诉讼为常态，其核心在于引入了国家依法设立的统一的投资者保护机构（中证投保基金、中证投保中心）作为原告提起诉讼或者作为原告代理人支持诉讼。对于两种人数不特定的代表人诉讼，前海对《民事诉讼法》及其司法解释的相关规定进行了细化和创新。投资者保护机构作为原告提起诉讼的或者作为原告代理人支持诉讼的，优先确定该机构或者其代理的原告为诉讼代表人，同时委托该机构发出公告，说明案件情况、诉讼请求以及可以授权证券投资者保护机构代为行使诉讼权利等，通知权利人向证券投资者保护机构进行登记。“明示加入”人数不特定的代表人诉讼，投资者保护机构作为诉讼代表人必须取得中小投资者的明确授权，无论投资者加入或者退出代表人诉讼“集团”均需以明示方式进行。而“默示加入”人数不特定的代表人诉讼，投资者保护机构作为代表人参加诉讼时，只要获得了50名及以上投资者委托，即可以在缺少其他全部符合条件的投资者书面委托的情况下，直接将其他经中国证券登记结算有限责任公司书面确认的符合条件的投资者全部向人民法院进行登记，实际上是将之前群体性证券侵权纠纷代表人诉讼主体从“明示加入、退出”变为“默示加入、明示退出”，大大扩展了代表人诉讼主体范围，毋庸讳言是对中国证券群体性侵权赔偿纠纷民事诉讼制度的革命性变化（见图1）。

四　主要亮点

群体性证券侵权民事纠纷的审理，全国法院均处于探索完善过程中。围绕便利投资者维权、提高审判效率、落实证券侵权民事责任这一主线，《指

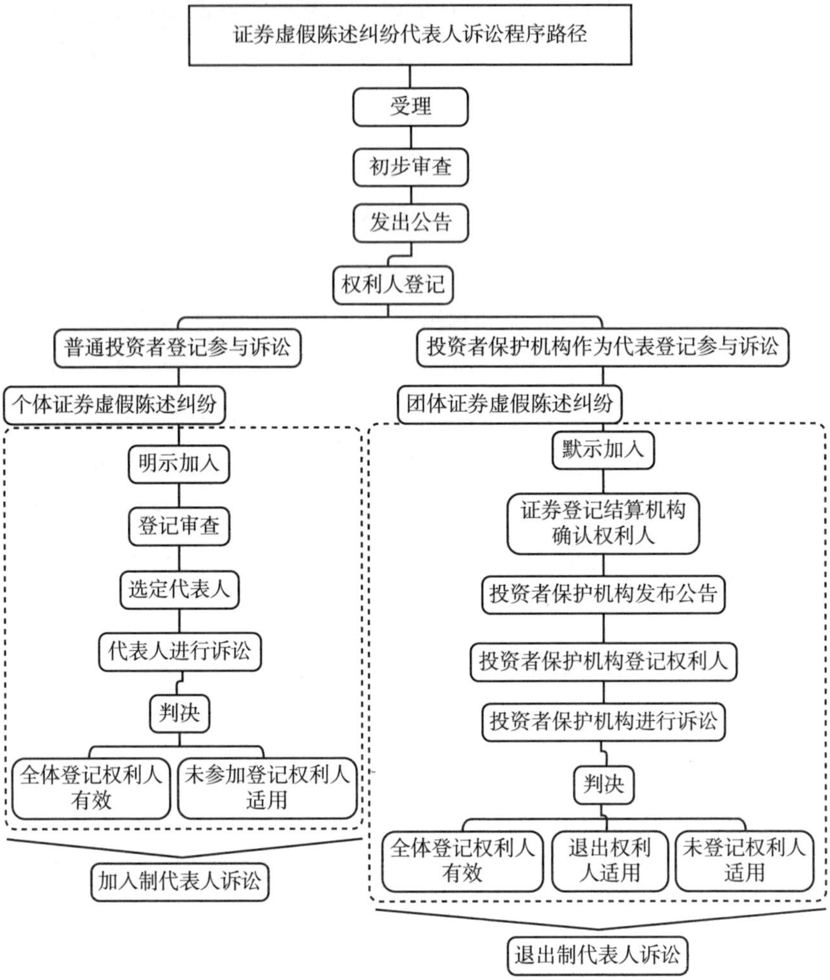

图1　证券虚假陈述纠纷代表人诉讼程序途径

引》在一些领域作了进一步的创新探索。

亮点一：管辖权恒定。上市公司作为被告为拖延诉讼至时效届满，以达到避免观望中的投资者集体诉讼，往往逐案提起管辖权异议，也有在原告追加被告后，被追加的被告再行提起管辖异议的情况。上述行为显然违反了《民事诉讼法》第13条规定的诉讼诚信原则。为鼓励诚信诉讼，避免上市公司或者其他相关行为人作为被告拖延诉讼而逐案提起管辖权异议，《指引》明确了管辖权恒定原则，规定在已有生效裁定确认本院有管辖权或者上级法院指定本院管辖的情形下，同一被告又在因同一侵权事实引起的其他案件中提出管辖权异议的，本院经释明后不再处理。同一案件或后续案件中被追加的共同被告提出管辖权异议的，也按照这一规则执行。

亮点二：平行案件简化处理。一是鼓励参照生效的示范判决，对平行案件作调解处理，当事人因达成和解协议而申请撤诉，案件受理费可以免予收取，当事人达成调解协议，本院制作民事调解书结案的，案件受理费可以按照规定标准的四分之一收取。二是根据平行案件审理需要，可以通知平行案件当事人观看示范案件的庭审直播或者庭审录像，并在当事人同意的前提下，对平行案件不再开庭审理，确需开庭的也简化庭审程序。三是平行案件文书简化。平行案件的裁判文书可以采取表格式、要素式等形式，在载明参照适用的生效示范判决案号的同时，主要记载当事人基本信息、裁判主文和诉讼费负担、上诉权利等内容。对共通事实、法律适用标准和处理原则可不再表述，直接判决被告的具体赔偿金额、责任方式和赔偿比例。

亮点三：未加入代表人诉讼的投资者直接适用代表人诉讼的裁判结果。人数确定的代表人诉讼，裁判效力只及于参加诉讼的当事人。但对于人数不确定的代表人诉讼，不论是“明示加入”类型中的未加入者和已加入又退出者，还是“默示加入”类型中的明确退出者，在诉讼时效期间因同一事实另行提起诉讼的，法院可以直接裁定适用已作出并生效的判决、裁定。适用已生效裁判的裁定，一经作出即生效，当事人不能提起上诉。

亮点四：辅助执行机制。为及时兑现当事人的胜诉权益，便于生效判决的执行，《指引》明确要推动建立证券投资者保护机构辅助参与生效判决执行机制，参照先行赔付的做法，本院可将执行款项交由投资者保护机构提存，由投资者保护机构通过证券交易结算系统向胜诉投资者进行执行款二次分配。

亮点五：充分体现防止对投资者“二次伤害”和对“首恶”追责的司法理念。《指引》虽然是群体性证券纠纷程序方面的规定，但程序的适用也会直接影响实体裁判结果的实现。证券侵权纠纷的一大特点是很多投资者在诉讼阶段仍然持有该上市公司的股票，如果诉讼中对上市公司采取司法强制措施造成股价波动，很可能会让投资者受到“二次伤害”。为此，《指引》对于当事人申请对上市公司财产进行诉讼保全的，持审慎态度。但很多证券侵权民事纠纷中，欺诈发行、虚假陈述往往是受控股股东或者实际控制人指使而实施，在实体处理结果上也应当依法判令控股股东、实际控制人直接向投资者承担民事赔偿责任。为严格落实发行人及相关行为人的信息披露第一责任，体现追责“首恶”的理念，《指引》明确诉讼代表人申请对被告财产保全，人民法院经审查需要裁定采取财产保全措施的，如上市公司负有直接责任的控股股东等实际控制人、高级管理人员或其他相关行为人为共同被告，同等条件下先行保全负有直接责任的上市公司控股股东等实际控制人、高级管理人员或其他相关行为人的财产。

五　下一步主要工作

如前所述，随着新《证券法》的实施和证券市场注册制改革的深入，证券市场法治化进程将进一步加快，证券虚假陈述案件将大幅上升，这类案件当事人众多，且涉及敏感的股票市场，势必受到财经媒体的重点关注，对法院审理的公开公正、程序合法合规提出了更高的要求。深圳中院金融法庭也将不断加强理论研究和审判实践，探索群体性证券侵权民事纠纷乃至其他群体性民事纠纷集约化处理机制的深圳经验，为即将到来的改革实践提前准备制度方案，主要从以下几方面发力。

一是建立健全示范判决机制，推动涉创业板证券虚假陈述纠纷案件的多元化解。为全面贯彻落实中央关于在深圳证券交易所进行创业板改革并试点注册制的决策部署，服务保障创业板改革及试点注册制顺利运行，法院将在涉创业板纠纷案件审理中，选取具有代表性的一个或若干案件作为示范案件，先行充分审理、先行判决，以判促调，推动其他与示范案件有相同事实争点和法律争点的纠纷通过委派调解、委托调解、法院调解或者简化审理裁判等方式高效妥善化解。针对与创业板注册制改革相配套的发行、上市、承销、交易、信息披露等基础制度相关的新类型群体性纠纷，加强释法说理，注重发挥示范判决的规则宣示功能，明确司法裁判原则，规范引导市场主体。完善有机衔接、协调联动、高效便民的证券期货多元化解机制。建立证券纠纷特邀调解组织和特邀调解员名册制度，引入互联网技术和信息化手段，开展在线委托或委派调解、调解协议在线司法确认。

二是积极实践代表人诉讼制度，探索符合国情的群体性纠纷案件集约化审理机制。对市场欺诈发行、虚假陈述等人数众多且不确定的群体性证券欺诈责任纠纷，积极适用《民事诉讼法》和《证券法》规定的代表人诉讼制度进行审理，推动相关法律规定落地。依照《证券法》第 95 条相关规定，通过大胆实践，探索代表人诉讼制度中代表人选定方式、原告主体资格审核、庭审模式、既判力扩张、上诉权行使等操作经验。加强与投资者服务机构的密切合作，让“默示加入、明示退出”的代表人诉讼制度成为加大创业板市场违法违规成本、保护中小投资者权益的有力武器。

三是探索证券公益诉讼制度，拓展证券市场投资者保护途径。落实《民事诉讼法》和《证券法》关于公益诉讼的规定，积极受理由依法设立的证券投资者保护机构、法律监督机关和有关组织提起的证券民事公益诉讼机制；探索由依法设立的证券投资者保护机构征集中小投资者集合为单一诉讼的模式。对公益诉讼生效裁判对侵权行为是否成立、侵权行为与投资损失是否存在因果关系及损失赔付原则等有共通性的事实及法律争点作出对投资者有利认定的，可直接作为投资者私益诉讼的裁判依据。

四是贯彻民事赔偿优先原则，探索中小投资者民事赔偿先行赔付制度。根据《证券法》第 220 条规定，探索建立民事赔偿优先于行政罚款、刑事罚金优先偿付机制，落实民事赔偿优先原则，有效填补投资者实际损失。落实《证券法》第 93 条规定，推动建立群体性证券案件先行赔付制度，以制度创新切实解决证券侵权赔偿执行难问题，加大中小投资者保护力度。

B.11
深圳国际仲裁院推进互联网仲裁的创新实践

深圳国际仲裁院法治蓝皮书课题组*

摘　要： 互联网技术和产业的新发展、新应用，对商事纠纷解决方式提出新挑战。近年来，深圳国际仲裁院作为互联网仲裁建设的前沿阵地，不断提升信息技术应用水平，秉持“当事人为本，科技向善”理念，聚焦用户需求，在案件审理、平台建设、仲裁规则、技术运用等方面，探索形成了符合互联网时代需求的仲裁经验。已建成云上仲裁、移动仲裁和智能仲裁三大平台，推出《网络仲裁规则》，示范在线仲裁流程，以更高效、更便捷的方式帮助中外当事人解决商事纠纷。

关键词： 云上仲裁　互联网仲裁　智能仲裁

依托互联网发展的规模优势、产业优势和应用优势，深圳国际仲裁院结合多年仲裁实践经验，分层次、分步骤，高效推进互联网仲裁发展。借助大数据、云计算、区块链、人工智能等新技术，深圳国际仲裁院互联网仲裁建设由单一维度向多元化、系统化拓展。2001 年开始进行互联网仲裁探索，

---

* 课题组负责人：陈巧梅，深圳国际仲裁院网络仲裁处处长；黄郭勇，深圳国际仲裁院国际合作与发展处（自贸区仲裁处）处长。课题组成员：李治、曹轶、张敬勉、李璞、余锦督、许武鸣、林琳、迟文卉、邓凯馨、陈家鸣、姜婧姝、陈宇明。执笔人：林琳、陈宇明，深圳国际仲裁院副法律顾问。

从内网办案系统起步，2008 年建成网上交易纠纷仲裁平台，2016 年推出云上仲裁服务，2018 年实现网络仲裁案件全流程在线办理，2019 年加速推进远程庭审中心建设，升级远程立案、质证、调解、开庭平台，实现跨境多方远程庭审。2020 年推出新一代视频开庭系统、移动仲裁、广交会云上调解平台，多元系统化建设基本完成。

一　搭建互联网仲裁三大线上平台

随着经济主体“线上经济生活”的逐渐丰富，当事人对高效、便捷低成本的解纷需求日益增加，对互联网仲裁发展提出了新要求。为此，深圳国际仲裁院搭建三大线上平台，推出网络化、智能化争议解决服务。

（一）云上仲裁平台

作为深圳国际仲裁院互联网仲裁的重要基础设施，云上仲裁平台是根据办案实际需要，依托互联网技术发展，不断调整变化的案件管理系统。

2001 年，深圳国际仲裁院内部办案系统正式运行，标志着云上仲裁平台正式启用。深圳国际仲裁院案件管理从传统的全线下办理逐渐向线上转移。

2005 年，建立仲裁员数据库。

2008 年，建成网上交易纠纷仲裁平台。

2012 年，接受淘宝网的邀请，与售后“小二”服务团队对接，尝试提供部分网购纠纷的仲裁服务。

2016 年，与中国电信合作推出了云上仲裁服务，完善电子证据固化系统。

2017 年，内部办案管理系统与云上仲裁平台全面对接，实现在线立案、案件流转、审理结案的各个环节全覆盖。无论是传统的线下案件，还是网上案件，当事人、办案秘书均可实现云上仲裁平台一站式办理。

2018 年，配合 2019 版仲裁规则，升级改造云上仲裁平台，新增仲裁员办案专区、仲裁员在线电子签名、预约立案、开庭日程提醒、批量案件文书生成、电子材料自动比对、统计报表、监控提醒等仲裁在线辅助工具。

2019 年，升级建设香港中心、喀什庭审中心，远程立案、开庭平台设施。

2020 年，为降低新冠肺炎疫情对案件进程的影响，发布远程仲裁服务提示，火线升级三大功能：网上立案、视频开庭及证据交换存储功能，全面提升当事人使用系统参与仲裁流程的用户体验，积极引导当事人采用非接触式的远程仲裁方式。

深圳国际仲裁院充分利用行业新技术，重新打造人脸核身、多方实时音视频、语音自动识别技术等功能的视频庭审系统。通过人脸核身功能，确保庭审参与者与案件当事人对应；通过实时语音自动识别技术，帮助仲裁秘书处理大部分庭审记录工作。

针对内部案件管理程序，云上仲裁平台嵌入监督管理功能，为仲裁案件主管负责人定制了“办案看板”和“监控提醒”工具。“办案看板”标注仲裁秘书的办案进展及案件数量；“监控提醒”对案卷移交、组庭、裁决报核等环节进行时限监控，实现对案件办理的智能监控和督办，提高案件管理效率。

平台还支持在线送达、视频庭审、调解、证据核对，全面保障仲裁案件的及时推进。

（二）移动仲裁平台

2016 年，深圳国际仲裁院基于微信服务号开发的移动仲裁平台上线，提供包括仲裁费速算、规则及示范条款查看、仲裁员信息查询、模板指南下载、案例查询、地址导航等服务。

移动仲裁平台还实现了仲裁智能推送提醒服务，深度整合了微信服务号的推送功能和仲裁业务流程信息，打造了基于仲裁全流程的智能推送服务体系。在案件推进过程中的重要节点，如当事人缴费成功、立案、开庭、仲裁员电子签名、报酬发放、办案秘书的各类案件推进等，服务号会智能提醒相关用户。为进一步方便用户，移动仲裁平台建成了快速身份绑定机制，用户绑定服务号即可免密一键进入系统。

2020年6月，移动仲裁平台2.0版微信小程序“SCIA微仲裁平台”上线，这是集服务、数据与管理于一体的一站式移动仲裁服务平台。微仲裁以轻量化、免安装的微信小程序为依托，搭载腾讯云存储、人脸识别、同步多方音视频等技术，将仲裁工作与互联网信息技术相结合，实现移动仲裁平台网上立案、案件查询、电子送达、网上开庭、在线缴费等20余项功能。当事人参与立案、调解、仲裁可全流程移动办理，仲裁员、仲裁秘书也可以利用移动仲裁平台进行信息化和智能化管理。

（三）智能仲裁平台

构建智能仲裁平台是为了审理网络仲裁案件。该类案件具有类型相同、争议金额较小、数量较大的特点，针对此类案件，采用传统线下模式办理，将带来大量重复性工作，增加程序管理负担。智能仲裁平台将互联网技术、信息化手段和仲裁工作深度融合，采用文字识别、电子签名等技术，综合仲裁程序管理及仲裁员案件审理经验，通过读取材料自动生成仲裁裁决草稿模板，再交付仲裁庭进行人工修改、审核。

智能仲裁系统为类型化案件的处理提供了快速、智能解决纠纷新模式，实现了快速接收、审理、裁决、审核的目标。

二　完善在线仲裁规则

在三大平台丰富的操作实践经验的基础上，2019年2月21日，深圳国际仲裁院总结推出了新版《深圳国际仲裁院仲裁规则》（以下简称《仲裁规则》），对电子送达、审理方式等线上进行的部分仲裁程序作出创新规定，确保在线仲裁有序进行，保障当事人合法权利。

（一）关于电子送达

《仲裁规则》第6条规定了电子送达方式，其中第五款规定：“经当事人同意，仲裁院或仲裁庭可以决定当事人在提交仲裁文书和证明材料时直接发送其他当事人或发送至仲裁院网络仲裁服务平台提供的在线存储系统，并将送达记录提交仲裁院。送达时间由仲裁院或仲裁庭根据送达记录确定。”

此规则改进仲裁送达方式，在充分保障当事人程序权利的前提下，有利于切实提高仲裁效率、节约仲裁资源。当事人间相互送达，是借鉴境外仲裁有关送达的成熟经验，结合国内互联网仲裁的发展和仲裁的特点，为传统机构送达提供补充，在国内属于首创。

与电子送达文件对应，《仲裁规则》第23条第2款规定：“仲裁院或仲裁庭可要求当事人在提交上述书面文件的同时，提交相应的电子版本；当事人也可以约定相关仲裁文件以电子文件形式提交。”

（二）关于审理方式

《仲裁规则》第36条第1款规定：“除非当事人另有约定外，仲裁庭有权决定程序事项，并按照其认为适当的方式审理案件……。”《仲裁规则》第59条规定：“仲裁庭可以按照其认为适当的方式审理案件。仲裁庭可以决定依据当事人提交的书面材料和证据进行书面审理，也可以决定开庭审理。”在2020年初新冠肺炎疫情防控背景下，上述第36条和第59条赋予了仲裁庭决定网上开庭、书面审理的规则依据。此外，《仲裁规则》第67条规定：“经当事人同意，仲裁院或仲裁庭可以决定全部或者部分仲裁程序借助信息技术进行，包括但不限于网上立案、送达、开庭、质证。”该规定授权了仲裁院或仲裁庭决定全部或者部分程序借助信息技术进行，大大提高审理效率。

配合主规则，深圳国际仲裁院还推出《网络仲裁规则》，从规则适用到文件提交、电子送达、审理方式、身份认证、电子签名、电子数据审查以及网络仲裁流程都作了详细规定。在规则体系完善的情况下，进一步通过向科技要生产力，赋能传统商事案件的快速办理，提高案件审理效率。

三　互联网仲裁实践

深圳国际仲裁院在线审理程序的六个关键节点分别为：立案、送达、证据存储、质证认证、庭审、智能审核。通过对六个关键仲裁流程网络化、智能化改造，最终实现互联网仲裁的全流程线上办理。

（一）线上立案

当事人可通过深圳国际仲裁院官网或移动端“SCIA 微仲裁”小程序进入立案界面，进行身份认证，并提交立案材料，录入案件基本信息及送达地址，符合要求的案件会生成立案文书及缴费通知单反馈当事人。

与传统的线下及线上立案流程相比，“微立案”的启动更加便捷，操作流程更加清晰，使用场景灵活多变，当事人可以随时随地申请立案，具体功能如下。

1. 自动填充立案信息

在当事人或代理人点击进入小程序立案界面，导入当事人起草的仲裁申请书后，系统将自动抓取并实时填充立案信息，免去当事人或代理人逐项手动录入信息等步骤，减轻当事人或代理人的负担，提高仲裁申请效率及信息准确率。

2. 仲裁文书使用电子签名

在线注册时，“SCIA 微仲裁”小程序将预留当事人或代理人的电子签名，以便当事人或代理人在后续仲裁程序中对庭审笔录等电子仲裁文书进行签署。

3. 可上传微信记录

使用“SCIA 微仲裁”小程序立案时，当事人或代理人可在证据上传功能模块勾选微信聊天群组，选定聊天内容中与立案相关的证据材料，一键上传。

4. 引入网络身份认证

“SCIA 微仲裁”小程序引入身份验证、手机验证、基本信息验证及人脸识别验证等实名认证环节，借助深圳国际仲裁院与公安部的数据互联，可在线实现用户人脸核身，核校流程可信任，信息安全有保障。

（二）电子送达

深圳国际仲裁院 2019 年版《仲裁规则》允许当事人相互送达电子证据，为方便当事人使用，深圳国际仲裁院升级电子送达平台，在推动电子送达机制建设过程中，主要在以下四方面作出突破。

第一，电子送达程序首先需要保证送达主体身份真实可靠。深圳国际仲裁院通过实名认证，确定受送达人的身份，保证送达主体身份校验环节零错误。

第二，保障送达地址的准确度。当事人可以提前在仲裁协议中约定电子送达方式和电子送达地址。在仲裁过程中，当事人也可以书面同意电子送达，并填写电子送达地址确认书，确保送达地址信息真实、准确。

第三，通过当事人的合意，保障电子送达的有效性。《仲裁规则》规定了网络仲裁服务平台、手机短信、电子邮件、即时通信等多种电子送达方式。这表明当事人适用《仲裁规则》进行电子送达的，应视为合法有效。

第四，网络仲裁案件当事人必须以书面方式约定电子送达地址。对于未约定电子送达地址的案件，根据《网络仲裁规则》的规定，不适用网络仲裁程序，不能将案件立为网络仲裁案件。

网上立案、电子送达平台在 2020 年发挥了重要作用，自 2 月 3 日至 6 月 11 日，当事人网上立案申请 3400 余次，受理案件 2000 余宗，网上开庭 200 余宗，生成电子文书数量 23462 件，电子送达次数 17932 次。

（三）电子证据储存

2018 年，深圳国际仲裁院联合中国电信、深圳公证处，共同打造中国首个集“电子证据固化 + 在线公证保全 + 网上裁判服务”为一体的在线固证平台。首创电子证据云档案馆，通过对电子邮件、QQ 记录、微信、短信等电子数据的固化和存储，为当事人提供可靠、完整的电子证据保存服务，帮助解决司法实践中电子证据“举证难、认定难”的难题。

针对金融类型案件，深圳国际仲裁院积极探索“区块链 + 仲裁”模式，以大数据、云存储、区块链技术为基础，有效解决电子证据生成、储存、传输、使用的认证问题，全流程记录，全链路可信，全节点见证。2018 年 4 月，深圳国际仲裁院上线“金融链”电子证据平台，实现银行系统、金融平台、数字证书颁发机构、仲裁机构、公证处等多个节点数据对接，对合同签署过程、合同执行情况等数据均上链存储，便于仲裁快速认定事实，进行纠纷调解或仲裁裁决。

（四）质证和电子证据认证

深圳国际仲裁院 2019 年版《网络仲裁规则》细化网络仲裁质证、开庭规范，进一步明确了互联网仲裁质证、开庭的流程和规则。

《网络仲裁规则》也对网络仲裁中的庭前质证和当庭质证进行了详细阐述。庭前质证允许当事人就对方提交的证据进行书面质证，并将书面质证意见通过网上平台发送给对方当事人和仲裁庭，相较于传统的书面质证，节省了当事人的在途时间，避免当事人及其代理人因出国、出差等不能及时接收证据和提供质证意见等问题，实现当事人不同时、不同地、不同步登录平台参与质证活动的“异步质证”，节约了时间和经济成本。

除了庭前质证，仲裁庭、当事人和其他仲裁参与人可以通过在线屏幕共享的方式展示证据，进行网上质证。在网上质证中，仲裁庭可以通过区块链、电子签名等五种信息技术查验证据真伪。深圳国际仲裁院依托技术，在提升开庭质效、便捷开庭各方参与人的同时，保障仲裁的安全性和保密性。

深圳国际仲裁院电子证据认证技术运用电子签名、可信时间戳、哈希值校验、区块链及第三方电子取证、存证、认证等五种技术。

电子签名、可信时间戳均含有电子证书。电子证书带序列号、有效期、电子签名验证数据、签名的时间，通过计算机算法证明文件自签名人电子签名后未被修改的，仲裁庭可以据此认定电子证据的真实性。

对于区块链及第三方电子取证存证平台认证的证据，电子证据在产生之时通过区块链或者第三方平台进行存证的，仲裁庭审理时，计算机通过检查电子证据的哈希值等方式，可分辨出电子证据文件是否被修改。如果电子证据未被修改，则说明电子证据从存证时起一直到仲裁庭审理时都是未经篡改的，仲裁庭可以据此认定电子证据的真实性。

（五）在线庭审

深圳国际仲裁院从 2007 年开始探索在线审理机制。在线庭审的仲裁参与人均需通过深圳国际仲裁院的云上仲裁平台提交实名信息，进行身份认证。开庭前，通过人脸核身技术对开庭人员进行身份识别和确认。

庭审中，利用信息技术实现“9 路 +”视频通话并同步录音录像。得益于语音识别技术不断优化升级，语音识别精准度得到了进一步提高，语音自动识别在司法领域已经得到广泛应用。2019 年，深圳国际仲裁院引入庭审语音自动识别技术。2020 年初，网上开庭成为常态，庭审语音自动识别技术得到实际应用。语音识别技术能在网上开庭时，通过语音转写文字自动形成庭审笔录，智能预测语境，自动断句及补充标点符号。通过学习案件材料，机器还可自动进行热词学习，提高专业用语准确率。

庭审结束，在电子签名、时间戳技术的支持下，仲裁参与人可以对庭审笔录在线签名和确认。

（六）智能仲裁

深圳国际仲裁院智能仲裁程序包含仲裁问答机器人、办案格式文书生成、文书审核三项功能。

2016 年深圳国际仲裁院在微信服务号中植入仲裁问答机器人，根据深圳国际仲裁院独立（independence）、公正（impartial）、创新（innovation）的理念，集合三个英文首字母“i”，将机器人命名为“3i”。3i 机器人基于自然语言处理技术和机器学习模型，能进行多轮人工对话，还可以学习新知识点。用户在深圳国际仲裁院微信服务号输入问题或直接发送语音，即可随时随地与3i机器人对话。3i机器人能问答近2万个有关仲裁、诉讼、海商法、合同法、公司法、民刑法、婚姻法、民商法、经济法、知识产权、金融、国际法、国际经济法等领域的法律知识问题，查询17930个法条和5670个司法解释，在知识面和功能上均实现大幅提升。

办案格式文书自动生成功能，通过预先导入不同类型的格式文书范本，自动进行深度学习，抓取关键因子，随案生成所需文书类型，辅助办案秘书处理文书工作，提高工作效率。截至2020年4月，智能平台已完成70多种仲裁常见类型格式文书的抓取学习。

文书审核功能通过多年来对法律法规、仲裁案例模板的学习，结合个案实际情况，审核、批注裁决文本，可以实现自动校对格式、自动替换错别字、自动矫正表述规范、自动核对案件基本信息等功能。

系统通过对比裁决书草稿与示范格式文稿，自动标注格式、文字、语言表述等修改建议。经过系统识别，裁决草稿基本符合格式和内容要求，大大节省了相关工作人员的审核时间，提高了工作效率，这也是智能化仲裁的具体运用。

四　典型案例

深圳国际仲裁院三个标志性案例涉及当事人众多、地域分布较广，以及电子证据认证问题。深圳国际仲裁院利用互联网技术手段，为当事人提供了合理、公正、高效的解决方案，获得当事人及社会各方好评。

（一）上市公司“网上集团和解”案

2014年4月，上市公司海联讯因虚假陈述与投资者发生纠纷，涉及投资者近万名。深圳国际仲裁院与深圳市证券业协会、深圳市期货同业协会以及深圳市投资基金同业公会共同设立的深圳证券期货业纠纷调解中心（以下简称“证券调解中心”），作为协调小组成员直接参与由中国证券投资者保护基金有限责任公司牵头的投资者利益补偿工作。作为独立的第三方，证券调解中心各成员机构共同参与设计补偿基金方案，为上市公司和投资者之间的纠纷提供了和解、调解、仲裁等多种选择。

海联讯投资者遍布在全国各地，每位投资者诉求存在差异，传统线下面对面的调解方式将耗费大量时间和人力资源。面对此种情况，证券调解中心调解员采用线上方式，运用电话、远程视频、现场会议等多种方式组织调解；还设置补偿基金专门网站，供投资者查询已发布的基金管理运作公告文件及相关信息。投资者也可在线提供有效联系方式，与调解员、基金管理人就补偿事宜进行在线沟通联系。

基金管理人计算补偿金额经审计后，在专门网站公布具体数额以供投资者查询。如投资者接受补偿金额并自愿同意和解，即可通过深交所上市公司股东大会网络投票系统点击确认接受补偿方案并完成和解。

证券调解中心从方便投资者角度出发，通过简化手续、优化流程，提高补偿效率，最终达成有效和解的适格投资者人数达 9823 人，占适格投资者总人数的 95.7%，投资者支付的补偿金额达人民币 88827698 元，占应补偿总金额的 98.81%。

网上和解实现了“集团调解”功能，发挥了“集团诉讼”难以发挥的作用。对于同类纠纷，为彻底实现定纷止争目标，防止当事人事后反悔，对接受补偿方案并达成和解协议的部分案件，经当事人网上申请，可由深圳国际仲裁院根据和解协议的内容（即补偿方案）作出具有终局约束力和可强制执行法律效力的仲裁裁决，将“网上集团和解”转为“网上集团仲裁”。

海联讯案例为上市公司集团纠纷的线上解决提供了范本。在当事人意思自治的基础上，各方可借助互联网优势，和谐、快速、低成本解决纠纷。

（二）电子证据认证案

2018 年 9 月，因金融投资争议，投资人的投资款项无法追回。根据投资双方服务协议中的仲裁条款，投资人向深圳国际仲裁院提起仲裁申请。本案为金融纠纷案件，涉及线上电子签名认定问题。投资人主张服务协议电子签名并非本人操作加盖，而是被投资人平台自动生成的电子数据，故该电子签名不合法，协议无效，请求追偿投资款。

仲裁庭通过技术调查，认定电子签名所含有的电子证书含有适格的颁发者、序列号、有效期、电子签名验证数据及签名时间，且服务协议自签名人电子签名后未被修改。另外，仲裁庭通过庭审实验，证实电子签名系投资人本人作出。基于以上事实及证据，仲裁庭认定服务协议的电子签名有效，其法律效果应由电子签名人即投资人承受。

本案为典型的电子签名认证的法律效力问题，仲裁庭依据《电子商务法》和《电子签名法》作出了合法裁判。在网上仲裁成为时代新常态的背景下，诸如电子签名等证据的形成、储存也转移到线上。作为审理网上仲裁案件的工具之一，深圳国际仲裁院开发的电子证据认证程序对金融投融资及借贷案件的审理至关重要，在实践中已得到广泛应用。

（三）“广交会”云上远程调解第一案

2020 年，第 127 届广交会首次尝试在“云端”举办，为广大中外企业开展贸易合作开辟了超越时空限制的交易平台，探索了国际贸易发展的新路子。为保障本届广交会云平台平稳运行，深圳国际仲裁院与广交会在 14 年合作的基础上，推出贸易纠纷远程调解服务，新添展会争议云解决方案。

2020 年 6 月 24 日，平台受理的第一宗跨境贸易纠纷案，在深圳国际仲裁院与广交会的共同努力下，得以高效、便利、圆满解决。该案当事人为中国一企业和巴基斯坦一客商。因为对产品质量、托收付款等问题产生争议，双方将国际贸易纠纷通过线上提交到广交会云上纠纷调解平台。经过智能身份识别、书面资料审查等立案程序后，深圳国际仲裁院经过两个半天的努力，促成双方握手言和，并同意对接深圳国际仲裁院仲裁作出具有执行力的和解裁决。

作为广交会云上调解跨境贸易纠纷第一案，云上调解平台使用人脸验身、电子签名、电子存证、可信时间戳、远程视频、异步沟通等信息技术，帮助双方交换证据材料，将纠纷解决从线下完整地搬到云上，实现境内外“四地”同步、开展多方高效远程调解。

在商务部的支持下，深圳国际仲裁院与中国对外贸易中心合作共同搭建的“广交会调解 + 深圳国际仲裁院仲裁”，已经成功运作了 14 个年头，服务了 119 个国家的当事人。本案的顺利解决，标志着这一模式进一步升级为“云上广交会调解 + 深圳国际仲裁院云上仲裁”，为有效化解国际贸易纠纷，打造国际一流法治化营商环境提供保障。

今后，深圳国际仲裁院将坚持国际视野、世界眼光、全球胸怀，建设国际一流互联网仲裁高地，推动仲裁机制与互联网的深度融合，通过科技赋能、智能解纷，为境内外当事人提供更加开放现代、高效灵活、智能多元的仲裁服务。

法治社会

Law-Based Society

B.12 前海公证处探索公证与金融融合创新发展之路

深圳市前海公证处课题组*

摘　要： 前海金融机构积极履行中国金融改革创新使命职责。公证在保障金融改革创新、维护金融债权安全、实现金融债权纠纷多元化解决方面具有积极职能作用。前海公证处与前海金融机构协同创新，共同探索消费金融债权文书在线赋强公证项目，为前海金融机构探索提供多元化纠纷解决机制，为前海金融改革创新提供法律服务支持，为人民法院疏解案源、诉源治理探索新模式。

关键词： 公证金融融合　金融创新　诉源治理

---

* 课题组成员：富建明、谢京杰、李劼。执笔人：富建明、谢京杰、李劼，前海公证处干部。

2017年4月25日，习近平总书记在主持中共中央政治局第四十次集体学习时强调，金融安全是国家安全的重要组成部分。前海是中国唯一获批的社会主义法治示范区，其首要定位是中国金融改革创新的试验田。前海金融改革创新需要并依靠良好的营商环境保障。习近平总书记指出，“法治是最好的营商环境”。公证是中国重要的社会主义司法证明制度，具有预防经济社会矛盾纠纷和高效、非诉解决经济社会矛盾纠纷的双重职能作用，是中国多元化纠纷解决机制的重要组成部分，也是中国基础性的司法资源。深圳市司法局、前海管理局一直重视发挥公证在前海营造法治化营商环境中的积极作用。

前海公证处一直致力于服务前海金融机构，发挥公证职能，保障金融债权安全，探索金融债权多元化纠纷解决机制，为前海金融业改革创新提供法律服务助力。2019年以来，前海公证处积极与注册地为深圳前海的持牌金融机构进行联系沟通，在前海率先探索金融债权文书在线赋强公证项目。2020年4月30日，前海公证处与前海金融机构招联消费金融有限公司签署合作协议，成功启动广东省首个消费金融债权文书在线赋强公证项目。该项目通过科技赋能、公证赋强，探索公证创新与金融创新的融合发展之路，借此希望为前海金融改革创新提供公证支持。

一　公证金融融合创新背景

2017年，前海公证处与前海法院贯彻落实最高人民法院、司法部《关于开展公证参与人民法院司法辅助事务试点工作的通知》。在试点通知出台当月即签署协议，共同探索公证服务司法辅助事务。作为深圳市首个也是唯一进行公证参与司法辅助事务探索的项目，取得了可喜成绩，该项司法创新举措也被深圳市委市政府列为“中国（广东）自由贸易试验区深圳前海蛇口片区第三批可复制推广改革创新经验”，在全市复制推广。前海金融业改革创新发展的新需求，为更好地推动公证参与司法辅助事务工作，丰富公证参与司法辅助事务内容，更好地发挥公证纠纷预防第一道防线与司法审判解决纠纷最后一道防线的协同效应，提出了新的要求，也提供了新的契机。

2019 年 7 月 3 日，最高人民法院、司法部发布《关于扩大公证参与人民法院司法辅助事务试点工作的通知》。该通知肯定了北京公证机构推出的通过在线方式赋予债权文书以强制执行力的司法辅助事务创新举措，肯定了债权文书在线赋强公证在互联网金融领域助推实现案件批量化立案、执行的创新举措，肯定了金融债权文书在线赋强公证在缓解金融机构小额借贷案件诉讼难、执行难方面的积极作用。同时，该通知也要求法院和公证机构开展在线对接平台建设，探索现代信息技术在司法辅助中的积极应用，借助科技手段，为公证参与人民法院司法辅助事务赋能。

国家发展改革委和银保监会也关注到金融债权文书在线赋强公证项目。2019 年 9 月 12 日，国家发展改革委和银保监会联合发布《关于深入开展“信易贷”支持中小微企业融资的通知》（发改财金〔2019〕1491 号），要求金融机构积极开展“信易贷”，为中小微企业提供融资支持。通知明确鼓励金融机构积极依托可靠金融科技，建立线上强制执行公证机制，以加快金融债权债务纠纷的解决。北京、上海、重庆、厦门等地金融机构正在积极探索推动。但尚未看到广东省内金融机构探索该项目的信息。

2020 年 3 月 26 日，司法部印发《关于加强公证行业党的领导优化公证法律服务的意见》，强调加强公证行业党的领导，优化公证法律服务。司法部党组一号文对公证机构探索债权文书在线赋强项目提出了明确要求，要求司法部试点的合作制公证机构要全部具备应用债权文书在线赋强公证服务能力。

二　制度融合创新法律依据及内涵

《民事诉讼法》第 238 条第 1 款规定，对公证机关依法赋予强制执行效力的债权文书，一方当事人不履行的，对方当事人可以向管辖法院依法申请强制执行，受申请的人民法院应当执行。该条第 2 款规定，公证债权文书确有错误的，人民法院裁定不予执行。《公证法》第 37 条第 1 款也有类似规定：对经公证的以给付为内容并载明债务人愿意接受强制执行承诺的债权文书，债务人不履行或者履行不适当的，债权人可以依法向有管辖权的人民法院申请执行。同样，该条第 2 款也规定，债权文书确有错误的，受案法院依法裁定不予执行。根据上述法律规定，债权文书可由公证机构依法赋予强制执行效力，债权人可持公证债权文书向有管辖权的人民法院申请强制执行，受案人民法院对公证债权文书的强制执行申请依法审查，作出裁定执行或不予执行。

上述法律关于强制执行公证的规定在传统线下签署的金融债权文书中得到了广泛应用，在金融债权保护和金融债权纠纷高效、非诉解决方面起到了积极作用。与传统线下签署借款合同等金融债权文书不同的是，在线赋强公证是借助电子签名信息技术，全流程在线签署金融债权文书并在线完成赋强流程。公证方式方法的改变，对公证债权文书制度创新增加了法律依据要求。《电子签名法》第 3 条规定，民事活动中的合同或者其他文件、单证等文书，当事人可以约定使用或者不使用电子签名、数据电文。并且，一旦当事人约定使用电子签名、数据电文的文书，则不得仅因为其采用电子签名、数据电文的形式而否定其法律效力。《电子签名法》为债权文书强制执行公证由传统线下签署纸质融资合同转变为在线签署电子融资合同提供了法律依据，也为债权文书在线赋强公证项目提供了法律依据。

（一）公证赋强的范围和条件

2000 年，最高人民法院、司法部出台《关于公证机关赋予强制执行效力的债权文书执行有关问题的联合通知》（司法通〔2000〕107 号），就公证机关赋予强制执行效力债权文书执行问题进行规范。2017 年，最高人民法院、司法部、银监会出台《关于充分发挥公证书的强制执行效力 服务银行金融债权风险防控的通知》（司发通〔2017〕76 号），要求充分发挥公证书强制执行效力，着力服务银行等金融债权风险防控。两个通知对公证机构赋予债权文书强制执行效力的范围和条件予以明确规定，是公证机构在公证实务中办理债权文书赋强公证的主要“法律依据”。

根据上述联合通知规定，公证机构可依法赋予强制执行效力的金融债权文书包括：一是包括各类授信、借款、委托贷款、信托贷款等在内的各类融资贷款合同，以及各类票据融资、保理、融资租赁等融资合同，各类分期付款合同、信用卡合约等；二是涉及金融债权债务的和解协议、调解协议、还款合同、债务重组合同、还款承诺等；三是各类保函以及抵押、质押、保证等担保合同；四是符合联合通知规定条件的其他债权文书。

根据上述联合通知规定，公证机构可依法赋予金融债权文书强制执行效力的条件有三个：一是债权文书需要具有给付内容，给付的对象主要是货币、物品和有价证券；二是债权文书中的债权债务法律关系应当明确，合同当事人对债权合同关于给付内容的约定没有疑义；三是在债权文书中应当明确载明债务人自愿接受强制执行的承诺条款，即债务人应当在签订债权文书合同时承诺，如果届时不履行义务或不完全履行义务愿意直接接受人民法院依法强制执行。同时，鉴于银行等金融机构合同修改过程烦琐，联合通知又明确规定，该项承诺除作为合同条款列明外，也可通过双方补充协议或债务人的单方承诺书等方式，以债权文书的合同附件形式载明。

（二）公证确有错误的情形

《民事诉讼法》第 238 条就公证债权文书确有错误不予执行作了原则性规定。《最高人民法院关于适用〈中华人民共和国民事诉讼法〉的解释》则对该条款法律规定进行了明确和细化。该司法解释第 480 条规定，有下列情形之一的，可认定公证债权文书属于确有错误：一是公证债权文书属于不得赋予强制执行效力的债权文书的，二是被执行人一方未亲自或者未委托代理人到场公证等严重违反法律规定的公证程序的，三是公证债权文书的内容与事实不符或者违反法律强制性规定的，四是公证债权文书未载明被执行人不履行义务或者不完全履行义务时同意接受强制执行的。另外，人民法院认定执行该公证债权文书违背社会公共利益的，裁定不予执行。

（三）法院对公证债权文书执行的处理

1. 受理

根据2018年10月1日起施行的最高人民法院《关于公证债权文书执行若干问题的规定》（以下简称《执行规定》）第2条规定，公证债权文书执行案件，有两个执行管辖连接点，一是被执行人的住所地，二是被执行的财产所在地。同时，对于案件级别管辖，则参照法院一审民商事案件级别管辖确定。根据该规定，被执行人住所地法院或者被执行财产（非主要财产）所在地法院对公证债权文书的执行申请，拥有法定管辖权。

同时，《执行规定》第24条规定了债权人对公证债权文书的公证执行或诉讼解决的选择权。该规定改变了2008年最高人民法院批复中关于公证债权文书不可诉的规定。在公证债权文书未获法院受理的情况下，债权人可以通过债权文书中关于诉讼管辖的约定，申请约定法院通过诉讼方式解决纠纷。另外，2019年12月25日，最高人民法院召开新闻发布会，对外通报人民法院跨域立案改革情况，跨域立案服务已经在全国中基层人民法院全面实现，即无论法院是否有管辖权，债权人都可以向家门口的法院申请立案并提交立案材料，由法院内部通过相互协助实现跨域处理。

2. 审查

（1）依职权审查

根据《执行规定》第5条规定，人民法院依职权对执行立案申请进行审查，发现存在以下情形的，则不予受理或裁定驳回执行申请：一是债权文书属于不得经公证赋予强制执行效力的文书，二是公证债权文书未载明债务人接受强制执行的承诺，三是公证证词载明的权利义务主体或者给付内容不明确，四是债权人未提交执行证书；五是其他不符合受理条件的情形。

（2）依申请审查

根据《执行规定》第12条规定，人民法院在受案执行过程中，因被申请执行人提出执行异议，经法院审查存在以下情形的，不予执行：一是被执行人未到场且未委托代理人到场办理公证的；二是限制民事行为能力人或无民事行为能力人没有法定代理人代为办理的；三是公证员违反回避规定，为本人办理公证或为本人的近亲属办理公证或者办理与本人、近亲属有利害关系的公证的；四是公证员违反廉洁规定，在办理该项公证中有贪污受贿、徇私舞弊行为并且该行为已由生效刑事法律文书等确认；五是其他严重违反法定公证程序的情形。

（3）审查方式

从最高人民法院（2011）执复字第 2 号民事裁定书、（2015）执申字第 12 号执行裁定书、（2017）最高法执复 7 号裁定书看，人民法院一般是采用形式审查与实质审查相结合的审查方式。形式审查主要是公证债权文书程序问题。实质审查主要是公证债权文书实质性问题，一般是根据当事人的申请进行审查。

3. 裁定

根据《执行规定》第 5 条、12 条、18 条、19 条、22 条、23 条的规定，人民法院根据不同情形，裁定不予受理、裁定驳回执行申请、裁定执行、裁定不予执行、裁定部分不予执行。

（四）被执行人的权利救济

根据《执行规定》第 12 条、22 条的规定，被执行人可以针对公证债权文书存在的程序性问题，通过执行异议申请不予执行；对于公证债权文书存在的实质性问题，通过诉讼申请不予执行。实质性问题是指：①公证书载明的权利义务关系与事实不符；②公证债权文书存在法定无效或可撤销情形；③公证书载明的债权因清偿、抵销、提存、免除等已经全部消灭或部分消灭。

三　融合创新探索试点方案

（一）试点范围

前海公证处首先选择具有国企背景、持金融牌照、注册在前海、协议约定前海法院为管辖法院的招联消费金融有限公司的部分线上小额融资业务作为探索试点范围。拟在线公证赋强的合同为授信合同、借款合同，授信最高额为人民币 20 万元。招联金融所涉互联网消费金融领域，几乎所有业务都是在线完成，对金融服务创新有需求也有积极意愿。

（二）实现途径

借款申请人在金融机构 App 注册申请消费借贷，通过人脸核身、活体检测、绑定银行卡等方式实名认证，对应的注册信息、实名认证信息同步推送至公证处在线赋强系统，并同步创建账户。实名认证通过后，为借款人生成前海银行银行账户，后续借还款通过该银行账户进行。借款人发起授信申请，弹出公证告知和风险提示，同时利用公证处认可的信息技术手段，进行“人证一致性”验证，验证结果同步上传到金融机构和公证处。根据借款人的申请，公证处在金融机构上传到公证处系统的合同模板上，生成授信合同、公证申请表、公证笔录等公证资料，由公证处将资料打包推送给借款申请人、金融机构，发起签约，当事人双方在公证处系统平台签署，利用电子签名 CA 证书，对授信合同、公证申请表、公证笔录等文件进行文件固化并电子存证，同时生成电子公证书，再送达给借款人和金融机构，完成在线公证赋强手续。

金融机构在核定授信额度后，借款申请人可以在授信额度内进行单笔借款、还款，金融机构根据单笔申请在授信额度内放款、接受还款。借款记录、放款记录、还款记录自动生成放款凭证、还款凭证文件，同步生成文件对应的 hash 值，实时在公证处系统备案。

借款人出现还款逾期后，金融机构将逾期借款信息推送至公证处，申请出具执行证书。公证处收到金融机构申请后进行信息校验。经校验一致后，按照合同约定的方式，开展违约核实程序，并对借款人进行告知、送达，借款人有还款意愿的，将信息反馈至招联金融，在确认完成还款后终止出具执行证书；借款人无还款意愿或不按照约定方式接受公证处违约核实时，公证处按约定出具执行证书（电子）。

公证处将执行申请、公证债权文书（电子）、执行证书（电子）、财产线索等资料打包，批量推送给法院立案审查。在法院指导、监督下，由司法辅助团队负责司法送达、失联修复、财产查控等，由执行法官负责异议处理，同时，对失联修复客户以及提出执行异议的客户组织调解，促使达成执行和解。无财产可供执行的，由司法辅助团队进行终本处理，符合条件的，纳入失信被执行人名单。金融机构在收到终本裁定后，核销债务。

（三）公证流程

在线赋强公证改变了传统公证申办方式，由传统公证场所转变为公证机构可控的网络虚拟空间，由传统的“面对面”交流转变为利用信息技术方式交流。在此过程中，主要公证程序完整，公证审查核实职责不缺位，只是根据互联网金融业务的实际情况调整了公证的实现方式。

1. 公证申请

根据《公证法》第 25 条、27 条和《公证程序规则》第 17 条、18 条的规定，申办公证的当事人可以向住所地、经常居住地、事实发生地、行为地公证机构提起公证申请。前海金融机构作为深圳本土企业，住所地在深圳，深圳的公证机构可以受理公证申请。公证当事人申办公证时，需签署公证申请表并提交相关证明材料，公证机构应当告知申办公证的法律意义和后果。在线赋强流程中，借款人提起授信申请时，系统会提示在平台引入公证服务，授信债权文书将由公证处公证赋强，同时，特别告知赋强公证的法律意义和法律后果，在借款人勾选同意后才进入申请授信的下一环节。公证申请表、公证告知书、公证笔录等相关公证资料，在后续的环节也连同授信合同一并经由借款人审阅和签署确认。

2. 公证审查

公证处通过采购可靠信息技术服务，通过身份证信息调用、银行卡（一类户）信息关联、手机号码实名校验、活体检测等技术，完成对借款人的身份信息、人证一致性信息的审查。通过公证告知和风险提示，审核借款人申请借款融资、融资合同办理公证并经公证赋予强制执行效力的意思表示。公证审查过程通过可信时间戳、公证电子存证等进行电子信息固化和保管存证。

3. 公证签署

由公证处调用金融机构提供的合同模板，并结合申请人提交的申请信息生成最高额授信合同，推送合同至双方当事人，由双方共同在公证处的系统平台上完成合同签署，生成电子签名 CA 场景证书，从法律和事实上确保授信合同及公证资料签署的真实性、合法性。

4. 公证书送达

在公证手续在线完成后，公证处生成电子公证书，通过借款人填写的电子邮件发送给借款人，借款人随时可以查阅、下载、打印。

（四）司法指导前置全流程监督

在前端，法院对合同文本、司法文书送达约定、公证审查、在线赋强流程等进行审查、指导。在中端，完成授信合同在线公证后，系统将对应的授信合同、电子公证书、借款、放款、还款记录凭证同步生成 hash 值，提交法院备案。在后端，法院进行受理审查时，校验公证处提交的执行申请信息资料，并对公证执行申请依法进行处理，对经失联修复联系到的当事人或有异议的当事人组织调解，充分保障被申请执行人的权利。

四　融合创新探索的实践意义

在最高人民法院、司法部、银保监会、国家发展改革委等相关部门顶层设计下，各地主要的探索方向是银行业金融机构的在线金融业务，尚无针对互联网消费金融的探索先例。前海的探索推动具有积极的实践意义。

（一）营造法治营商新环境

前海的首要定位是中国金融改革创新的试验田。包括法院、公证在内的前海法律职业共同体承担着在前海营造法治化营商环境、指导金融机构依法改革创新、建立金融债权纠纷多元化解决机制的重要使命职责。

互联网消费金融案件普遍存在标的小、案情单一、事实简单等情况，但其司法审批处理程序与普通借贷案件无异，且因数量多、送达难而导致案件审限较长。在经过了严格司法审判之后，债权人一般能够赢得诉讼获得胜诉判决，但最后可能发现被执行人并无财产可供执行或因较长时间等待而失去了快速进入执行的先机，极大浪费了人民法院宝贵的司法审判资源，也无法达到金融机构期望的案件快立、快审、快执，及早追讨金融债权或进入债务核销程序的诉求。

互联网金融债权在线赋强项目，则可以实现批量立案、批量执行，从源头上分流案件，有效缓解互联网金融案件诉讼难、执行难问题。该项目在金融业聚集发展的前海自贸片区尤其具有现实意义。如果项目成功推进，形成可复制可推广的前海法治治理经验，将为前海金融业发展营造良好的法治化营商环境。

（二）诉源治理新探索

诉源治理是新时代“枫桥经验”的生动实践。金融债权在线赋强项目体现了互联网金融领域矛盾纠纷的诉源治理愿景。在线赋强公证的探索，从源头开始，首先，督促债权人合规经营、督促借款人诚信履约，预防矛盾纠纷发生；其次，在矛盾纠纷发生后，通过公证服务的中间缓冲，实现了对矛盾纠纷的层层分解、消化处理，真正需要动用国家强制力依法强制“纠偏”的个案逐步减少，从而实现诉源治理愿景。

在缔约阶段，借款人通过互联网开展借贷消费时，明确被告知债权文书公证的法律意义和法律后果，保障其明白消费、督促其诚信履约，从源头上营造公开、透明、可预期的缔约环境。

在履约阶段，借款人的申请、贷款人的放款、借款人的还款，都有公证监督，并以电子证据存证方式固化保全，充分保护合同双方当事人的合法权益。在纠纷发生后，以法定证据形式还原事实，为公证机构出具执行证书、为人民法院依法审查核实提供最原始、最直接、最有效的证据支撑。

在违约阶段，在出具执行证书前，公证机构按照约定方式进行违约核实，既督促债务人履约，又给予债务人充分的举证、异议机会，还可通过公证调解促成和解，充分保障债务人的合法权益，在执行证书出具前尽可能地化解矛盾纠纷。从公证实务看，公证机构的违约核实，能够有效督促债务人还款，债务人暂时不能还款但有还款意愿的，债权人一般都会给予适当的延期还款机会，最终在出具执行证书、申请人民法院强制执行前就化解了矛盾纠纷。

在申请执行阶段，在公证机构出具执行证书后，被申请执行人知悉其应承担的债务履行义务后，部分会主动寻求申请执行人谅解、表达还款意愿。公证实务中，也有被申请执行人主动申请公证机构居中调解。有一部分纠纷会在债权人申请人民法院立案执行前化解。

在执行阶段，人民法院依法审理执行申请，通过引入“失联修复”、组织调解等方式依职权尽可能地联系到债务人，给予被执行人充分的异议机会，并促成执行和解，尽可能少占用司法资源解决纠纷，同时，重点审查处理提出执行异议的个案，依法作出执行裁定，公平、公正地保护各方当事人合法权益。

（三）多元解纷新实践

公证制度作为中国社会主义法律制度的重要组成部分，既是预防性司法证明制度，也是社会纠纷多元化解决的基础性司法资源。在人民法院指导下，探索金融债权在线赋强项目，更充分地发挥公证作为矛盾预防的“第一道防线”和人民法院作为纠纷解决“最后一道防线”的协调效应，同时，通过引入调解程序，更加多元化地解决互联网金融债权纠纷。

在金融债权在线赋强项目的探索中，法院的司法指导职能得到最大限度运用、发挥。正是在司法指导下，才形成了“事前指导”“事中监督”“事后裁判”的全流程金融债权纠纷多元化解决新机制、新模式。

在线赋强公证既是一项新型司法辅助事务，也是一项前海金融与公证融合创新探索。项目的成功探索，将为前海金融机构提供多元化纠纷解决机制，为前海金融改革创新提供强有力的司法行政公共法律服务支持，为人民法院疏解案源、探索诉源治理新模式，为前海营造法治化营商环境，提供可复制可推广的经验。

B.13
社会信用体系建设的前海样本

前海信用课题组*

摘　要： 近年来，前海逐渐形成了具有区域特色的社会信用体系建设经验。特别是2018年来，前海深入总结拓展“前海模式”，以制度创新为核心，推动以信用为基础的改革和创新，引领高质量、高速度发展，已具备开展信用建设改革创新的基础和条件。基于此，深圳前海申请创建广东省信用经济试验区。前海自贸区在信用体系、公共信用平台、企业信用画像等方面取得了一系列成就，未来要沿着创建前海信用经济试验区的方向不断努力。

关键词： 信用体系　自贸区　前海模式

现代市场经济是信用经济。前海发展是中国社会主义市场经济建设的缩影。习近平总书记指出，“诚信是市场经济的基石”。近年来，前海逐渐形成了具有区域特色的社会信用体系建设经验。特别是2018年来，前海深入总结拓展“前海模式”，以制度创新为核心，推动以信用为基础的改革和创新，引领高质量、高速度发展，目前已具备开展信用建设改革创新的基础和条件。基于此，深圳前海申请创建广东省信用经济试验区。2018年8月国务院督查组到广东督查，前海专门报告了社会信用体系建设情况以及创建“信用经济试验区”的设想，得到督查组的高度肯定和关切，明确表示支持

---

* 课题组成员：李燕、梁旭斌、李鹏辉。执笔人：梁旭斌，前海管理局干部。

前海创建信用经济试验区。2020 年 5 月，广东省发展改革委发布《2020 年广东省社会信用体系建设工作要点》，支持开展信用建设地方特色探索，支持前海创建广东省信用经济试验区。

一 社会信用体系建设取得的成就

持续探索创新社会信用体系“前海模式”，社会信用体系建设创新走在全国前列。一是全面完善顶层设计。积极向国家部委争取设立信用经济试验区，向国家发展改革委上报《前海创建信用经济试验区工作方案》；推动出台《前海蛇口片区社会信用管理服务办法》和《前海贯彻落实〈国务院办公厅关于加快推进社会信用体系建设 构建以信用为基础的新型监管机制的指导意见〉行动方案（2020～2022 年）》。前海发布了全国首份针对自贸片区社会信用发展情况的信用白皮书以及社会信用指数。二是前海公共信用平台（三期）正式开始上线运行。三是加入国家“信易＋”联盟，依托国家“信易＋”联盟，推进“信易租”，前海初创企业首年用于办公设备的成本大幅下降 85%，可减免金额超过 2500 万元，；推进“信易贷”，为 300 多家前海企业提供 13 亿元基于信用的预授信额度；推出“信用服务企业办税”。四是率先实现信用信息及评级状况在管理局外监管机构的应用。会同前海税务局，通过五大类 16 项举措，实现基于信用的精准纳税服务和监管，为构建以信用为核心的新型市场监管机制先行示范。

（一）积极争取国家发展改革委支持，创建信用经济试验区

前海已具备在信用建设领域为全省先行先试改革创新的条件和基础。前海开发的“前海跨部门协同监管平台”获国家发展改革委、新华社指导颁发的全国信用应用十大实践成果奖，作为广东省的唯一试点区域，加入国家“信易＋”守信激励创新产品与服务联盟。在围绕政府职能转变、“放管服”改革、诚信社会建设等方面，形成了一系列改革创新成果。

一是以制度创新为引领，开展信用服务改革，完善事中事后监管机制。

探索建立以信用为基础的市场监管与服务机制；完善跨部门协同监管机制，搭建跨部门协同监管平台，汇集70余个政府部门、行业协会以及第三方征信机构，涉及16万余家企业、超过2000万条信用数据；构建“前海企业信用画像”，按照风险等级不同，对前海监管范围内的企业评定了A、B、C、D四个等级，并探索实施信用分类监管和守信激励。与前海税务局联合推出前海信用税收十大创新举措，为综合执法部门提供1.3万余家前海企业实际经营地址；建立“暴力虚开”纳税人风险分析处置新模式，成功避免虚开发票1.63亿元和新增欠税2765万元。

二是构建守信激励、失信惩戒的信用服务格局。依托国家“信易+”联盟推进“信易租”。前海初创企业首年用于办公设备的成本大幅下降85%；推进“信易贷”，为300多家前海企业提供6亿多元基于信用的预授信额度；建设“信用前海”微信公众号，打造公共信用服务平台，基本建立以“大数据、大平台、大联动”为支撑的信用服务体系，为事中事后监管提供了有力支撑。

三是信用产业集聚明显。微众银行、招联消费金融、平安科技、腾讯征信等众多行业领先的市场机构落户前海，聚集近600家信用服务类机构，2018年纳税总额超过2亿元。推动跨境信用合作，与香港最大的个人征信公司环联资讯建立合作渠道，推进香港征信机构在前海开展业务。国内自贸试验区中，前海形成信用服务机构聚集度高、业态较为完整的发展局面。

（二）研究编制社会信用管理服务办法，推动前海信用制度创新

一是出台前海蛇口自贸片区社会信用管理服务办法。作为前海信用领域的首部规范性文件，围绕社会信用体系、企业信用分类监管、企业信用联合奖惩，在园区建设、事中事后监管以及相应政策扶持等方面以信用为手段，为自贸片区建立以信用为核心的事中事后监管体系和信用服务提供制度保障。《前海蛇口片区社会信用管理服务办法》涉及的内容主要包括管理信用信息、信用协同监管、信用激励与惩戒、信用数据交换、信用服务应用、信

用市场与信用社会建设等内容。

二是出台《前海贯彻落实〈国务院办公厅关于加快推进社会信用体系建设 构建以信用为基础的新型监管机制的指导意见〉行动方案（2020～2022年）》。提出创新事前环节信用监管、加强事中环节信用监管、加强事后环节信用监管、强化信用监管与服务的支撑保障、争取开展信用经济试验、构建产业协同发展机制等六大板块20条行动措施。核心是深入推进“放管服”改革，进一步发挥信用在创新监管机制、提高监管能力和水平中的基础性作用，更好地激发市场主体活力，推动前海高质量发展。

三是推进信用服务综合改革。前海印发实施《中国（广东）自由贸易试验区深圳前海蛇口片区信用服务综合改革若干措施》。进一步突出“改革”和“服务”，重点推进信用综合监管改革、守信激励改革、信用跨境跨区域改革、信用服务体制机制改革等四个领域改革，推出信用税收监管与服务、“信易+”守信激励、跨境跨区域信用合作等12项举措。

（三）开发建设前海公共信用平台（三期）

前海公共信用平台（三期）在二期已完成数据归集、统计分析等基本功能基础上，于2019年12月7日正式上线运行。结合国家和省、市对社会信用体系建设的要求，对前海管理局、区内监管部门（如前海税务局、前海法院等）、区内商业银行以及金融机构信用监管现状开展调查分析与需求调研，探索在应用层面对平台进行升级改造，打造兼具舆情监测、风险预警、协同监管和联合奖惩多功能的综合信用信息平台，形成覆盖事前、事中、事后监管的全过程智慧信用监管体系。主要功能特点包括：一是以监管需求为导向，构建“信用+X”综合信用监管平台；二是建设AI智能预警+企业信用画像，助力智慧监管；三是构建“过去—现在—未来”企业全生命周期信用预警体系；四是建立关联风险传导、打造全面企业关系网络，深挖企业隐性风险；五是解决监管迫切痛点，建立企业地址大数据库，便利寻找“失联企业”。

前海公共信用平台集中了深圳市70多个政府部门、行业协会以及第三方征信机构，涵盖自贸片区16万家企业超过2000万条信用数据。打造兼具舆情监测、风险预警、协同监管和联合奖惩的多功能综合信用信息平台，形成覆盖事前、事中、事后监管的全过程智慧信用监管体系。结合“双随机、一公开”，帮助政府监管部门识别重点监管对象，累计向深圳市发展改革委、市场监督管理局、公检法、海关等15个政府部门以及前海管理局内部共开通监管账号超过100个，累计查询次数超27000次，在此基础上已先后开展了针对交易场所、涉众案件、融资租赁、商业保理、互联网金融等多次专项清查。

（四）优化完善“前海企业信用画像”

一是充分汇集企业在经营过程中产生的政府行为信息，对大数据监管模式等内容进行重点研究，构建“前海企业信用画像”。“前海企业信用画像”主要从不良行为及贡献、行政处罚等三个方面的评定刻画来对自贸区内的企业风险等级作出分级，同时建立了企业风险预警模型，有效帮助监管部门根据信用评价结果精准投放执法力量，提高了监管效率。

二是利用大数据分析手段，深入拓展“企业信用画像”评价模型应用，建立与前海公共信用平台功能相结合的跨部门综合信用监管机制，率先与前海税务局合作，联合推出前海信用税收十大创新举措；联合市场与质量监管、公安、税务、司法、综合执法等部门，实现线上信息互通、线下执法互助的有机联动，探索执法信息共享、智能执法工作。

（五）开展前海P2P专项排查工作

2018年下半年，信用中心认真应对国家互联网应急中心与市金融办要求，对前海涉及702个P2P平台（658家企业）开展信用信息查询，提供企业的基本信息、注册地与经营地、失信被执行人、工商异常、公安涉案等信息，高效完成问题企业排查工作。通过平台开发的工商变更、法院立案等信息订阅，以及舆情动态检索等功能，对目标企业风险状况实现长期跟踪观测，为前海金融维稳工作发挥积极作用。

（六）发布前海信用白皮书及前海信用指数

一是编纂前海蛇口自贸片区信用白皮书。在前海“127”成果发布会上正式对外发布。内容包括前海社会信用体系建设基本情况、全面搭建信用体系机制、前海信用建设制度创新、前海信用建设发展比对、信用监测主要情况比对、前海信用指标体系、前海信用体系建设展望等板块内容。

二是重点发布前海社会信用指数。在前海政务诚信、商务诚信、社会诚信和司法公信等四大领域，通过测度前海信用制度建设情况、信用基础设施建设情况、信用监管体制情况、信用市场发育情况、信用文化宣传教育等，形成前海信用指标体系，发布前海信用指数，全面系统地评价前海信用建设情况和成效。

（七）推动“信易+”守信激励创新产品服务，打造前海信用惠企产品体系

2018年6月，国家发展改革委成立“守信激励创新产品与服务”联盟（“信易+”联盟），广东省内成为试点区域成员单位的地区仅有前海自贸片区。在前海范围内，开发挖掘守信用信场景，为守信企业在租赁、贷款、行政服务等领域提供更优质便捷的服务。联合大型金融机构、信用服务机构，拓展信用在企业融资服务、行政服务、办公设备租赁等领域的应用，为守信主体降低创业运营成本。

一是推出“信易贷”。联合中国工商银行、招商银行等区内金融服务机构，通过共享企业信用数据或联合建模的方式，为自贸区内中小企业设计纯信用金融产品，为信用良好企业在利率、贷款期限等方面提供优惠产品，旨在缓解小微企业融资难、融资贵问题。累计通过企业“信易贷”申请2600笔，授信金额13亿元。会同招商银行推出前海“信+”案例，获前海优秀金融创新案例。

二是推出“信易租”。为守信主体提供优惠便利的免押办公设备租赁服务，通过租金月付、随租随还等形式，为初创企业降低启动成本。同步将

“信易+”前海模式推广到周边区域，已推广至深圳市所有卓越物业所管辖的区域，以及正中物业、众创力合孵化园区、深湾科技（软件产业园片区）等。推动前海金控公司与国家“信易+”成员单位凌雄租赁合作，合作客户数544个，订单金额超过2500万元，授信金额近4000万元。

三是创新开展“信易托”。自2020年1月起，与前海某公司实时共享前海企业信用评价结果，申办企业实时信用评价结果为A，可在网上免予提交企业实际经营地址证明材料等文件资料进行申办，提升信用优质企业办事便利度。

（八）推动信用税收监管和服务创新

2019年3月，会同前海税务局共同发布《前海蛇口自贸片区信用税收白皮书》，并协助成立“前海信用税收服务中心”，在纳税服务及信用监管上进行创新探索，打造税收信用体系，对守信企业提供便利服务，对信用不良企业加强监管，着力推动信用服务综合改革。推出信用税收“十大举措”，依托前海企业信用画像、深圳市税务局纳税信用等级评定情况，建立评价结果互认及应用机制，探索实施对前海企业开展以信用为核心的“放管服”措施。

自信用税收工作运行以来，已为“双A企业”优先办理涉税业务258笔，平均办税时间缩短75%，风险管理成效提升30%以上。对双A企业实现了快速审批，共节约企业等待时间7104小时。同时，征管部门加大对失信企业的打击力度，通过风险模型定期进行大数据扫描并开展风险应对，风险识别命中率达85%以上，让失信纳税人无处遁形。

（九）促进信用服务行业集聚与发展

微众银行、招联消费金融、平安科技、腾讯征信等众多行业领先的市场机构落户前海，聚集超过600家信用服务类机构，2019年纳税总额超过2.2亿元。前海积极培育区内信用服务行业发展。推动信用服务行业龙头企业集聚。通过信用数据采购、信用产品应用、信用课题研究等方式，前后分别与壹账通科技（平安）、中国工商银行、前海数据等一批优质的第三方信用服务机构开展合作，形成了政府—市场机构信用共享共建的良好态势。

二　社会信用体系建设发展规划

（一）加强顶层设计，制定前海信用“十四五”规划

贯彻落实国家、省、市信用建设最新工作部署，进一步构建以信用为基础的新型监管机制。争取国家部委支持，继续创建信用经济试验区。制定前海社会信用体系建设“十四五”规划，着力推进信用领域的制度创新、先行先试。推动前海社会信用管理服务办法、《前海贯彻落实〈国务院办公厅关于加快推进社会信用体系建设　构建以信用为基础的新型监管机制的指导意见〉行动方案（2020～2022年）》等有关文件实施。

在前海信用“十四五”规划的基础上，率先制定前海蛇口自贸片区2020年社会信用体系建设工作要点。从主要任务看，工作要点共涉及5个板块、28项具体工作内容，明确了具体任务分工和完成时限。主要任务包括健全覆盖前海蛇口自贸片区的信用体系、推进“信用+”、深化“放管服”改革、强化信用服务市场经济改革、推动信用监管创新等五个方面。一是健全覆盖前海蛇口自贸片区的信用体系，强化信用信息归集共享，共有5项内容。二是推进“信用+”，服务前海经济社会健康发展，共有5项内容。三是围绕深化“放管服”改革，构建以信用为核心的新型市场监管机制，共有7项内容。四是强化信用服务市场经济改革，支持发展信用经济，共有6项内容。五是推动信用监管创新，加快构建诚信廉洁前海，共有5项内容。

（二）以前海公共信用信息平台为支撑，全面推进信用联合奖惩和分级分类监管

根据国务院办公厅《关于加快推进社会信用体系建设　构建以信用为基础的新型监管机制的指导意见》（国办发〔2019〕35号）中“加强信用

监管为着力点，创新监管理念、监管制度和监管方式，建立健全贯穿市场主体全生命周期，衔接事前、事中、事后全监管环节的新型监管机制”等有关要求，重点推动公共信用平台三期全部功能开发，制订《前海企业公共信用评级细则》，推进联合奖惩和分级分类监管在公共管理部门场景的应用，2020 年内实现不少于 3 个应用场景落地。

联合奖惩和应用场景包括激励场景和惩戒场景。激励场景适用对象为红名单企业或信用 A 级企业，惩戒场景适用对象为国家、省、市黑名单企业及前海失信企业和个人。

其中，联合奖惩方案已经确定。一是联合奖惩应用事项清单。依据国家、省、市及前海有关法律、制度、规章及规范性文件进行梳理，共梳理出前海范围应用事项清单 18 项，市级应用事项清单 5 项。二是联合奖惩对象具体名单的确定。依据前海制度文件，认定失信或守信人，形成奖惩名单，共梳理出前海联合奖惩名单 18 类，市级联合奖惩名单 5 类。三是奖惩措施的确定。本次确定实施的前海联合奖惩措施共 18 项，其中奖励措施 3 项，惩戒措施 15 项。市级奖惩措施共 5 项，惩戒措施 5 项。在内容上有三个方面的特点。一是确定具有前海特色的联合奖惩应用事项，有效增加监管抓手。在国家级与市级联合奖惩事项基础上，根据前海各部门事权和管理需求，梳理出前海范围内的应用事项清单，可以为各部门监管增加有力抓手。二是惩戒措施有明确的制度规范依据，可有效防范监管法律风险。此次前海联合奖惩措施的制定，均依据国家或前海有关具体法律法规要求，前海应用事项以限制补贴优惠为主，并未增加企业法律法规之外的义务，监管法律风险小。三是率先启用插件小程序，破解系统对接难题。由于前海蛇口自贸片区行政关系的特殊性，在系统使用方面存在市级或国家级的垂直系统，为解决系统对接难题，采用专门技术手段与各行政审批系统进行定制化开发，定向捕捉行政审批系统的屏幕信息，通过统一社会信用代码或身份证号码自动与红黑灰名单库进行对比，推进守信激励和失信惩戒机制的建立。

（三）发起全国自贸片区信用合作倡议

在全国自贸片区创新联盟框架下，发起全国自贸片区信用合作倡议，围绕信用平台互通共建、拓展信用应用场景、强化社会信用体系建设研究、协同加强全国自贸片区信用成果宣传、培育信用服务机构发展等方面，搭建全国自贸试验区在社会信用体系建设领域合作沟通的纽带和桥梁。

（四）借助市场力量打造信用 + 金融平台，形成覆盖企业生命周期的融资速配模式

拟与市场信用服务机构平台充分合作，在数据保密的前提下进行企业信用数据共享，打造集风投、银行、担保、小贷及其他金融服务形式为一体的“信用 + 金融”平台，运用技术手段快速匹配不同生命周期的企业融资需求，通过该平台提供一站式金融服务，推动“信易贷”“信易租”“信易融”“信易保”“信易投”在前海全面落地。

（五）发布前海信用蓝皮书和社会指数

在国家《社会信用体系建设规划纲要（2014～2020 年）》收官之年及新一轮信用建设规划发布之际，在信用白皮书经验基础上，发布前海信用蓝皮书，总结前海信用建设四年成果。将信用白皮书和信用指数发布模式复制推广至其他自贸区及有关区域，探索建立自贸区信用指数标准。从政务诚信、商务诚信、社会诚信和司法公信等方面总结前海信用体系建设情况，并从前海信用制度、信用基础设施、信用监管体制、信用市场、信用文化宣传教育等方面强化前海信用指标体系，评估前海信用经济发展状况。

（六）加强前海信用文化宣传培训，举办全国性信用论坛

制订前海信用系列宣传方案，通过前海展示厅、纸媒、自媒体等渠道，加强前海信用体系建设成果的有形展示和推广，介绍前海信用服务和信用管理举措，提高前海信用品牌度、知名度，打造前海最佳营商环境。争取在前海举办全国性信用论坛、峰会等高水平会议，常态化举办信用沙龙、信用相关培训等有关活动。

三　未来展望

（一）在前海合作区总体发展规划框架内创建信用经济试验区

构建以信用为基础的新经济形态，积极培育企业征信、信用评级、信用担保、信用管理咨询等专业服务机构，加大对信用服务行业的扶持力度，吸引一批国内、国际知名机构落户前海，推动信用服务行业集聚发展。建立前海企业信用评价制度，制订企业信用分类标准，推进个人信用数据库建设，打造覆盖全区域的征信系统，争取设立国家信用经济试验区、广东省信用经济示范区。未来改革方面，一是在政府监管层面，加快构建以信用为核心的新型市场监管机制。通过建立完善的信用制度体系，深入推进政府职能转变，发挥信用在政府事中事后监管中的作用，提升企业依法依规办事的合规度，包括推动前海企业信用评价全覆盖、推进前海信用制度创新、开展信用监管改革创新、推动信用公共服务改革。二是加强信用在服务市场经济建设中的广泛应用。打通政府与市场之间的数据壁垒，推动信用数据在市场信用交易领域的广泛应用，提升企业和个人的办事效率和便利度，包括开展信用修复制度创新、推动信用投融资改革、推动信用市场服务创新。三是推动信用服务产业融合集聚发展。通过提升市场交易的诚信度、要素流动的自由度，进一步集聚信用服务机构，发展信用服务行业，促进信用产业发展，包括在信用领域应用区块链技术、支持跨境信用合作、推动信用服务行业和产业集聚发展。

（二）争取在综合授权改革背景下探索信用经济试验权

争取国家授权中央驻深税务机关、贸易监管机构、金融监管机构，在前海范围内探索对高信用企业实行税收激励、融资激励，实现高信用等级企业综合税负降低10%、综合融资成本降低20%。建议如下：一是基于前海企业信用评级体系，允许对高信用等级企业（前海管理局企业信用评价、前海税务局纳税信用评级均为A的企业）合理降低税率，延长免税、优惠税率实施期限，实现综合税负降低10%；二是鼓励银行、券商、担保、风投等金融机构，以前海信用评级报告和信用档案作为信用资产的依据，对前海高信用等级企业降低资产要求等准入门槛，降低贷款利率、增加贷款年限，实现综合融资成本降低20%；三是建立对高信用企业的税收补贴、融资补贴制度，为优质创新创业企业提供信用融资、信用担保等信用金融产品及信用金融解决方案。

（三）在粤港澳大湾区规划下，支持跨区域信用合作创新，推动信用联动发展

一是开展粤港澳大湾区跨区域合作，推动建立粤港澳大湾区信用合作联盟、自贸试验区信用建设发展联盟，在信息共享、奖惩联动、理论研究、教育培训等方面开展合作；二是在粤港澳大湾区内开展跨区域信用联合奖惩，与自贸试验区、重点产业园区等开展跨区域风险防控，构建以信用为核心的新型监管机制，开展信用服务合作，推动信用跨区域一体化发展。

（四）探索“信用+政府采购”

建议在政府采购领域，推动信用评价和运用的信息化管理，实施信用嵌入式管理，强化政府采购相关主体的信用意识和诚信行为，构建以信用为核心的全过程监管模式。一是实现采购前投标主体信用筛查、项目实施过程中更新验收情况、项目完成后的验收评价，采购项目资金全流程的可视化管控，并通过相关数据梳理与金融机构合作开发政府采购贷款产品。二是以前海政府采购为试点，在前海公共信用平台（三期）的基础上，开发信用嵌入式管理模块，强化前海政府采购的合规性。

（五）推动在基础工程建设、扶持政策等重点领域实施信用嵌入式管理

以政府采购实施信用嵌入式管理为参照，建议前海管理局、局属公司、

区内相关企业对失信主体进行投标限制，并逐步推广至前海基础工程建设、扶持政策发放等领域，助力前海政务廉洁和商务诚信建设，推动中小企业通过政府守信履约融资发展。

（六）推动设立信用服务业发展专项扶持资金，制定前海信用服务业发展专项扶持资金管理办法

每年从前海管理局产业发展资金中安排相应预算，重点支持在前海从事信用基础设施建设、信用社会治理、商务诚信构筑、信用金融产品开发、守信营商环境建设等信用服务领域的企业及社会组织。对优质企业机构落户给予30万~200万元的补贴，对信用专业人才发展给予3万元的扶持，对行业协会发展给予30万元的扶持。对信用产业基地提供运营补贴，对基础设施与技术研发、信用咨询、信用报告使用、信用贷款担保给予相应专项扶持。

（七）加强前海产业发展资金管理，采取信用监管和服务措施

一是在产业发展资金管理办法中增加“对失信被执行人及其法定代表人或负责人，在履行义务前，不予享受相关资金扶持政策”的有关规定；二是在产业发展资金管理框架下，确定前海不诚信主体名单，五年内取消其享受前海产业发展资金扶持资格；三是在资金申报管理过程中，对连续四个季度及以上在前海信用分类定级中被评为A级的申报单位，可享受“绿色通道”和“容缺受理”等便利服务措施。

（八）建设前海信用领域若干重点平台、重大项目

一是建设智慧政策扶持平台，针对企业在政策信息获取、解读、申请等方面存在的痛点，帮助企业更方便地了解国家和地方政府推出的相关优惠政策。通过开发搜索政策库，设置准确的标签体系，将政府相关政策、优惠和支持向企业精准传递。二是建设税金贷平台。进一步打通中小微企业、金融机构与税务部门之间的信用、融资信息共享共用渠道，提高金融服务实体经

济质效，联合税务部门，通过金融手段助力实体经济发展，帮助解决中小型企业的融资问题。三是建设政府采购信贷服务平台，发挥政府采购在融资中的增信作用，降低中小微企业获得信贷的门槛，拓宽融资途径，降低融资成本，缓解中小微企业特别是中小型供应商融资难融资贵的问题。

（九）推动将信用有关数据、报告纳入前海经济发展指标体系和统计报告

报送前海信用季度、年度分析报告，优化完善前海社会信用指数。服务前海统计指标体系优化完善，争取在前海经济发展统计报告中增加信用建设板块，设置部分信用类统计指标，强化信用服务企业的功能和作用，反映前海企业基本信用状况，以信用数据支撑前海经济决策和政策制定，在前海经济发展中发挥积极作用。

B.14

前海廉洁状况评估报告（2018～2019）

前海廉政监督局课题组*

摘　要： 2018～2019年，前海廉洁指数总得分为86.56分，比往年得分又有一定提升，表明前海已经具备了良好的廉洁生态环境。本次评估结果表明，前海廉洁状况已属于高绩效表现的区域。同时，问卷调查反映：公众对投诉程序不甚了解，实名举报率不高；参与消除腐败治理的途径较少；办事托关系和请客送礼等现象虽少但仍有偶发；对消极腐败现象容忍度较高。

关键词： 廉洁　腐败治理　腐败容忍度

自2010年前海合作区成立以来，国家先后赋予前海“深港现代服务业合作区、自由贸易试验区、社会主义法治示范区、粤港澳深度合作示范区”等16项重要使命。国务院统筹设立了由33个国家部委和香港、澳门特区政府参与的“前海部际联席会议”，推动形成了一批“比特区还要特”的先行先试政策体系。10年来，前海实现了翻天覆地的变化，片区经济总量在千亿能级持续提升、制度创新走在全国前列、深港合作成果丰硕、产业等实现跨越式发展。大湾区核心引擎作用，初步显现。

---

* 课题组成员：李伟杰、何平、李伟建、江培敏。执笔人：何平，前海廉政监督局预防腐败处处长；李伟建，前海廉政监督局预防腐败处副处长；江培敏，前海廉政监督局预防腐败处工作人员。

2010年2月，深圳市批准设立深圳市前海深港现代服务业合作区管理局（以下简称前海管理局，挂深圳市前海湾保税港区管理局牌子）。前海管理局依法负责前海合作区的开发建设、运营管理、招商引资、制度创新、综合协调等工作。为履行以上职能，前海管理局按照精简高效的原则，设立内设机构15个，下设机构1个。前海管理局总员额为122人，组织架构高度精简，实行大部制、扁平化运作，职能上对应市直多个部门单位。管理局下辖3家直属企业（前海投控、前海金控、前海科控），作为企业化运作的平台和抓手；与招商局集团成立合资公司，共同推进自贸新城建设。此外，前海e站通服务中心按“充分授权、封闭运作”原则，集中受理下放的中央、省、市管理权限，同时为驻区机构提供集中派驻办理平台，实现“一口受理、一网服务、一门审批，一颗印章对外”。

前海廉政监督局于2013年5月8日正式挂牌成立。该局是根据《深圳经济特区前海深港现代服务业合作区条例》设立的专门监督机构，也是深圳探索基层廉政监督体制机制的创新产物。作为深圳市委市政府行政机构，该局负责前海深港现代服务业合作区廉政监督工作，归口市纪委管理，按副局级建制，内设案件调查处、预防腐败处（社区工作处）和综合组等3个部门。前海廉政监督局现有公务员编制14名。该局按照“人员统一管理、职权依法行使、监督形成合力”的模式，根据“以惩处为保障，以制度为关键，以诚信为基础，以法治为根本，以廉洁为目标”的工作思路，努力探索建立与中国政治体制相适应、与惩防腐败体系相衔接、与现行法律制度相配套的廉政监督机制，致力于打造廉洁、高效、公平、公正的法治化营商环境，为前海开发开放保驾护航。

2018年4月23日，中共深圳市前海合作区纪律检查工作委员会正式挂牌成立，同年7月4日，深圳市监察委员会派出的前海深港现代服务业合作区监察专员办公室正式挂牌成立，实现对前海党员干部和全体公职人员的监督全覆盖。2019年初，前海检察院原反贪部门人员完成转隶。至此，前海廉政监督机构实现了纪工委、监察专员办、廉政监督局“三块牌子、一套人马”。

一　前海廉洁建设概况

前海廉政监督局立足前海实际，聚焦改革创新，扎实推动前海党风廉政建设和反腐败斗争取得实效。

牢牢把握政治机关的根本属性。一是以学习贯彻习近平新时代中国特色社会主义思想为主线，深入开展“不忘初心、牢记使命”主题教育。抓住总要求，深入学习教育、调查研究，检视、整治问题，主题教育效果明显，强化了理论武装，明确了目标方向。二是坚持开展“三会一课”、专题学习、第一议题学习，引导全体干部读原著、学原文、悟原理，对表对标纠正偏差。三是“整治形式主义、官僚主义”，狠抓作风建设。全面部署动员，向基层传导压实整治责任，督促“找问题、补短板”，把“为基层减负”贯穿全年。设置“作风问题投诉举报专区”，对作风投诉全部进行核查，解决了一批影响前海营商环境、涉及前海群众切身利益的问题。

紧紧抓住“监督执纪问责”这个“金箍棒”。2018 年以来，以工程建设、土地管理、资金使用等重点领域的廉政风险防控为重点，探索常态化、近距离、可视化的日常监督新路子。聚焦关键人物和重点领域，正风肃纪反腐，严惩黑恶势力“保护伞”。2018～2019 年受理信访举报 87 件，贯通运用监督执纪“四种形态”，谈话函询 67 人次，立案 3 宗 3 人。突出政治监督，强化党内监督，研究起草加强落实重大决策部署监督的工作办法。组成专项监督检查组，赴汕尾市就前海对口扶贫工作实施专项检查，对前海管理局及局属公司工会经费管理实施专项检查。组织“一把手”述责述廉，强化“一把手”提醒谈话，开展新任“一把手”集中约谈等。

以改革创新引领纪检监察工作高质量发展。着力构建“防止利益冲突和财产公示”两大预防腐败基石。一方面，深化“防止利益冲突”制度执行，任前审查、离职审查、定期抽查等全面铺开。2018 年，对发现存在利益冲突的 7 名干部进行谈话提醒并责令纠正，其中调整职务 1 人。2019 年，防止利益冲突任前审查 28 人次，离职审查 3 人次。因违反利益冲突规定，诫勉1人，出具影响提拔意见2人次。积极推进信息化手段在廉政工作中的应用，领导干部廉政档案系统、利益冲突申报监管系统、廉政舆情监测系统等一批新平台上线运行。突出抓好廉政宣传，结合纪律教育月活动，深入开展警示教育，制作播放一批廉政宣传公益广告、防止利益冲突系列微视频等。2018年开展“前海公职人员行为指引”“‘金融监管沙盒’模式与前海廉政监督的借鉴和应用”等专题调研。2019年完成前海处级干部任前财产公示课题研究，制定鼓励先行示范改革创新、强化容错纠错制度，设置“容错正面清单”，为前海领导干部担当作为、干事创业撑腰。同时，前海国有金融企业创新型内审机制、前海廉洁发展规划纲要、廉洁状况评估等课题项目基本完成。强化交流合作，与前海检察院签署《关于建立公益诉讼工作协作机制的意见（试行）》，与深圳大学廉政研究院签署合作协议，联合开展前海私营机构反腐败管理咨询相关课题研究。研究落实建设先行示范区、粤港澳大湾区相关文件精神，推进粤港澳大湾区廉政机制协同开端良好。

二　前海廉洁指数构建

（一）指标构成与评价模型

前海廉洁指数的设计综合借鉴了中央纪委国家监委印发的《纪检监察统计分析指标体系（试行）》、《前海兼洁状况白皮书（2016）》、中山大学廉政与治理研究中心的《广东廉情评估蓝皮书》、香港廉政公署的年度调查问卷和电话、入户调查问卷、透明国际的全球清廉指数（Corruption Perceptions Index）、世界银行全球营商环境报告（Doing Business 2019），结合前海廉政建设的实践，采用政府绩效评估中经典的投入—过程—产出—结果四维分析框架，旨在系统全面地反映前海廉政工作的客观绩效。

前海廉洁指数由腐败控制指数（Corruption Control Index，CCI）、腐败机会指数（Corruption Opportunity Index，COI）和清廉感知指数（Public Corruption Perception Index，PCPI）三部分组成。图1是前海廉洁指数的内在逻辑。对廉洁状况的评估是制定反腐败战略和政策的重要基础，聚焦反腐败工作机制的完善性和作用成效的显著性，既考察反腐败机构的工作内容和绩效表现，又关注反腐败工作所处的环境和带来的深层影响，包括反腐败机会和清廉感知。腐败控制指数旨在客观评价前海反腐败的努力程度、对腐败易发多发领域的治理以及惩治腐败的实际产出。腐败机会指数旨在对前海通过减少自由裁量度、提高市场化程度和信息公开程度进行测量，从而达到减少腐败机会的目标。清廉感知指数旨在测量前海公职人员、企业和公众对前海公共机构及其工作人员腐败程度的感受、态度和评价。

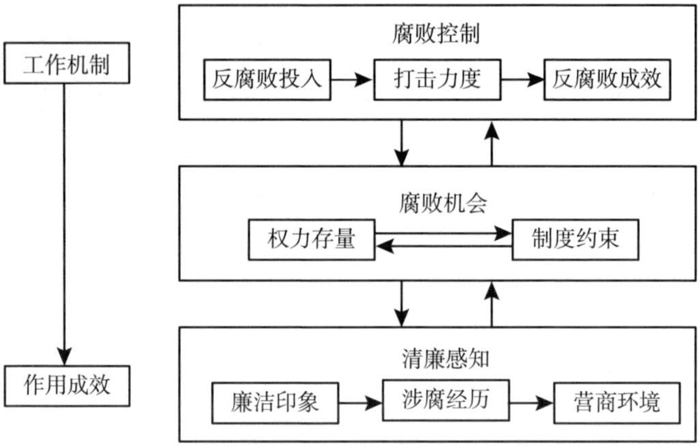

图 1　前海廉洁指数的内在逻辑

前海廉洁指数共包括 3 个一级指标、19 个二级指标和 56 个三级指标。采取百分制，各级指数得分根据加权平均法计算得出，越接近 100 分表示廉洁程度越高。

1. 腐败控制指数的指标构成

腐败控制指数由 10 个二级指标构成，聚焦反腐败工作的投入、过程和直接产出。详细内容参见附表 1。

指标 1：人力投入

统计纪检监察工作人员的数量和专业性，通过纪检监察工作人员的相关工作年限测量工作人员的专业工作经历和工作能力。纪检监察干部队伍建设是纪检监察工作高质量发展的基本要求。

指标2：财政投入

展示纪检监察工作获得财政支持的程度，具体测量纪检监察机关经费占地方财政支出的比例。

指标3：廉政宣传教育

衡量纪检监察机关在廉政宣传和教育上的投入和成效，有助于营造风清气正的政治生态和营商环境，包括开展内部廉洁教育活动的次数、开展廉洁从业指引的覆盖率、开展廉政宣传的资金投入和开展教育提醒日常约谈的人数等4个指标。

指标4：人事任用

通过人事任用过程中的公开和公平程度测量人事任用是否存在腐败漏洞和廉政风险点，包括录用法定机构工作人员是否公开公平、提拔法定机构工作人员是否公开公平等2个指标。

指标5：工程建设

通过工程建设过程中的合法合规性、透明度和违规情况测量工程建设是否存在腐败漏洞和廉政风险点，包括违规转包、分包和挂靠的工程数量以及定标过程是否合法合规、限额以下工程管理的透明度等3个指标。

指标6：土地管理

通过土地管理过程的公开性和透明度测量土地管理是否存在腐败漏洞和廉政风险点，包括经营性土地出让公开招拍挂的占比和临时用地、国有未出让土地管理的透明度等2个指标。

指标7：政府采购

测量政府采购过程的公开和公平程度，找准廉政风险点。

指标8：资金发放

测量政策性资金和人才补贴发放的公开和公平程度，找准廉政风险点。

指标9：举报投诉处理

通过公众举报和投诉的实际表现衡量公众反腐败参与的意愿和对反腐败工作的支持程度，具体包括公众实名举报率、公职人员因贪污受贿问题被投诉的宗数、公职人员因作风问题被投诉的宗数等3个指标。

指标 10：四种形态

对反腐败力度和成效作出客观评价，包括开展“红脸出汗”批评和自我批评、约谈函询的人数，受到党纪轻处分、组织调整的人数，受到党纪重处分、重大职务调整的人数，严重违纪涉嫌违法立案审查的人数，立案查处的腐败涉案人数，大案、要案占全部查办案件的比例等 6 个指标。

2. 腐败机会指数的指标构成

腐败机会指数由 2 个二级指标构成。腐败行为的产生与腐败机会的出现密切相关。消除支撑和加剧腐败的制度性渠道才能真正实现不能腐的治理目标，提高廉政制度防范的适应性。

指标 1：自由裁量度

评估政府缩小自由裁量权的力度，减少行政权力的过度干预，达到约束和监督权力的目的，具体评估行政执法自由裁量数占行政执法数比例。

指标 2：信息公开程度

评估政府人员、政府活动与政策过程实现公开透明的程度，通过权力公开透明运行实现对权力的约束和监督。具体测量政务信息公开的水平。

3. 清廉感知指数的指标构成

清廉感知指数通过测量公众对廉洁理念、经历、实际参与、满意度和信心等评估廉政工作的实际绩效，是准确掌握政府及其工作人员清廉状况、解决反腐败斗争的信息不对称悖论的有效工具，也是精准调整和优化反腐倡廉策略的重要途径。清廉指数主要由廉洁感知、腐败接触、腐败容忍度、反腐败参与度、反腐败满意度、反腐败信心和营商环境等 7 个二级指标和 28 个具体的三级指标构成。

指标 1：廉洁感知

评估公众对腐败状况的总体印象与评价，具体测量公众对前海片区廉洁程度的总体印象、对前海管理局公权力约束的总体印象、对前海公职人员存在腐败问题程度的评价、对前海企业存在腐败问题程度的评价等 4 个具体指标。

指标 2：腐败接触

测量公众实际接触腐败的直接经历。一方面评估公众或其家人朋友在前海接触托关系、主动送礼、被暗示索取好处和被明示索取好处等4类主要的腐败行为情况，在办理企业注册、人才安居房申请、外商投资、土地出让、工程招投标和产业资金申请等具体业务时的腐败经历。

指标3：腐败容忍度

腐败容忍度旨在测量公众对腐败的接受程度。对腐败容忍度的研究有助于揭示社会及其文化内生腐败的重要原因，为社会反腐提供参考依据。了解公众的腐败容忍度有助于理解廉政建设所处的社会环境，赢得公众支持和改变社会对贪污腐败的态度是反腐败工作取得成功的关键。本次调查通过6个指标测量腐败容忍度。其中，前5个指标分别询问公众对公职人员公车私用、利用职务之便为亲属或子女找工作、协助亲属朋友招投标、接受服务对象请吃饭或接受服务对象钱财等腐败或类腐败行为的接受程度，最后一个指标询问公众对贪污腐败行为的总体容忍程度。

指标4：反腐败参与度

公众参与是反腐败过程不可或缺的力量，具有分布广、影响深、渗透力强等优点。贪污举报是判断公众反腐败信心的风向标。通过举报意愿、实名举报意愿和对举报程序的了解程度测量公众在反腐败工作中的参与度。

指标5：反腐败满意度

反腐败满意度体现公众对政府反腐败与廉政建设的评价。提高公众的反腐败满意度，有利于促进反腐败的公众参与，提高公众对政府的信任度和对反腐败的信心，营造清正廉洁的社会环境。反腐败满意度测量的是公众对前海反腐倡廉工作、前海公职部门办事效率和公职部门对投诉处理等的满意程度。

指标6：反腐败信心

提高公众对反腐败的信心有利于增强公众对反腐败的参与意愿和实际行动，有利于有效遏制腐败、营造良好的社会风气，对反腐败工作起着稳定器的作用，提高反腐败工作的可持续性和稳定性。通过询问公众对前海廉政监督局和未来反腐败工作的支持程度测量反腐败信心。

指标7：营商环境

良好的法治和反腐倡廉是优化营商环境的基础。通过公众对营商环境的感知和评价评估反腐败成效，具体评估行政审批事项的精简程度、行政审批和政务服务的时效性、营商成本、市场环境公平性和营商环境整体满意度等方面。

（二）数据来源与研究方法

前海廉洁指数涵盖了廉政建设投入、过程、产出和结果全链条的信息，数据来源主要包括三类：①前海管理局、前海廉政监督局提供的工作报告和统计数据等；②政府官网公开可查的文字资料和公开数据；③面向前海管理局、前海廉政监督局、驻区单位和企业开展的实地问卷调查和网络问卷调查数据。课题组通过多元化的数据来源，确保获取准确、全面的统计数据和调查数据，通过数据的交叉检查和确认进一步增强数据的可靠性。具体的数据来源和获取方法参照表1。

表1　前海廉洁指数的数据来源等情况

一级指标	指标类型	数据来源	获取方法
腐败控制指数	人力投入、财政投入、廉政宣传教育、人事任用、工程建设、土地管理、政府采购、资金发放、举报投诉处理、四种形态等相关指标	政府工作报告、统计年鉴、政府公报、政府统计数据、问卷调查数据	政府提供、文献搜索、问卷调查
腐败机会指数	自由裁量度、信息公开程度等相关指标	政府统计数据、问卷调查数据	政府提供、问卷调查
清廉感知指数	廉洁感知、腐败接触、腐败容忍度、反腐败参与度、反腐败满意度、反腐败信心、营商环境等相关指标	问卷调查数据	问卷调查

根据研究目标、指标类型和数据特征，课题组采用既有统计资料分析法和问卷调查法相结合进行研究。就既有统计资料分析法而言，课题组通过前海管理局和前海廉政监督局收集客观反映前海廉政建设投入、过程和产出等环节的统计数据。就问卷调查法而言，课题组根据前海廉洁指数的结构设计

了调查问卷，通过实地问卷调查和网络问卷调查相结合的方式获取前海清廉感知的主观数据，调查范围覆盖前海管理局、前海廉政监督局、驻区单位的工作人员和前海企业人员。

1. 问卷设计

调查问卷主要用来测量受访者的廉洁感知、态度、经历和对前海廉政建设的信心和满意程度，问卷内容分布如下。

（1）廉洁感知

题 1 至题 4 询问受访者对前海廉洁程度的总体印象、前海公职部门权力受到有效监督的程度、前海公职人员和企业行贿受贿现状的评价，采用李克特五级量表进行测量。

（2）腐败接触

包括两部分：其一，题 5 至题 8 询问受访者或家人朋友在前海接触托关系、主动送礼、暗示索取好处和明示索取好处等四类情形的实际经历，采用是/否二元量表测量；其二，题 23 询问受访者在办理税收业务、企业注册、人才安居房、外商投资、土地出让、工程招投标、产业资金申请等具体业务时是否经历过托关系、主动送礼、被暗示或明示索取好处等不道德行为，采用多选的方法进行测量。

（3）腐败容忍度

题 9 询问受访者对具体不道德行为能够容忍的程度，细分为公职人员公车私用、利用职务之便为亲属或子女找工作、协助亲属朋友招投标、接受服务对象请吃饭和接受服务对象钱财等五类行为。题 10 询问受访者对贪污腐败的容忍程度。采用 0～10 级量表进行测量。

（4）反腐败参与度

围绕举报贪污腐败行为开展调查。题 11 至题 12 询问受访者举报或实名举报的意愿。题 13 进一步询问影响举报的原因。题 14 询问受访者自己或认识的人的举报经历。题 15 询问受访者对举报贪污腐败程序的了解程度。

（5）反腐败满意度

题 16、题 18 至题 19 询问受访者对过去一年前海反腐倡廉工作、公职部门办事效率和投诉处理的满意度，采用李克特五级量表进行测量。

（6）反腐败信心

题20至题21询问受访者对前海廉政监督局和未来一年内反腐倡廉工作的信心和支持程度，采用李克特五级量表进行测量。

（7）营商环境

题17、题22通过李克特五级量表测量受访者对过去一年前海营商环境的满意度以及对前海行政审批事项的精简度、行政审批和政务服务的时效性、营商成本和市场环境公平性等维度的评价。

2. 调查过程

课题组采用实地问卷调查和网络问卷调查两种方式开展调查，共收集1818份有效问卷。其中，398份问卷是在前海e站通大厅完成填写，其余的1420份问卷通过网页链接或者二维码方式发放。为提高问卷填答的准确性、有效问卷的完成率和问卷调查的效率，课题组采取了以下质量控制措施。

（1）问卷长度和结构

控制问卷的长度，尽量将问卷填答时间控制在5~10分钟。问卷设计主题明确、结构合理、通俗易懂。采用匿名填答的方式，将内容较多的两个量表以及个人信息的填答放在问卷后半部分，减少拒答率。

（2）问卷调查员培训

培训问卷调查员，详细解释问卷调查的目的、问卷设计的思路、问卷结构、具体问题和选项以及调查流程等，为其与受访者接触和沟通提供指导，开始调查时主动出示调查员证件。

（3）预调查

在问卷调查正式实施前开展小样本的预调查，根据预调查结果对问卷内容和问卷结构进行及时调整和修改。

（4）“必答”设置

无论是实地问卷调查还是网络问卷调查都采用受访者填答网络问卷的形式，通过对网络问卷每一道题设置“必答”要求，避免问卷填答遗漏。同时，在实际调查过程中，发现部分受访者因为拒绝回答个人税后年收入而放弃问卷填答，及时将“2018～2019年您的平均个人税后年收入是多少”设置为非“必答”题。

（5）调查全覆盖，一对一

前海e站通大厅的问卷调查历时五天，采取全覆盖、一对一的方式，负责此次问卷调查的督导全程跟进，现场指导和核实。问卷调查员对进入前海e站通大厅办事的所有人员进行逐一接触，在受访者填答问卷时给予及时解释和指导。

（6）答题次数限制

为避免受访者重复答题，将问卷设置为仅允许单一方式答题，答题设置为“每个微信答题次数限制：只能答题一次”“每台电脑或手机答题次数限制：只能答题一次”。

（7）问卷填答激励

为了激励受访者填答问卷，通过微信红包发放有偿收集问卷，并通过设置“禁止微信右上角分享”控制问卷扩散的速度，避免受访者为了刷红包而分享给非目标群体。

（8）后台实时监控

问卷调查督导对问卷收集后台实行实时监控，及时发现问题，与问卷调查员现场沟通和解决问题。例如，由于腐败容忍度的测量采用0～10级量表，0表示对腐败行为的容忍度最低，即受访者对腐败行为的接受度最低，10表示对腐败行为的容忍度最高。在实际调查过程中，督导根据实时监控结果，指导问卷调查员针对腐败容忍度相关题目为受访者提供必要的解释说明。

3. 分析方法

由于前海廉洁指数是一个多指标、多层次的综合评价，指标涉及范围广，度量标准、数据单位、取值范围均存在较大程度差异，因此不能直接用于指标得分计算，需要对各评价指标的单位进行标准化处理，转换成单位无差、方向一致、值域相同的分数。因此，课题组根据测评指标的类型特点与理论意义，对最低层次的测评指标使用不同的标准化策略和评价方法，将其转化为0～100分范围的评价得分，并且所有指标得分都是分数越高越廉洁，分数越低越腐败。此外，考虑到数据来源的多元性、适用性，课题组邀请十位廉政研究专家，采用德尔菲法对各项测评指标赋予了不同的权重。前海廉洁指数评分分数 T 由各项最低层次的测评指标得分 Q_{ijk} 乘以相应的指标权重 W_{ijk} 加总得到，即：

$$T = \sum Q_{ijk} \mid W_{ijk} \qquad \text{（公式 1）}$$

各项一级指标和二级指标采用逐层求均值的方法得到，即首先在各项测评指标得分基础上采用算术均值算法得到各二级指标的得分 D_{ij}，然后继续采用算术均值算法得到相应一级指标的得分 E_i，即：

$$D_{ij} \frac{\sum_{k}^{k} = 1Q_{ijk}}{k} \qquad \text{（公式 2）}$$

$$E_i = \frac{\sum_{j}^{j} = 1D_{ij}}{j} \qquad \text{（公式 3）}$$

上述三个公式中，i、j、k 分别表示第 i 个一级指标、第 j 个二级指标和第 k 个测评指标，具体取值与相应的指标个数相对应。

（三）调查样本概况

在 2018 ~2019 年前海廉洁指数测评中，课题组总共收集有效问卷 1818 份。围绕性别、年龄、受教育程度、个人税后年收入、海外学习工作背景、工作单位和任职企业所属行业等维度收集受访者的基本信息。

1. 调查样本的规模

本次调查选取的样本除了涵盖前海法定机构工作人员和前海企业人员之外，比往年新增了前海法院、前海检察院和前海税务局等驻区单位工作人员以及前海开发投资控股有限公司、前海金融控股有限公司和前海科创投控股有限公司等局属企业工作人员。其中，样本包括 183 名前海法定机构工作人员（10.07%）、291 名驻区单位工作人员（16.01%）、441 名局属企业人员（24.26%）和 903 名其他企业人员（49.67%）。廉洁指数群体分析进一步将样本划分为两类，即915名前海公职人员和903名企业人员，分别占样本总数的50.33%和49.67%（见表2）。

在企业样本中，从事服务业的受访者比例最高，占企业样本总数的41.86%。从事金融业和高科技、信息、互联网行业的受访者占比分别为17.39%和13.29%。从事物流、跨境电商和其他行业的受访者占比为27.46%。

表2　调查样本的类别与规模（2018～2019年）

类别	人数（人）	占比（%）
前海法定机构工作人员	183	10.07
前海驻区单位工作人员	291	16.00
前海管理局局属企业或前海蛇口自贸投资公司代表	441	24.26
其他企业人员	903	49.67
总计	1818	100.00

2. 调查样本的基本信息

表3总结了调查样本在性别、年龄、受教育程度、海外工作学习经历和个人税后年收入等方面的分布特征。962名受访者为男性，占比52.92%，856名为女性，占比47.08%。男女性别比例的分布状态与2017年接近。

就年龄而言，课题组将受访者年龄分为5个区间，分别是小于30岁、30～39岁、40～49岁、50～59岁和60岁及以上。受访者的年龄多为39岁以下，约占80.37%。

就受教育程度而言，绝大多数受访者具有大学文凭，其中，287名受访者的最高学历为大专，占比15.79%。899名受访者具有本科学历，占比49.45%。490名受访者拥有硕士学位，38名拥有博士学位，分别占样本总数的26.95%和2.09%。

在调查样本中，235名受访者拥有在海外连续学习或工作超过12个月的经历，占比12.93%。大部分受访者没有海外学习工作的相关经历。

课题组将个人税后年收入划分为六个区间，即6万元以下、6万～10万元、10万～20万元、20万～30万元、30万～40万元和40万元以上。其中，

27.06%和23.94%的受访者的税后年收入分别在10万~20万元和6万~10万元。19.00%的受访者税后年收入在6万元以下，16.33%拥有20万~30万元的税后年收入。另外，13.67%的受访者税后年收入在30万以上。

表3　调查样本的性别、年龄、受教育程度、海外经历和税后年收入分布（2018~2019年）

变量		人数(人)	占比(%)
性别	男性	962	52.92
	女性	856	47.08
	总计	1818	100.00
年龄	小于30岁	734	40.82
	30~39岁	711	39.54
	40~49岁	275	15.29
	50~59岁	72	4.00
	60岁及以上	6	0.33
	总计	1798	100.00
受教育程度	初中及以下	18	0.99
	高中(含中专、技校)	86	4.73
	大专	287	15.79
	本科	899	49.45
	硕士研究生	490	26.95
	博士研究生	38	2.09
	总计	1818	100.00
海外连续学习或工作超过12个月	有海外学习工作经历	235	12.93
	无海外学习工作经历	1583	87.07
	总计	1818	100.00
个人税后年收入	6万元以下	342	19.00
	60001~100000元	431	23.94
	100001~200000元	487	27.06
	200001~300000元	294	16.33
	300001~400000元	141	7.83
	40万元以上	105	5.83
	总计	1800	100.00

三　前海廉洁指数得分与评价

（一）前海廉洁指数得分

课题组按照廉政建设的投入、过程、产出和结果这一逻辑框架构建前海廉洁指数。通过既有统计资料分析法和问卷调查法收集到主观和客观数据，在此基础上，通过德尔菲法确定各指标的权重，最终计算出2018～2019年前海廉洁指数的得分。

前海廉洁指数的总得分为86.56分，说明前海廉洁水平持续向好。其中，前海腐败控制指数得分为89.20分，腐败机会指数得分为90.20分（此指数得分越高，表明发生腐败的概率越低），清廉感知指数为81.80分（见表4）。前海的腐败控制指数和腐败机会指数得分较高，说明前海在廉政建设投入力度、腐败预防和教育、严厉惩治腐败上收效明显。清廉感知指数较往年略有上升，说明前海的廉政建设工作进一步提升了公众对前海廉洁的印象和评价。

表4　前海廉洁指数得分（2018～2019年）

指数名称	得分(分)
前海廉洁指数	86.56
前海腐败控制指数	89.20
前海腐败机会指数	90.20
清廉感知指数	81.80

（二）前海腐败控制指数得分与评价

前海腐败控制指数通过10个二级指标评价前海公共部门及其工作人员的廉洁程度，客观反映前海廉政建设的投入、高风险领域的廉洁状况和前海举报投诉处理和四种形态的表现等。指标得分越高表明廉政建设的绩效越好。2018~2019 年前海腐败控制指数为 89.20 分。在 10 个二级指标中，5 个指标的得分超过 90 分，分别为四种形态（98.70 分）、廉政宣传教育（97.30 分）、人力投入（95.39 分）、土地管理（93.44 分）和工程建设（90.78 分）。举报投诉处理的得分最低，只有 70.21 分（见图 2）。

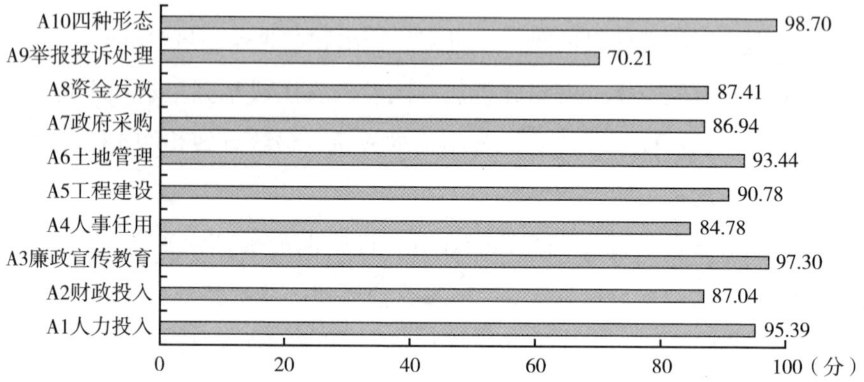

图 2　前海腐败控制指数得分（2018~2019 年）

腐败控制指数主要关注前海廉政建设投入、过程和产出的客观绩效。下文按照前海廉政建设投入、廉政建设过程和廉政建设产出总结和评价前海廉政建设的努力程度和实际结果。

1. 前海廉政建设投入

充分的人力、物力投入是推进廉政建设的基础保障。如表 5 所示，前海廉政建设投入由“人力投入”和“财政投入”两个二级指标构成，得分分别为 95.39 分和 87.04 分，说明前海廉政建设的人力、物力投入保障较好。在人力投入方面，前海廉政监督局纪检监察专职人员中，现有公务员编制的 14 名。就纪检监察干部队伍的专业工作经历而言，纪检监察公务员从事纪检监察相关工作的平均年限为 11.8 年。就教育水平而言，一半纪检监察干部拥有硕士研究生学历。从专职人员的配置和专业性看，纪检监察干部队伍构成合理，实现人力资源优化配置。在财政投入方面，前海纪检监察机关经费、财政保障比较充分，得分为 87.04 分。

表5　前海廉政建设投入得分（2018～2019年）

二级指标	测评指标	得分(分)
人力投入(95.39分)	A101 专职人员的数量	100
	A102 纪检监察工作人员从事相关工作的平均年限	90.77
财政投入(87.04分)	A201 纪检监察机关经费占地方财政支出的比例	87.04

2. 前海廉政建设过程

前海廉政建设过程指标包括“廉政宣传教育”“人事任用”“工程建设”“土地管理”“政府采购”“资金发放”等6个二级指标和多项具体测评指标（见表6），主要考察前海廉政宣传教育和腐败控制的重点领域和关键环节的治理绩效。在体现反腐败过程的二级指标中，廉政宣传教育的测量全部采用客观的绩效数据，工程建设和土地管理采用客观和主观数据相结合的方式，而人事任用、政府采购和资金发放全部采用主观评价的数据。

表6　前海廉政建设过程得分（2018～2019年）

二级指标	测评指标	得分(分)
廉政宣传教育(97.30分)	A301 开展内部廉洁教育活动的次数	95.00
	A302 开展廉洁从业指引的覆盖率	100.00
	A303 开展廉政宣传的资金投入	100.00
	A304 开展教育提醒日常约谈的人数	94.20
人事任用(84.78分)	A401 录用法定机构工作人员是否公开公平	85.14
	A402 提拔法定机构工作人员是否公开公平	84.42
工程建设(90.78分)	A501 违规转包、分包和挂靠的工程数量	100.00
	A502 定标过程是否合法合规	86.19
	A503 限额以下工程管理的透明度	86.16
土地管理(93.44分)	A601 经营性土地出让公开招拍挂的占比	100.00
	A602 临时用地、国有未出让土地管理的透明度	86.88
政府采购(86.94分)	A701 政府采购是否公开公平	86.94
资金发放(87.41分)	A801 政策性资金发放是否公开公平	87.12
	A802 人才补贴发放是否公开公平	87.69

2018～2019年测评结果显示，前海廉政宣传教育方面总体表现最好，得分最高，为97.30分，人事任用方面则相对较差，得分最低，为84.78分。工程建设、土地管理、政府采购、资金发放的得分分别为90.78分、93.44分、86.94分和87.41分。

前海在廉政宣传教育方面的优异表现主要得益于充分的物力投入和实际产出。前海廉政宣传投入资金占前海廉政监督局经费的15.22%，财政保障充足，开展廉洁从业指引覆盖率达到了100%，相应测评指标的得分均为100分。仅在2019年，前海就开展廉洁教育活动15次，开展教育提醒日常约谈55次，测评指标得分均在90分以上。

从人事任用、工程建设、土地管理、政府采购和资金发放等五个腐败控制重点领域、关键环节看，前海在土地管理和工程建设方面的表现相对较好，得分分别为93.44分和90.78分，而人事任用、政府采购和资金发放的得分分别为84.78分、86.94分和87.41分。在人事任用方面，在1818名受访者中，56.11%和21.29%的受访者对前海录用法定机构工作人员体现了程序公开和择优录取的原则分别表示完全同意和比较同意。不认同这一观点的受访者占比约为5.56%。另外，76.24%的受访者认为前海提拔法定机构工作人员体现了程序公开和择优录取原则，不同意此观点的受访者占6.28%。

在工程建设方面，前海保持了违规转包、分包和挂靠的工程零发生，工程领域的定标合法合规性和限额以下工程管理的透明度也得到了公众的较高认可。79.65%的受访者认为前海片区工程建设定标过程合法合规，仅有4.07%的受访者持相反的观点。此外，56.44%和23.71%的受访者对前海对限额以下工程管理的公开透明分别表示完全同意和比较同意，比较不同意和完全不同意的受访者分别占2.92%和1.43%。

在土地管理方面，前海做到了经营性土地出让100%采用公开招拍挂方式，临时用地、国有未出让土地管理的透明度也较好，得到了公众的较高认可。58.64%的受访者对前海临时用地和国有未出让土地的管理公开透明表示完全同意，22.17%表示比较同意。表示比较不同意和非常不同意的受访者分别占2.75%和1.16%。

在政府采购方面，在1818名受访者中，58.64%完全同意前海政府采购公开公平，22.11%的受访者表示比较同意这一观点。表示比较不同意和完全不同意前海政府采购公开公平的受访者分别占2.15%和1.27%。

在资金发放方面，59.46%和21.51%的受访者对前海政策性资金发放的公开公平分别表示完全同意和比较同意，2.09%和1.38%的受访者分别表示比较不同意和完全不同意。另外，61.22%和20.63%的受访者对前海人才补贴发放的公开公平分别表示完全同意和比较同意，2.09%和1.27%的受访者则分别表示比较不同意和完全不同意。

3. 前海廉政建设产出

前海廉政建设产出由“举报投诉处理”和“四种形态”两个二级指标构成，主要考察公众反腐败举报和案件惩处方面的产出情况。前海四种形态方面的表现较好，得分高达98.70分，而举报投诉处理方面则不太理想，仅为70.21分（见表7）。

表7　前海廉政建设产出得分（2018～2019年）

二级指标	测评指标	得分(分)
举报投诉处理(70.21分)	A901 公众实名举报率	61.64
	A902 公职人员因贪污受贿问题被投诉的宗数	81.00
	A903 公职人员因作风问题被投诉的宗数	68.00
四种形态(98.70分)	A1001 开展“红脸出汗”批评和自我批评、约谈函询的人数	94.20
	A1002 受到党纪轻处分、组织调整的人数	98
	A1003 受到党纪重处分、重大职务调整的人数	100
	A1004 严重违纪涉嫌违法立案审查的人数	100
	A1005 立案查处的腐败涉案人数	100
	A1006 大案要案占全部查办案件的比例	100

在举报投诉处理方面，评估时段内，前海公众实名举报率为45%。相对于2018年香港共有73%的投诉人在举报贪污时愿意表明身份，前海的实

名举报率与国际腐败治理标杆地区相比尚存在一定差距，得分为61.64分，是举报投诉处理指标评分较低的最主要原因。而这一数据与清廉感知指数调查中关于实名举报意愿的数据基本一致，公众举报贪污腐败行为的意愿高，但对实名举报仍有顾虑，重视个人信息保密。

在四种形态运用方面，受到党纪重处分、重大职务调整的人数，严重违纪涉嫌违法立案审查的人数，立案查处的腐败涉案人数，大案要案占全部查办案件的比例等测评指标的得分均为满分。

（三）前海腐败机会指数得分与评价

前海腐败机会指数包括“自由裁量度”和“信息公开程度”两项二级指标，客观反映前海行政执法中自由裁量权控制和信息公开透明建设的情况。指标得分越高表明产生腐败的可能性越低。前海在行政执法自由裁量权控制方面表现较好，自由裁量度指标得分为92.99分，信息公开程度则相对略低，得分87.40分（见表8）。

表8　前海腐败机会指数得分（2018～2019年）

一级指标	二级指标	测评指标	得分(分)
腐败机会指数（90.20分）	自由裁量度（92.99分）	B101 行政执法自由裁量数/行政执法数	92.99
	信息公开程度（87.40分）	B201 政务信息公开的水平	87.40

行政执法自由裁量度在反腐败工作中具有重要意义。一方面，自由裁量度越小说明权力运行越规范，权力寻租的空间越小，政府的廉洁程度越高；另一方面，行政执法自由裁量度越小，执法审批服务过程越明晰，服务效率越高。前海通过规范化和标准化建设实现了对绝大部分行政执法项目的自由裁量权控制，行政执法自由裁量数为199件，而行政执法数为2840件，行政执法自由裁量数占行政执法数的比例为7.01%。这说明前海有效压缩自由裁量空间，打造廉洁、高效、规范的行政审批和行政服务。

信息公开是预防和控制腐败，建立公平、高效政府的重要制度安排。一方面，信息公开有助于减少腐败行为，增强对权力的监督力度；另一方面，信息公开有助于实现公众的知情权，促进公众参与廉政建设。在评估时段内，前海公开权责清单和办事指南125项。前海廉政监督局信息渠道仍然维持多样化，包括综合办公楼内的公告栏、电话等传统方式，也包括前海管理局官网、邮箱、政务微博、微信公众号等新兴互联网方式。前海官网和前海蛇口自贸片区网站全年公开信息共计5436条，其中前海蛇口自贸片区网站公开信息653条。前海官网发布工作动态1086条，通知公告223条，政府采购信息774条，重大建设项目20条。官方微博发布信息1392条，官方微信发布信息1122条。从依申请可公开的信息看，前海管理局、前海廉政监督局加强公开力度，促进开放方式的多元化。申请渠道包括e站通服务大厅窗口、官方网站的依申请公开板块、信息公开意见箱，以及互动交流、民意征集等板块。前海管理局受理信息公开申请并按要求提供政府信息3宗，依法不予受理信息公开申请2宗，不予公开政府信息0宗。

（四）前海清廉感知指数得分与评价

清廉感知指数通过测量公众的廉洁理念、经历、实际参与、满意度和信心等情况评估廉政工作的实际绩效，是准确掌握政府及其工作人员清廉状况、解决反腐败斗争中信息不对称悖论的有效工具，也是精准调整和优化反腐倡廉策略的重要途径。清廉感知水平会影响社会对腐败的容忍程度、违法违规的意愿以及公众对政府机构的信任度。下文将系统分析2018～2019年前海公众清廉感知指数的得分情况，包括廉洁感知、腐败接触、腐败容忍度、反腐败满意度、反腐败参与度、反腐败信心和营商环境的指标得分与分析评价。指标得分越高表明清廉感知水平越高。

2018～2019年，前海的清廉感知指数得分为81.80分。廉洁感知、腐败接触、腐败容忍度、反腐败参与度、反腐败满意度、反腐败信心和营商环境各项二级指标的得分分别为83.81分、97.71分、78.35分、59.21分、81.03分、87.96分、84.57分（见图3）。

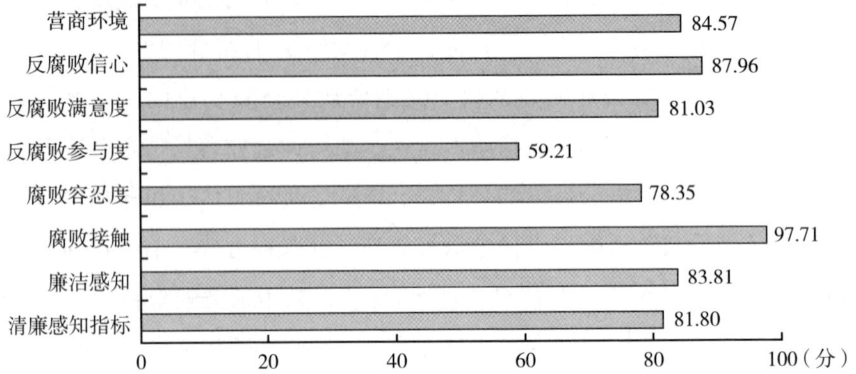

图3　前海清廉感知指数得分（2018～2019年）

1. 廉洁感知及其群体差异

（1）廉洁感知得分

廉洁感知旨在测量受访者对前海腐败状况的主观感知情况，由对廉洁程度的总体印象、公权力是否得到有效约束和监督、公职人员存在腐败问题的程度以及企业存在腐败问题程度的四个指标构成，具体指标得分见表9。前海廉洁感知的总体得分为83.81分。其中，受访者对前海廉洁程度的总体印象得分最高，对前海公职人员存在腐败问题程度的评价在四个测评指标中得分最低。

表9　前海廉洁感知得分（2018～2019年）

二级指标	测评指标	得分(分)
廉洁感知（83.81分）	C101 对前海片区廉洁程度的总体印象	87.47
	C102 对前海管理局公权力约束的总体印象	84.16
	C103 对前海公职人员存在腐败问题程度的评价	81.27
	C104 对前海企业存在腐败问题程度的评价	82.34

受访者对前海廉洁程度的总体印象普遍良好。如图4所示，分别有52.75%和36.19%的受访者认为前海整体“非常廉洁”和“比较廉洁”。

8.47%的受访者认为前海片区廉洁程度“一般”，仅有0.83%和1.76%的公众表示“不太廉洁”和“非常不廉洁”。

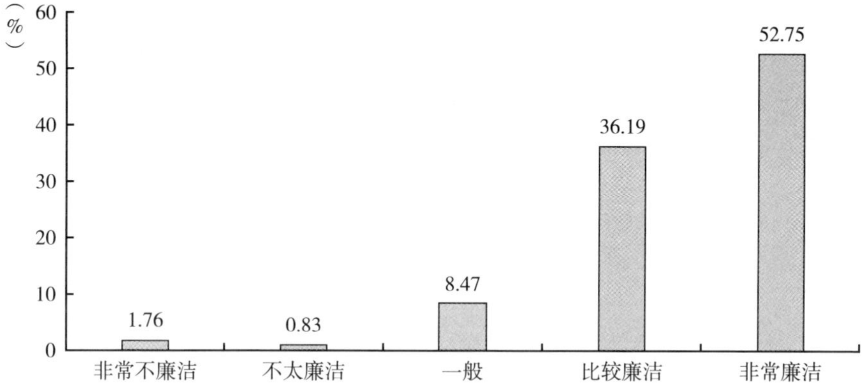

图4　对前海廉洁程度的总体印象（2018～2019年）

多数受访者认为前海管理局的权力受到了有效监督。如图5所示，41.25%与43.51%的受访者分别表示前海管理局的权力得到“非常有效”和“比较有效”的监督，合计占调查样本的84.76%。11.44%的受访者表示“一般”，2.37%和1.43%的受访者认为“不太有效”和“完全无效”。

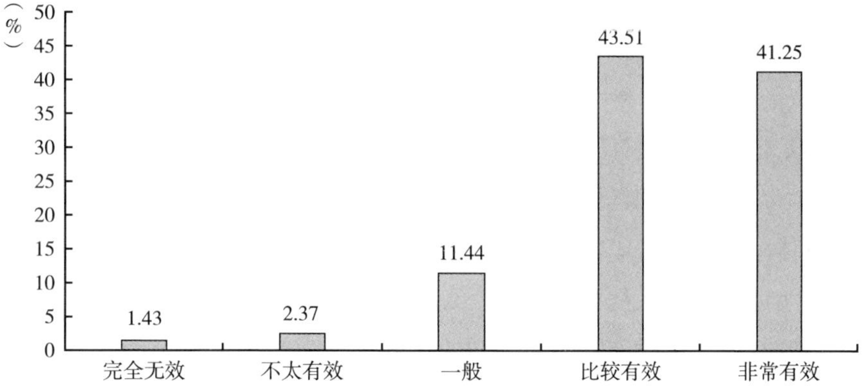

图5　前海公权力受到有效约束的程度（2018～2019年）

多数受访者认为前海公职人员腐败问题并不普遍。如图6所示，58.42%的受访者表示前海公职人员几乎没有腐败行为，14.63%认为前海公职人员腐败问题不太普遍。仅有 1. 27% 和 0. 55% 的受访者分别表示“比较普遍”和“非常普遍”，另外，25. 14% 的受访者表示“不好说”。

多数受访者认为前海企业腐败问题并不普遍。54. 40% 和 13. 48% 的受访者分别表示前海企业“几乎没有”腐败行为或企业腐败行为“不太普遍”。1. 43% 和 0. 66% 的受访者分别认为企业腐败行为“比较普遍”和“非常普遍”。另外，30. 03% 的受访者表示“不好说”。

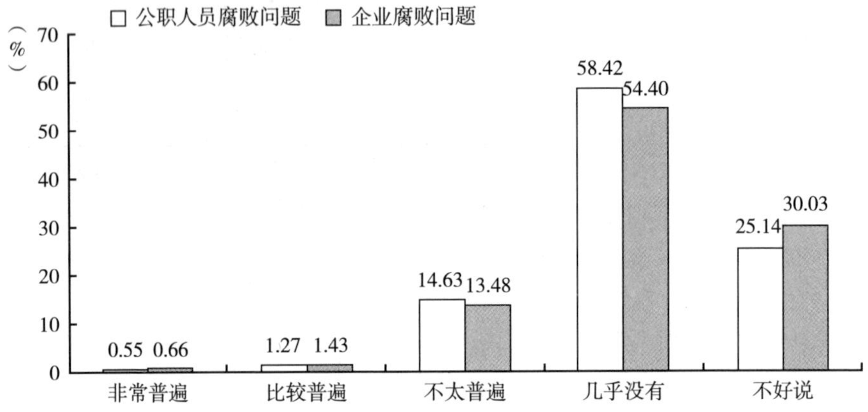

图 6　前海公职人员和企业存在腐败问题的程度（2018～2019 年）

总的来说，受访者对前海的腐败感知水平较低，廉洁评价较高。绝大多数受访者认为前海总体比较廉洁，公权力得到有效约束和监督，无论是公职人员还是企业行贿受贿都较少发生。

（2）廉洁感知的群体差异

群体差异主要是比较不同单位类型的受访者对各项指标的评价差异，主要分为前海公职人员和前海企业人员两大类群体。由图 7 可知，前海公职人员和企业人员对前海廉洁感知的得分分别为 85. 19 分和 82. 41 分。从廉洁感知的各个细分指标看，前海公职人员的廉洁感知得分比企业人员高。群体差异在前海公权力受到有效约束的评价上最显著，相差 7. 03 分。前海公职人员和企业人员对企业行贿受贿普遍程度的评价差异最小，仅为 0. 27 分。

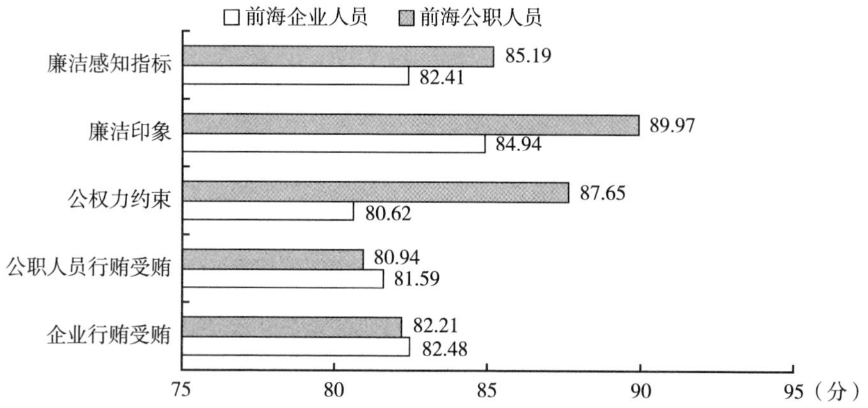

图 7　前海廉洁感知的群体差异（2018 ~ 2019 年）

2. 腐败接触及其群体差异

（1）腐败接触得分

腐败接触的相关指标旨在测量受访者或家人朋友亲身经历的腐败情形和确切发生的腐败行为，这是有效评估腐败规模与腐败程度的重要方面。通过对前海公职人员索贿和办理具体业务时可能经历的腐败行为的调查，测量公众对前海片区腐败行为的接触情况。在对行贿和索贿分类的基础上，本次调查把腐败经历分为更容易理解和回答的四种情形——“托关系找公职人员办事”“主动给公职人员送礼”“被暗示索取好处”“被明示索取好处”。其中，“托关系”在严格意义上并不能称之为腐败，而是影响公平竞争、破坏透明机制的不道德行为；“主动给公职人员送礼”可以看作某种行贿行为，作为行贿指数的测评因素；“被暗示索取好处”是公众主观认为的索贿经历；“被明示索取好处”指向明确的索贿行为，作为索贿指数的测评因素。

表 10 是本次调查中腐败接触的具体得分。前海腐败接触的总体得分为 97.71 分。腐败接触的分数越高，代表受访者直接接触的腐败行为越少。前海腐败接触的各项指标得分都超过 90 分，说明在前海实际发生的腐败行为数量较少。

表 10 前海腐败接触得分（2018～2019 年）

二级指标	测评指标	得分(分)
腐败接触 （97.71 分）	C201a 托关系找公职人员办事	97.14
	C201b 主动给公职人员送礼	98.90
	C201c 被暗示索取好处	99.01
	C201d 被明示索取好处	99.56
	C202 办理具体业务时经历的腐败行为	93.92

如图 8 所示，大部分受访者在前海没有遭遇任何形式的行贿或索贿，公众主动行贿比例略高于公职人员索贿比例。在四类情形中，“托关系找公职人员办事”的行为相对普遍，2.86%的受访者表示在前海接触过此类行为。“主动给公职人员送礼”和“被暗示索取好处”的比例接近，分别为 1.10%和 0.99%。仅极少数受访者表示经历过“被明示索取好处”，比例为 0.44%。

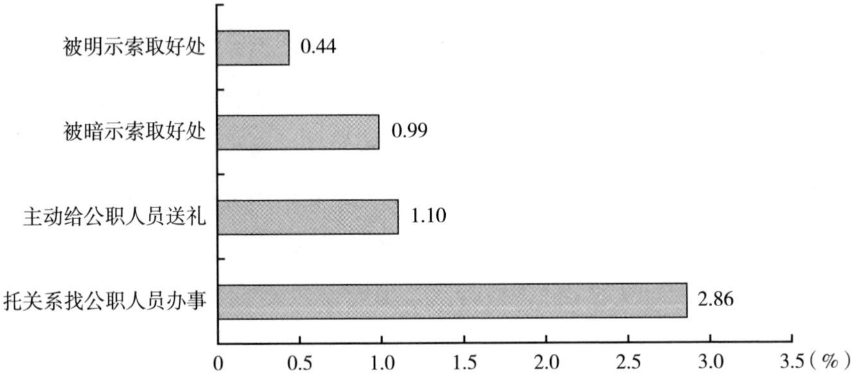

图 8 前海腐败接触的比例（2018～2019 年）

为全面了解腐败高风险领域，本次调查进一步询问了办理税务、企业注册、人才安居房、外商投资、土地出让、工程招投标、产业资金申请等具体业务受理中是否存在腐败或类腐败的不道德行为。

表 11 统计了办理过具体业务的受访者对腐败行为的接触情况。在本次调查的 1818 名受访者中，办理税收业务、企业注册和人才安居房申请的受访者较多，分别占样本总数的 37.18%、33.28%和 31.96%，而办理土地出

让和产业资金申请的受访者较少，分别占15.13%和16.67%，办理外商投资和工程招投标的受访者占比分别为19.75%和20.08%。

各个具体业务领域无腐败行为的比例都超过了90%。其中，受访者办理人才安居房业务时接触腐败行为的比例最低，仅为3.79%，即在581名办理过人才安居房业务的受访者中，3.79%的受访者表示接触过腐败行为。而税收业务办理过程中腐败行为相对多发，腐败行为接触比例为8.28%。其次是工程招投标业务，在365名办理过工程招投标业务的受访者中，7.40%表示接触过腐败行为。

表11　前海具体业务办理过程中的腐败接触情况（2018～2019年）

单位：人，%

业务类型	办理过业务人数（人）	有腐败经历	具体腐败行为类型（多选）			
			托关系	请客送礼	被暗示索取好处	被明示索取好处
税收业务	676	8.28	6.21	2.66	2.81	1.04
企业注册	605	5.62	4.13	1.32	1.49	0.66
人才安居房	581	3.79	2.93	1.38	0.69	1.03
外商投资	359	6.41	2.79	1.95	3.34	1.39
土地出让	275	5.45	3.64	1.82	1.82	2.18
工程招投标	365	7.40	5.48	2.47	2.19	1.37
产业资金申请	303	6.27	3.63	1.65	1.98	1.65

具体腐败行为类型在不同业务领域呈现不同特点。例如，税收业务、企业注册、人才安居房、土地出让、工程招投标、产业资金申请等业务领域接触到的腐败行为多表现为“托关系”。而在外商投资的业务办理过程中出现最多的腐败行为是暗示索取好处。托关系和请客送礼在税收业务和工程招投标业务办理过程中出现的概率相对较高。被暗示索取好处和被明示索取好处则分别多发生于外商投资和土地出让的业务办理过程中。

（2）腐败接触的群体差异

图9显示了前海腐败接触的群体差异情况。前海公职人员和企业人员在前海接触到腐败行为的比例都不高。总体而言，前海企业人员接触到腐败行

为的比例高于前海公职人员。托关系办事的群体差异最显著，即4.32%的企业人员表示自己或家人朋友在前海发生过托关系找公职人员办事的情况，而只有1.42%的前海公职人员表示自己或家人朋友发生过托关系找其他公职人员办事的情况。其次是主动给公职人员送礼，表示自己或家人朋友在前海主动给公职人员送过礼的前海企业人员和公职人员的比例分别为1.55%和0.66%。而被暗示索取好处和被明示索取好处的群体差异都比较小，其中，前海公职人员和企业人员表示自己或家人朋友接触过暗示索取好处的行为的比例基本相同。

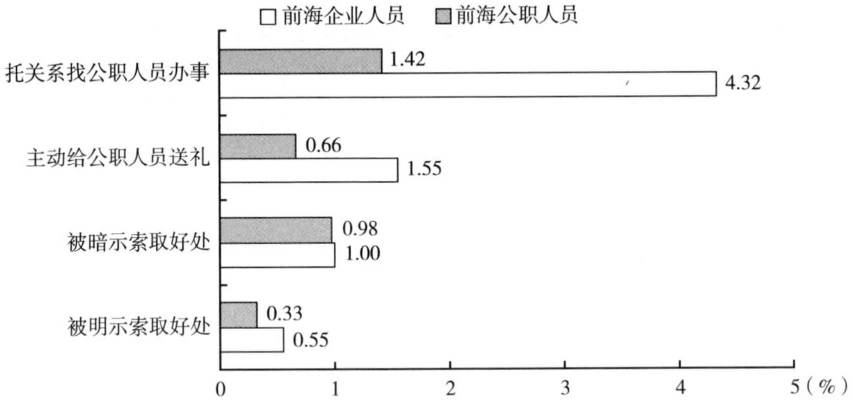

图9　前海腐败接触的群体差异（2018～2019年）

3. 腐败容忍度及其群体差异

（1）腐败容忍度得分

腐败容忍包括对腐败的容忍态度和容忍行为两个方面。其中，腐败容忍度主要指人们对于“什么是腐败、哪些腐败行为在多大程度上被视为正当”的观点和取向，往往受到价值观念和制度环境的双重影响。在不同国家和地区以及在同一国家的不同发展阶段，人们对腐败的理解、感知和容忍程度存在很大差异。一般来说，对腐败低容忍甚至零容忍，往往是成熟廉洁社会的重要特征。腐败容忍度的测量对于理解人们“容忍什么”“不容忍什么”，对于政府治理腐败、制定反腐败政策有重要意义。成功的腐败治理离不开廉洁的社会氛围培育。

腐败容忍度旨在测量公众对公职人员公车私用、利用职务之便为亲属或子女找工作、协助亲属朋友招投标、接受服务对象请吃饭、接受服务对象钱财等具体行为的容忍程度。腐败容忍度得分越高，说明公众对腐败行为的容忍程度越低。表 12 统计了腐败容忍度的具体得分及零容忍比例。腐败容忍度的分数越高，表示受访者对腐败行为的容忍度和接受度越低。前海腐败容忍度的总体得分为 78. 35 分，表明社会反腐的力度还须加强。尽管高于往年得分，社会公众对腐败的抗拒不断增强，但降低社会对腐败的容忍度仍有较大空间。

表 12　前海腐败容忍度得分（2018～2019 年）

二级指标	测评指标	得分(分)	零容忍比例(%)
腐败容忍度 (78. 35 分)	C301 公职人员为私人事务使用公车	68. 01	50. 22
	C302 公职人员利用职务之便为亲属或子女找工作	72. 90	55. 17
	C303 公职人员协助亲属朋友招投标	83. 04	72. 99
	C304 公职人员接受服务对象请吃饭	70. 39	52. 20
	C305 公职人员接受服务对象钱财	87. 59	80. 31
	C306 总体如何看待贪污腐败行为	88. 15	81. 96

受访者对贪污腐败行为的总体容忍度低于其他具体的腐败行为分类。81. 96% 的受访者表示对贪污腐败行为持“零容忍”态度。从具体指标看，受访者对公职人员接受服务对象钱财的容忍度最低，得分为 87. 59 分。其中，80. 31% 的受访者对公职人员接受服务对象钱财持“零容忍”态度。对公职人员协助亲属朋友招投标的容忍度位列第二，72. 99% 的受访者表示对此类行为“零容忍”。受访者对公职人员接受服务对象请吃饭或为私人事务使用公车的接受度较高。仅有 52. 20% 和 50. 22% 的受访者分别表示对公职人员接受服务对象请吃饭和为私人事务使用公车持“零容忍”态度。

（2）腐败容忍度的群体差异

图 10 比较了腐败容忍度的群体差异。前海公职人员对腐败的容忍度各个指标都低于企业人员，表明前海公职人员比企业人员更倾向于零容忍腐败行

为。前海公职人员腐败容忍度总体得分为81.85分，而企业人员为74.81分。从腐败容忍度的细分指标来看，前海公职人员和企业人员对腐败行为的容忍度排序是相同的，由低到高依次为公职人员接受服务对象钱财、公职人员协助亲属朋友招投标、公职人员利用职务之便为亲属或子女找工作、公职人员接受服务对象请吃饭和公职人员为私人事务使用公车。总体上对贪污腐败行为的态度，前海公职人员的容忍度得分为91.01分，而企业人员为85.25分。

前海公职人员和企业人员的腐败容忍度差异最大的一项是公职人员为私人事务使用公车。前海公职人员在此项的容忍度得分为73.67分，而企业人员仅为62.30分，说明企业人员对公职人员公车私用的接受度明显高于前海公职人员。腐败容忍度群体差异最小的是公职人员利用职务之便为亲属或子女找工作，前海公职人员对这一行为的容忍度得分为75.60分，而企业人员为70.17分，相差5.43分。

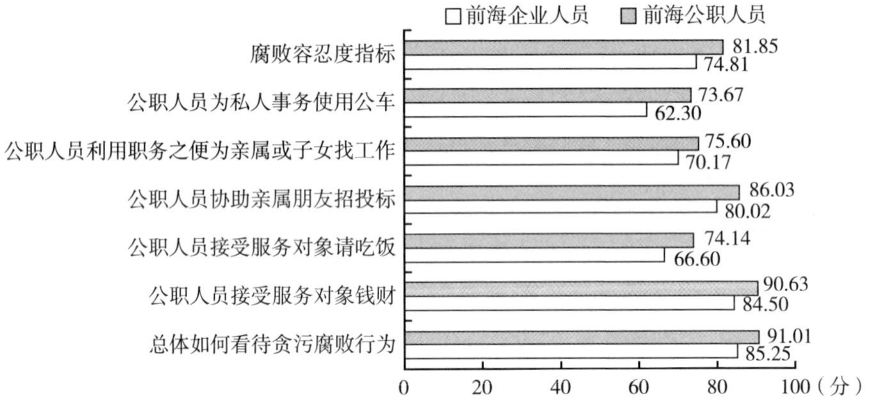

图10　前海腐败容忍度的群体差异（2018～2019年）

4. 反腐败参与度及其群体差异

（1）反腐败参与度得分

反腐败不是反腐机构的“独角戏”，反腐败的公众参与能够提升反腐败效能，增强公众对反腐成效的获得感，从而真正从源头上根治腐败，构建长治久安的清廉社会。反腐败参与度反映公众从对腐败的感知到具体实践反腐败行动意愿的过程。贪污举报是判断公众反腐败信心和行动意愿的风向标。由表 13 可知，受访者的反腐败参与度得分不高，仅为 59. 21 分。其中，受访者举报意愿得分为 86. 43 分，对举报贪污腐败程序的了解程度得分为 62. 40 分，实名举报意愿得分仅为 28. 79 分。这充分说明，做好举报工作仍然是当前廉政建设的重点和难点。

表 13　前海反腐败参与度得分（2018～2019 年）

二级指标	测评指标	得分
反腐败参与度（59. 21 分）	C401 是否愿意举报	86. 43
	C402 是否愿意实名举报	28. 79
	C403 是否了解举报贪污腐败的程序	62. 40

图 11 是前海举报意愿的比例分布情况。66. 23% 的受访者表示愿意举报贪污腐败行为，23. 38% 表示涉及自己利益时会举报，而 10. 40% 表示不会举报。图 12 是前海实名举报意愿和对举报程序了解程度的比例分布。举报意愿调查显示，19. 71% 的受访者表示愿意实名举报，而不愿意实名举报和不确定是否实名举报的比例分别为 48. 74% 和 31. 55% 。对举报程序了解程度的调查显示，48. 57% 的受访者表示自己了解举报程序，而表示不了解的占 29. 26% ，不确定是否了解举报程序的受访者占 22. 17% 。

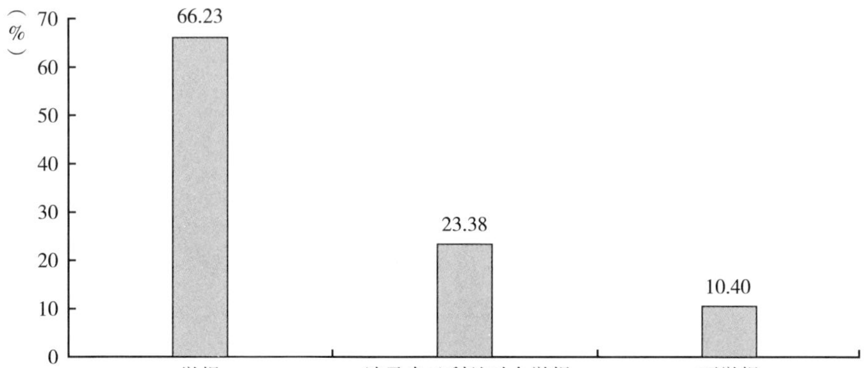

图 11　前海举报意愿的比例分布（2018～2019 年）

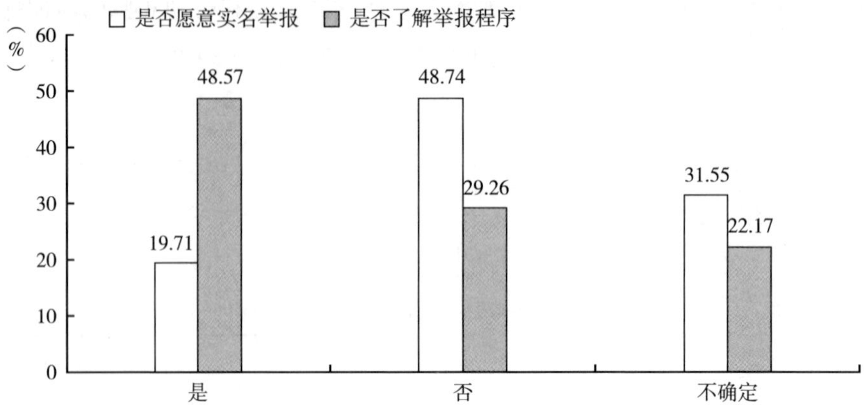

图 12　前海实名举报意愿和了解举报程序的比例分布（2018～2019 年）

课题组进一步调查影响受访者举报意愿的原因，如图 13 所示，71.51% 的受访者表示“担心个人信息是否得到保密”。51.82% 和 49.06% 的受访者分别表示“不确定举报是否有用”和“举报方式是否便利”是决定是否举报的关键。另外，有 29.54% 的受访者表示不想对自己认识的人造成伤害是举报决定的影响因素。

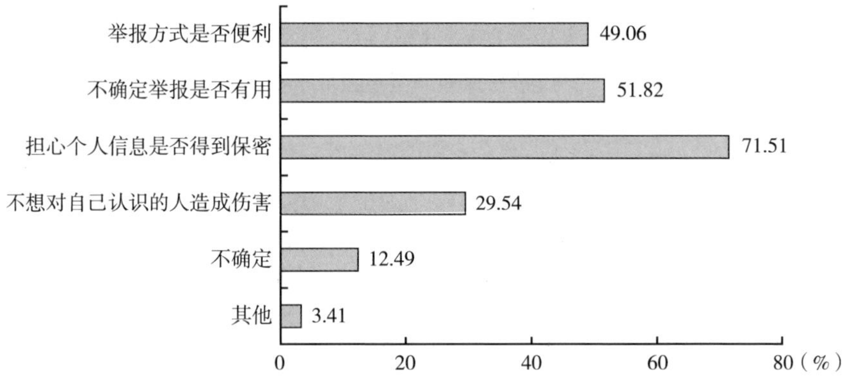

图 13　影响举报意愿的原因（2018～2019 年）

（2）反腐败参与的群体差异

图 14、15 和 16 分别比较了前海公职人员和企业人员在举报意愿、实

名举报意愿和对举报程序了解程度上的群体差异。从举报和实名举报贪污腐败行为的意愿看，前海公职人员愿意举报和实名举报的比例比企业人员略高。分别有69.95%的前海公职人员和62.46%的企业人员表示愿意举报贪污腐败行为，20.32%的前海公职人员和19.08%的企业人员愿意实名举报贪污腐败行为。前海公职人员比企业人员更了解举报程序，57.38%的前海公职人员了解举报程序，只有39.65%的企业人员了解举报贪污腐败程序。

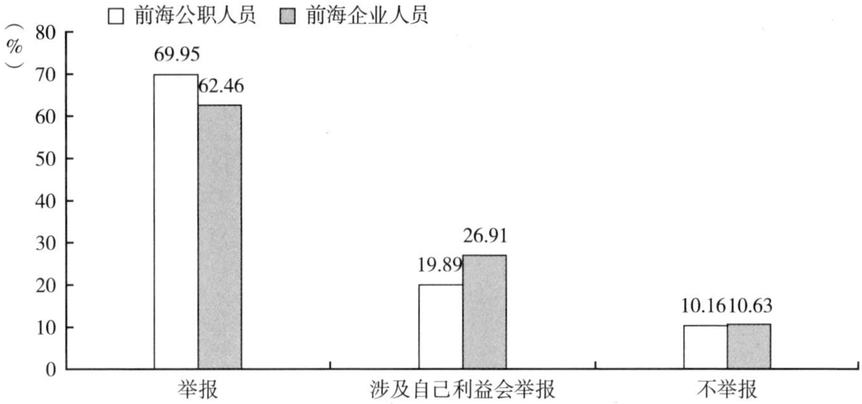

图14　前海举报意愿比例分布的群体差异（2018～2019年）

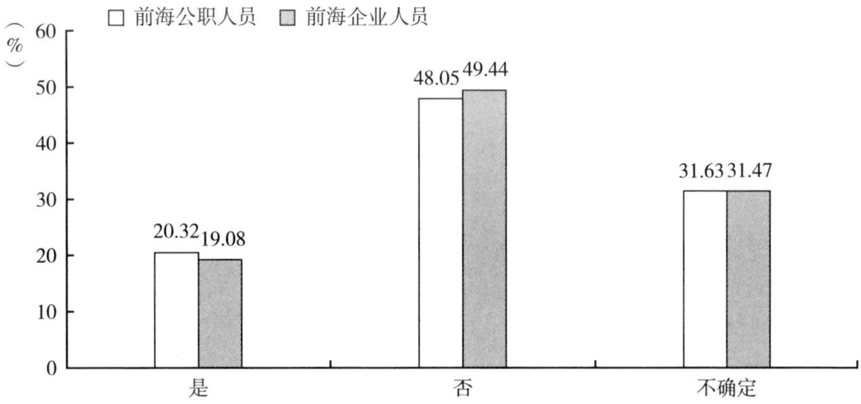

图15　前海实名举报意愿比例的群体差异（2018～2019年）

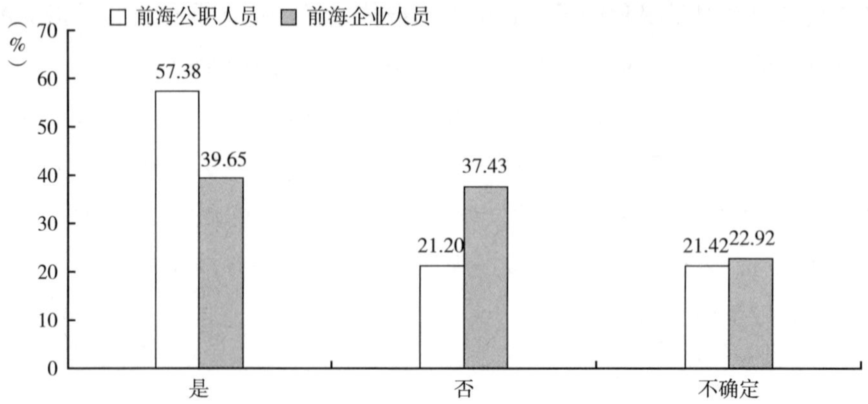

图 16 前海对举报程序了解程度的群体差异（2018～2019 年）

5. 反腐败满意度及其群体差异

（1）反腐败满意度得分

反腐败力度的加大和反腐败获得感的增加有助于提高公众对反腐败工作的满意度，反过来会改善公众的清廉感知。表 14 统计了前海反腐败满意度得分的情况。前海反腐败满意度总体得分为 81.03 分。受访者对过去一年前海反腐倡廉工作、公职部门的办事效率和公职部门投诉处理的评价得分接近，分别为 81.05 分、81.18 分和 80.88 分。

表 14 前海反腐败满意度得分（2018～2019 年）

二级指标	测评指标	得分(分)
反腐败满意度（81.03 分）	C501 对过去一年前海反腐倡廉工作的满意度	81.05
	C502 对过去一年前海公职部门办事效率的满意度	81.18
	C503 对过去一年前海公职部门投诉处理的满意度	80.88

如图 17 所示，对过去一年前海的反腐倡廉工作，35.42% 和 41.58% 的受访者表示非常满意或比较满意，但仍有 3.25% 和 1.98% 的受访者表示比较不满意或非常不满意。对过去一年前海公职部门的办事效率，35.15% 和 42.68% 的受访者表示非常满意或比较满意，3.47% 和 1.82% 的受访者表示比较不满意或非常不满意。对过去一年前海公职部门投诉处理的满意度，

33.50%和42.13%的受访者表示对投诉处理非常满意或比较满意，表示比较不满意和非常不满意的分别为2.97%和0.88%。

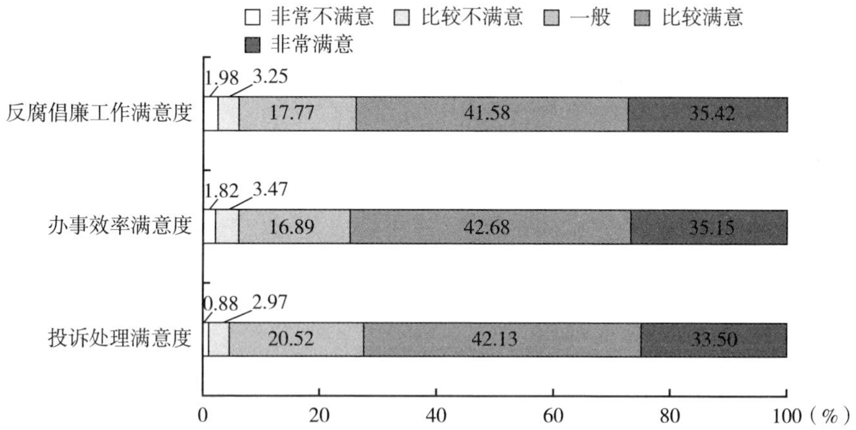

图17　前海反腐败满意度的比例分布（2018～2019年）

（2）反腐败满意度的群体差异

图18比较了前海公职人员和企业人员在反腐败满意度得分上的差异。前海公职人员反腐败满意度的各项指标得分显著高于企业人员。从反腐败满意度总体得分看，前海公职人员的反腐败满意度得分为84.25分，企业人员的反腐败满意度得分为77.78分。也就是说，前海公职人员的反腐败满意度比企业人员高6.47分。前海公职人员过去一年的反腐倡廉工作满意度、公职部门办事效率满意度和公职部门投诉处理满意度的得分分别为84.55分、83.67分和84.52分，而企业人员仅为77.50分、78.65分、77.19分。在反腐败满意度的各个细分测评指标得分上，前海公职人员满意度得分比企业人员高6～7分。

6. 反腐败信心及其群体差异

（1）反腐败信心得分

反腐败信心受反腐倡廉环境和文化、当前反腐倡廉的成效、反腐败的公众参与度、反腐败满意度等诸多因素的影响，反映了受访者对当前反腐倡廉政府工作机构和未来反腐倡廉工作的支持程度，对进一步开展反腐倡廉工作

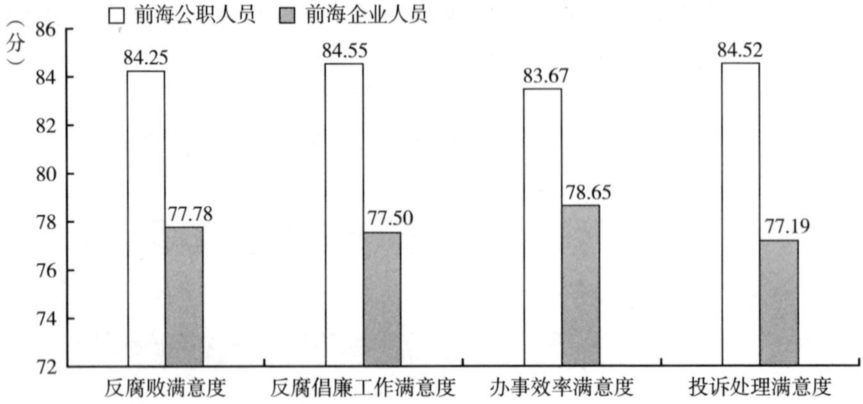

图 18　前海反腐败满意度的群体差异（2018～2019 年）

具有重要的指导意义。表 15 统计了前海反腐败信心得分的情况。前海反腐败信心的总体得分为 87.96 分。其中，受访者对前海廉政监督局工作的支持程度得分为 92.18 分，对未来反腐败工作的信心得分为 83.74 分。在参与问卷调查的 1818 名受访者中，92.91%的受访者表示支持前海廉政监督局的工作。从对未来反腐败工作的信心看，72.67%的受访者表示信心增加了。

表 15　前海反腐败信心得分（2018～2019 年）

二级指标	测评指标	得分(分)
反腐败信心（87.96 分）	C601 对前海廉政监督局工作的支持程度	92.18
	C602 对未来反腐败工作的信心	83.74

（2）反腐败信心的群体差异

图 19 比较了前海公职人员和企业人员的反腐败信心得分差异。总体而言，前海公职人员的反腐败信心总体得分、对前海廉政监督局工作的支持度得分和对未来反腐败信心的得分都比企业人员高。前海公职人员的反腐败信心总体得分为 90.33 分，而企业人员的得分为 85.56 分，前海公职人员的反腐败信心总体得分比企业人员高 4.77 分。前海公职人员对前海廉政监督局工作的支持度得分为 94.27 分，而企业人员的得分为 90.06 分。在对未来反腐败信心的态度上，前海公职人员和企业人员的得分分别为 86.38 分和 81.06 分。

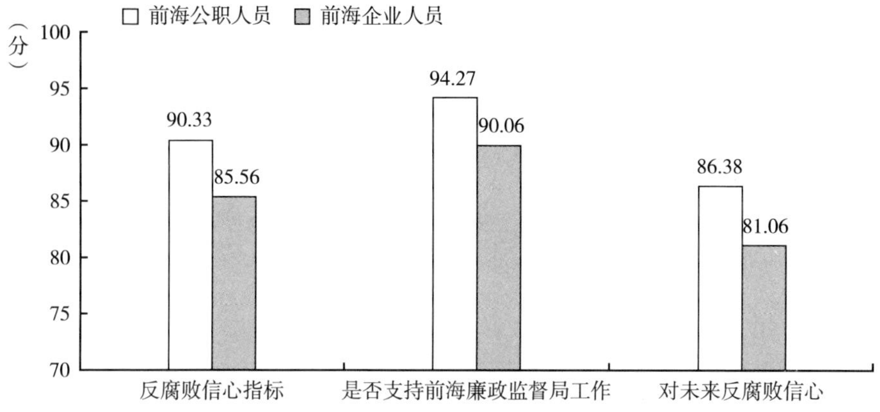

图 19　前海反腐败信心的群体差异

7. 营商环境及其群体差异

（1）营商环境得分

公众对营商环境的感知和评价可以反映反腐败成效，体现反腐败工作的长远影响。表 16 统计了前海营商环境评价的得分情况。前海营商环境的总体得分为 84.57 分。行政审批和政务服务的时效性、行政审批事项的精简程度和市场环境公平性评价的得分相对较高，分别为 87.13 分、86.80 分和 86.44 分。营商成本评价和前海营商环境整体满意度的得分相对较低，分别为 81.87 分和 80.62 分。

表 16　前海营商环境得分（2018～2019 年）

二级指标	测评指标	得分(分)
营商环境（84.57 分）	C701 行政审批事项的精简程度	86.80
	C702 行政审批和政务服务的时效性	87.13
	C703 营商成本评价	81.87
	C704 市场环境公平性评价	86.44
	C705 前海营商环境整体满意度	80.62

图 20 统计了受访者对营商环境各项具体指标的满意度分布。就行政审批事项的精简程度而言，58.75% 和 22.17% 的受访者分别表示非常满意和比较满意。59.24% 和 22.11% 的受访者对行政审批和政务服务的时效性分

别表示非常满意和比较满意。48.46%和22.99%的受访者对前海营商成本分别表示非常满意和比较满意。在市场环境公平性评价上，56.55%和23.60%的受访者分别表示非常满意和比较满意。就前海营商环境整体满意度而言，33.22%和43.67%的受访者分别表示非常满意和比较满意。在营商环境的五个细分指标上，受访者对营商成本的不满意率最高，3.19%和4.18%的受访者分别表示对营商成本非常不满意和比较不满意。

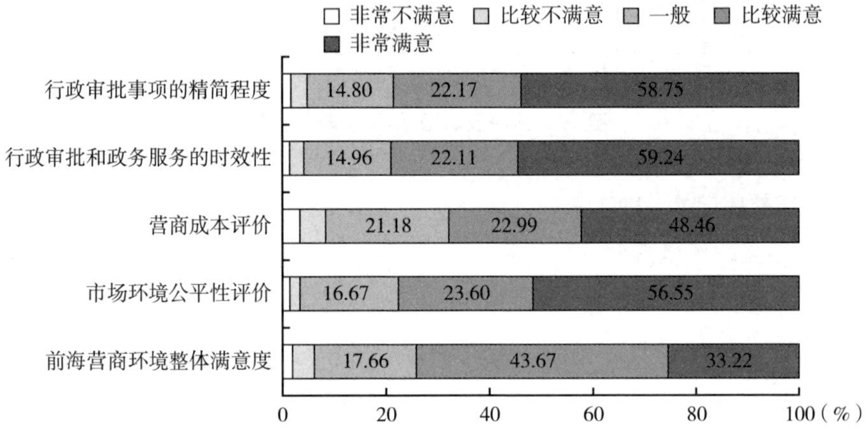

图20　前海营商环境评价的比例分布（2018~2019年）

（2）营商环境的群体差异

图21比较了前海公职人员和企业人员在营商环境评价得分上的差异。总体而言，前海公职人员对营商环境的评价得分高于企业人员。从营商环境总体得分看，前海公职人员给予的评分是86.85分，而前海企业人员给予的评分为82.26分，相差4.59分。从营商环境的具体测评指标得分看，群体差异最大的是前海营商环境整体满意度得分。前海公职人员对前海营商环境整体满意度的得分为83.63分，而企业人员仅为77.56分。其次为营商成本评价，前海公职人员的营商成本评价得分为84.44分，而企业人员为79.27分，相差5.17分。群体差异最小的是行政审批事项的精简程度。前海公职人员的行政审批事项的精简程度得分为88.39分，而企业人员的得分为85.18分，二者的差距仅为3.21分。

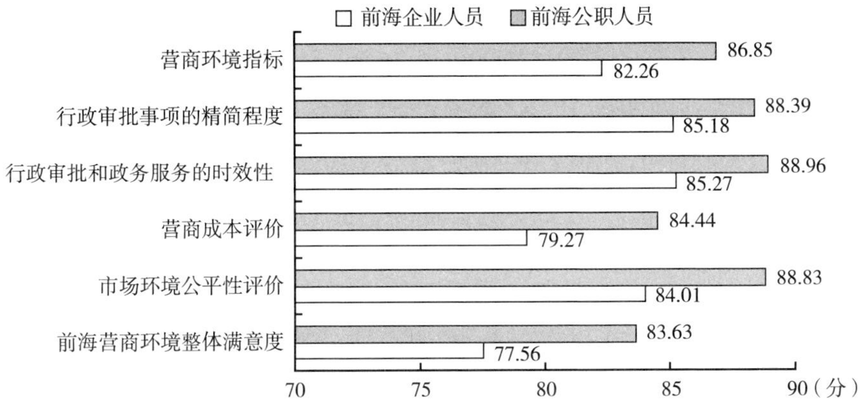

图 21　前海营商环境评价的群体差异（2018～2019 年）

四　结论与建议

2018～2019 年，前海廉洁指数总得分为 86.56 分。与往年总分相比，前海的廉洁指数有了明显提升，与粤港澳大湾区城市群或同类自贸区片相比，前海廉政建设属于高绩效区域。具体而言，前海“四种形态”、腐败接触、廉政宣传教育、人力投入、土地管理、自由裁量度、工程建设七个方面廉洁指数表现优异，反映了前海廉政建设工作的良好成效，为前海构建一体推进“不敢腐、不能腐、不想腐”体制机制和持续改善营商环境提供了有力支撑。

与此同时，依然存在一些需要解决的问题。例如：社会公众对投诉举报工作的程序不甚了解，实名举报率不高；除信访举报之外，在腐败治理方面能够参与其中的方法途径太少；办事托关系和请客送礼等现象虽少但仍然偶发；对消极腐败现象存在一定程度的容忍度。课题组建议：一是不断提高社会公众的参与度，加强信访举报的宣传策略，畅通多种渠道鼓励社会公众参与反腐；二是进一步加强信息公开力度，在依申请公开的基础上，进一步加强人事任命、重大工程招投标等信息公开的充分性、及时性和可回溯性，以阳光公开促公正廉洁；三是及时总结前海防止利益冲突制度的成功做法，特别是在执行层面进一步深化和拓展，巩固前海“法律底线、纪律红线、防止利益冲突警戒线”三级纵深廉政监督体系；四是以治理消极腐败现象为突破口，不断优化营商环境，不断提升前海廉洁、高效、公平、公正的法治形象；五是加强廉洁文化建设，持续推广“廉洁成就前海”价值理念，消除腐败认知中的模糊地带，进一步降低公众的腐败容忍度。

附表

附表1　前海廉洁指数指标构成

一级指标	维度	二级指标	测评指标
A. 腐败控制指数	投入	A1 人力投入	A101 专职人员的数量
			A102 纪检监察工作人员从事相关工作的平均年限
		A2 财政投入	A201 纪检监察机关经费占地方财政支出的比例
	过程	A3 廉政宣传教育	A301 开展内部廉洁教育活动的次数
			A302 开展廉洁从业指引的覆盖率
			A303 开展廉政宣传的资金投入
			A304 开展教育提醒日常约谈的人数
		A4 人事任用	A401 录用法定机构工作人员是否公开公平
			A402 提拔法定机构工作人员是否公开公平
		A5 工程建设	A501 违规转包、分包和挂靠的工程数量
			A502 定标过程是否合法合规
			A503 限额以下工程管理的透明度
		A6 土地管理	A601 经营性土地出让公开招拍挂的占比
			A602 临时用地、国有未出让土地管理的透明度
		A7 政府采购	A701 政府采购是否公开公平
		A8 资金发放	A801 政策性资金发放是否公开公平
			A802 人才补贴发放是否公开公平
	产出	A9 举报投诉处理	A901 公众实名举报率
			A902 公职人员因贪污受贿问题被投诉的宗数
			A903 公职人员因作风问题被投诉的宗数
		A10 四种形态	A1001 开展“红脸出汗”批评和自我批评、约谈函询的人数
			A1002 受到党纪轻处分、组织调整的人数
			A1003 受到党纪重处分、重大职务调整的人数
			A1004 严重违纪涉嫌违法立案审查的人数
			A1005 立案查处的腐败涉案人数
			A1006 大案、要案占全部查办案件的比例

续表

一级指标	维度	二级指标	测评指标
B. 腐败机会指数		B1 自由裁量度	B101 行政执法自由裁量数/行政执法数
		B2 信息公开程度	B201 政务信息公开的水平
C. 清廉感知指数	结果	C1 廉洁感知	C101 对前海片区廉洁程度的总体印象
			C102 对前海管理局公权力约束的总体印象
			C103 对前海公职人员存在腐败问题程度的评价
			C104 对前海企业存在腐败问题程度的评价
C. 清廉感知指数	结果	C2 腐败接触	C201a 托关系找公职人员办事
			C201b 主动给公职人员送礼
			C201c 被暗示索取好处
			C201d 被明示索取好处
			C202 办理具体业务时经历的腐败行为
		C3 腐败容忍度	C301 公职人员为私人事务使用公车
			C302 公职人员利用职务之便为亲属或子女找工作
			C303 公职人员协助亲属朋友招投标
			C304 公职人员接受服务对象请吃饭
			C305 公职人员接受服务对象钱财
			C306 总体如何看待贪污腐败行为
		C4 反腐败参与度	C401 是否愿意举报
			C402 是否愿意实名举报
			C403 是否了解举报贪污腐败的程序
		C5 反腐败满意度	C501 对过去一年前海反腐倡廉工作的满意度
			C502 对过去一年前海公职部门办事效率的满意度
			C503 对过去一年前海公职部门投诉处理的满意度
		C6 反腐败信心	C601 对前海廉政监督局工作的支持程度
			C602 对未来反腐败工作的信心
		C7 营商环境	C701 行政审批事项的精简程度
			C702 行政审批和政务服务的时效性
			C703 营商成本评价
			C704 市场环境公平性评价
			C705 前海营商环境整体满意度

附表 2　2018～2019 年前海廉洁指数

一级指标	二级指标	得分(分)
腐败控制指数 (89.20 分)	A1 人力投入	95.39
	A2 财政投入	87.04
	A3 廉政宣传教育	97.30
	A4 人事任用	84.78
	A5 工程建设	90.78
	A6 土地管理	93.44
	A7 政府采购	86.94
	A8 资金发放	87.41
	A9 举报投诉处理	70.21
	A10 四种形态	98.70
腐败机会指数 (90.20 分)	B1 自由裁量度	92.99
	B2 信息公开	87.40
清廉感知指数 (81.80 分)	C1 廉洁感知	83.81
	C2 腐败接触	97.71
	C3 腐败容忍度	78.35
	C4 反腐败参与度	59.21
	C5 反腐败满意度	81.03
	C6 反腐败信心	87.96
	C7 营商环境	84.57
前海廉洁指数		86.56

知识产权保护

Intellectual Property Protection

B.15 深圳知识产权法庭创新实践与探索

深圳知识产权司法保护研究课题组*

摘　要： 针对受理案件总量多、疑难技术类案件多、重大影响案件多的特点，深圳知识产权法庭不断深化改革创新举措，提高知识产权司法保护审判质效。法庭致力于服务创新驱动发展战略和粤港澳大湾区建设，聚力建设国际一流营商环境，严格知识产权保护，坚持以改革思维推动改革发展，以创新方式推动创新驱动；通过实施快审机制改革、示范判决机制创新、港区陪审员与七人合议庭探索、加大行为保全力度等多种举措，全面深入推进知识产权审判领域的改革创新，构建知识产权司法保护新机制、新格局，为深圳建设社会主义先行示范区提供坚强的司法保障。

* 课题组成员：卞飞、周晓聪。执笔人：卞飞，深圳知识产权法庭庭长；周晓聪，深圳知识产权法庭法官助理。

关键词： 司法保护　严格保护　知识产权

一　深圳知识产权法庭案件情况

深圳法院知识产权案件数量一直在高位运行，近年来，新类型案件不断涌现，技术类案件持续增多，审理难度不断加大。深圳知识产权案件情况可以概括为“三个多”。

一是案件总数多。近年来，深圳两级法院受理知识产权案件持续大幅增长。2016 年，深圳法院受理各类知识产权案件 22926 件（含一审、二审民事、刑事、行政案件），2017 年上升到 32284 件，2018 年达到 32667 件，2019 年共计新收知识产权案件 42660 件，结案 41031 件。

深圳中院近年收结的知识产权案件也呈现爆发性增长态势。2016 年深圳中院受理各类知识产权案件 6827 件，2017 年上升到 7685 件，2018 年达到 8615 件，2019 年收案数再创历史新高，共受理各类知识产权案件 11146 件，2019 年结案达到 10904 宗。

二是疑难案件、技术类案件多。近 3 年，深圳法院每年专利案件数量维持在 2000 件左右。2018 年，新收专利、计算机软件、垄断、集成电路布图设计等技术类案件 2335 件，同比增长 15.7%，其中新收专利侵权及权属纠纷 2255 件，同比增长 20%，占全省同类案件的 40%。2019 年受理专利、计算机软件、垄断、集成电路布图设计等技术类案件 2795 件，办结 1931 件。专利案件的增多反映了深圳对专利保护的巨大需求。

三是典型案件、重大影响案件多。近年来，深圳法院审理了一批在全国有重大影响的知识产权案件，如苹果公司诉唯冠公司 IPAD 商标权属纠纷案、华为诉 IDC 标准必要专利纠纷案、华为三星互诉标准必要专利纠纷案等。其中华为诉美国 IDC 公司标准必要专利使用费一案为全球首判“标准必要专利 FRAND 许可”，被英国《知识产权管理》杂志评为年度全球知识产权案例；华为诉美国数字交互集团滥用市场支配地位垄断案系中国企业向外国企业提起反垄断诉讼第一案，入选“改革开放四十周年全国40个重大司法案例”。

二 深圳知识产权法庭的创新实践与探索

针对受理案件总量多、疑难技术类案件多、重大影响案件多的特点，深圳知识产权法庭不断深化改革创新举措，提高知识产权司法保护审判质效。

（一）推进外观设计专利纠纷快审机制改革，实现知识产权司法“快保护”

深圳知识产权法庭推进知识产权案件繁简分流改革，合理配置审判资源，实现“繁案精审、简案快审”，率先引入外观设计专利案件快审机制，有效提升案件审理效率，有力破解“周期长”难题。2019年，深圳知识产权法庭新收外观设计专利纠纷案件1004件，审结1115件。快审团队案件调撤率达64%，当庭宣判率93.1%，审理周期缩至两个半月，呈现结案率高、调撤率高、当庭宣判率高的特点。快审机制改革主要从以下方面做了创新探索，实现提高知识产权司法保护效率的目标。

一是规范管辖权异议，防止诉讼拖延。向快审案件当事人送达关于滥用管辖权异议的告知书，释明不得为了拖延诉讼随意滥用管辖权异议，对故意拖延诉讼而滥用管辖权异议的侵权行为人明确告知将加大赔偿力度，有效规制管辖权异议滥用，避免因当事人滥用管辖权异议造成诉讼拖延，确保快审案件及时进入庭审程序。

二是提交要素式表格，优化庭审效率。庭前质证阶段详细指导双方当事人全面检视和归纳自己的诉讼主张和证据情况，庭前以要素式表格方式提交，固定案件基本事实、完成侵权比对，简化庭审方式，开庭时合议庭就当事人有争议部分进行集中审理，减少反复释明法律规定和原被告双方证据主张的时间，优化庭审效率。

三是推动当庭宣判，缩短审理周期。快审案件原则上要求在开庭审理后立即合议，当庭宣判，当庭宣判率达93.1%。建立快审案件标准化裁判文书模板，快审快结，有效支持权利人快速维权，降低维权成本，及时恢复市场正常秩序，强化知识产权司法救济的及时性和有效性。

四是推出示范判决，统一裁判标准。梳理外观设计专利纠纷案件的侵权认定、举证责任、合法来源抗辩、现有设计抗辩、电子证据采信和损害赔偿认定等典型问题，选取具有代表性的19个案件，推出了外观设计专利快审案件示范判决，提升审判效率，引导当事人合理预判诉讼结果，依法有效维权，促进矛盾化解，节约司法资源。

（二）积极探索适用知识产权诉讼禁令实践，落实知识产权司法“严保护”

在侵权纠纷诉讼中，一般要等到判决结果出来后，败诉的被告方才被强制要求停止侵权，但是这时侵权的后果可能已经比较严重，特别是在知识产权领域，诉讼程序旷日持久，在这期间，如果不采取措施，任由侵权行为继续，势必会挤压原告的市场份额，造成难以计算的损害。司法救济时效不高往往给权利人造成重大损失，导致出现权利人赢了官司、输了市场的局面，这极不利于知识产权的保护。深圳知识产权法庭坚持问题导向，根据实际工作情况，积极探索在知识产权司法保护方面采取更多有效措施，特别是突出适用行为保全措施，着力提高司法救济的实效性。法庭通过颁布诉讼禁令的方式，加大了对知识产权侵权行为依法适用行为保全的力度，2019年共发出诉讼禁令6份，涉案金额累计超亿元，对知识产权权利人迅速制止侵权行为、及时获得司法保护发挥了重要作用。例如，在腾讯科技（深圳）有限公司诉武汉骏网互联科技股份有限公司等不正当竞争纠纷案中，及时颁发诉中禁令，有力遏制互联网知识产权侵权行为，及时有效保护权利人的合法权益。通过加大行为保全力度，提升了知识产权司法救济的时效性，打造最高效、最严格的知识产权司法保护示范区。

（三）深入推进知识产权审判“三合一”，落实知识产权司法“大保护”

深入推进知识产权审判“三合一”，依法公正审理知识产权民事、刑事、行政案件，不断提升知识产权保护的整体效能，助力构建知识产权“大保护”工作格局。深圳知识产权法庭坚持实施最严格、最有效、最平等的知识产权保护，把深圳打造成为国际知识产权诉讼优选地。

一是实施最严格的知识产权保护。通过运用刑罚手段加大对侵权行为人的惩罚力度，大幅度提高知识产权侵权赔偿数额，显著提高侵权成本，有效运用调查令、财产保全和诉讼禁令等司法救济手段，达到侵权人“不敢为”“不想为”“不能为”的效果。深圳中院与深圳市检察院、市公安局、市司法局、市发展改革委联合发布《关于办理侵犯知识产权刑事案件侵权产品价格认定相关问题的意见（试行）》，与市检察院、市公安局联合发布《办理侵犯知识产权刑事案件若干问题的会议纪要》，有力推动司法保护与行政执法、刑事司法的有序衔接及标准统一。

二是实施最有效的知识产权保护。突出核心专利技术保护，提升知识产权保护效益。以智慧法院建设为依托，充分发挥信息化效能，提升知识产权保护效率。整合知识产权保护资源，提升知识产权保护合力。深化完善知识产权纠纷解决机制，促成全社会形成多元化解决知识产权纠纷的生态环境，实现知识产权的全方位救济，提高知识产权保护整体效能和综合效能。

三是实施最平等的知识产权保护。平等保护各种产权性财产利益。将知识产权作为产权制度的重要内容，与房屋、汽车等有形财产一样，给予同等保护、一体保护。平等保护各类企业合法权益。严厉打击对民营企业的不正当竞争、侵害民营企业知识产权行为，对于民营企业和国有企业、小企业和大企业，一视同仁，平等保护。平等保护中外当事人合法权益。有效提升创新企业的国际竞争力，对中外当事人知识产权合法权益给予平等保护，越来越多的外资企业选择到深圳解决知识产权纠纷，深圳正成为国际知识产权诉讼优选地。

（四）依托信息化深度融合，开启知识产权司法“云保护”

深圳知识产权依托“智慧法院”建设，积极借助新兴信息技术，不断提升知识产权司法保护信息化、智能化水平，为知识产权审判插上智慧翅膀。

一是完善电子诉讼平台，打造全流程线上审理新模式。通过E键确认平台，发挥一键自动送达、一键公告、一键自动生成文书、一键智能电子盖章、一键归档等信息化功能手段，积极引导当事人实现答辩意见、质证意见、比对意见、证据材料电子化，便于庭审展示、质证和保存，提高诉讼效率，破解送达难题。2019年，通过E键平台智能生成并送达程序性文书约3万份，电子送达成功率达70%以上，电子归档案件64宗，开启全流程无纸化办案新模式。

二是运用3D扫描技术，推动存证、移证新变革。针对知识产权案件证物多、移送难、管理不便等问题，深圳知识产权法庭运用3D扫描技术对证物进行固定，以电子化手段详细记载证物的设计要点、结构细节、技术特征等，实现证物电子存储、在线比对、在线移送，实现知识产权案件审判与信息技术的深度融合。

（五）创新审判模式举措，打造知识产权司法“优选地”

探索港区陪审员参与庭审，促进粤港澳大湾区裁判标准统一。在世界最大的烟草公司菲利普莫里斯公司（Philip Morris Products S. A.）诉深圳市舜宝科技有限公司侵害外观设计专利权纠纷案件中，法庭邀请港区陪审员马先生组成合议庭。马先生具有香港技术专业背景和丰富的外观设计经验，其参与庭审，可以将香港关于知识产权保护的专业知识和地方经验导入深圳的案件审理中，平等保护外方和港澳方的合法权益。该做法为媒体广泛报道，马先生在庭审后接受媒体采访时也表示，通过此次庭审感受到内地对于知识产权保护的重视，并表示回香港后要多多宣传内地的知识产权保护创新。从这一角度而言，港区陪审员还能起到宣传内地法律体系正面形象的作用。《粤港澳大湾区发展规划纲要》已经明确提出要加强法律事务合作，接下来还将引入具有香港法律专业背景的港籍陪审员，推动深圳知识产权案件审理进一步与香港和国际接轨，推动粤港澳大湾区知识产权案件裁判标准的统一。

探索七人合议庭模式审理知识产权案件，法院判决更贴近公众普遍认识。在贵州茅台酒股份有限公司诉贵州省仁怀市茅台镇中黔酒业有限公司等侵害商标权一案中，深圳知识产权法庭尝试采取七人合议庭模式对案件进行审理，即由三名法官和四名陪审员共同组成合议庭来审理知识产权案件。本案中七人合议庭的大陪审制也消除了以往对人民陪审员“陪而不审、审而不议”的质疑，由人民陪审员参与庭审调查，对事实进行认定，是推动知识产权案件在事实认定机制上的颠覆性变革。此举也是进一步扩大强化庭审中心地位，不断推动庭审实质化的重要举措，促使法院裁判更加符合审判公开的要求，从而达到法律价值和社会价值有机统一的效果。本案四名人民陪审员均从434名陪审员库中随机抽取产生，他们分别来自不同行业，涵盖了教育、酒业、科学、医疗等群体，有不一样的认知力及价值观，四名陪审员的加入，使法院的最后裁判更贴近社会和普通公众的认识，庭审取得良好的反响与效果。

三　存在的困难与问题

当前，知识产权司法保护主导作用日益显现，司法保护水平持续提高，深圳也逐步成为知识产权争议解决的优选地。但应当清醒地看到，相较于深圳在全国科技创新中的领先地位，相对于深圳实施最严格知识产权保护制度的要求和日益增长的知识产权司法保护需求，深圳知识产权司法保护还存在一些问题和短板，主要体现在以下方面。

一是案多人少的矛盾依旧突出。深圳高新技术企业众多，创新产业优势突出，创新成果不断涌现，科技创新能力水平不仅处于国内领先地位，也日益成为全球瞩目的“创新之都”。可以说，深圳的科技创新水平稳居全国前列，但作为司法保护的组织基础，深圳知识产权法庭在设置规格、人员编制、内设机构等方面仍不能满足逐年激增的案件数量需求，案多人少的矛盾也在一定程度上制约了知识产权案件审理专门化和人员专业化，从长远看也不利于深圳科技创新活力和核心竞争力的持续释放。

二是司法保护效果与创新主体期待仍有一定差距。随着高科技产业的发展、创新成果的大量涌现，高科技和创新型企业面临的侵权风险日益增多，对实施更严格知识产权保护的期待和需求也日益强烈和迫切。但知识产权维权领域“举证难、赔偿低、周期长”的问题仍然在一定程度上存在，主要体现在两方面。其一，举证难问题凸显，制约了知识产权侵权的司法救济效果。知识产权的无形性、侵权行为的隐蔽性以及知识产权价值评估鉴定难等特点，客观上导致侵权行为、损害赔偿等方面的证据较难获取和固定，侵权行为、损害赔偿发现难、取证难、损害赔偿认定难问题凸显，在部分案件审判中，根据法律规定和证据规则，法院依法只能以现有证据认定赔偿金额，客观上影响了司法保护的实际效果。其二，部分案件审理周期过长，与企业快速维权的需求有差距。随着知识产权案件大量涌入法院，法院案件审判任务日益繁重，客观上拉长了结案周期，尤其是技术类知识产权案件，由于技术类事实认定专业性强、难度大，案件审理周期往往旷日持久，既增加了维权成本、降低了知识产权司法保护效率，也在客观上影响权利人的维权效果。

三是知识产权纠纷化解社会合力发挥有待进一步加强。和解、调解和仲裁是化解知识产权纠纷、保护知识产权利益的有效途径和方式。尤其在知识产权案件迅猛增长、处理周期长、维权成本高企的现实情况下，健全知识产权纠纷多元解决机制，对于快速解决争端、降低维权成本、提高知识产权保护水平更具有现实意义。虽然全市两级法院均已设立诉调对接平台，各级法院通过签订合作备忘录、战略合作协议等方式，积极推动相关行业协会、专业机构进驻诉调对接平台，参与知识产权纠纷诉前调解工作，取得了一定成效，但与知识产权纠纷多发易发的态势相比，由于政策支持、工作激励等不足，相关行业协会、专业机构参与诉前调解的热情不高、参与度不够、作用发挥有限，诉调对接工作机制仍需进一步加强。

四是专业化智库建设亟待推进。从事知识产权审判的法官大多为法律专业出身，兼具法律专业和理工专业背景的审判人员比较缺乏。但知识产权案件中，相当一部分案件涉及专利、技术秘密、集成电路布图、植物新品种等技术，这些案件涉及复杂的科学知识，技术事实查明和分析判断复杂、疑难，没有相关专业背景的法官往往难以弄清技术争议的全部事实，不利于案件争议事实的客观、准确认定，必须建立技术事实查明机制，借助专业技术人员帮助法官查明事实。但法院尚未设置技术调查官为法官提供专业的技术审查意见，亟待建立并进一步完善技术事实查明机制。

四　深圳知识产权法庭的未来展望

紧紧围绕服务粤港澳大湾区和先行示范区“双区”目标任务，坚持问题导向，以打造国际一流知识产权审判机构为目标，推进各项工作改革创新，先行探索、率先示范，努力构建最高效、最严格、最规范、最具创新活力的知识产权司法保护示范区。不断强化知识产权司法保护的主导和引领作用，推进知识产权审判体系和审判能力现代化建设，为深圳创新驱动发展战略实施提供重要引擎，为深圳社会主义先行示范区建设提供坚强有力的司法保障。

建设知识产权司法保护最高效的示范区。一是继续推动专利案件快审机制建设，解决知识产权案件审理周期长、赔偿难的痛点。二是继续加强行为保全力度，通过颁发诉讼禁令、调查令等形式提升知识产权司法救济的时效性。三是探索先行判决，区分侵权情形和赔偿金额审理。

建设知识产权司法保护最严格的示范区。一是探索全面实施知识产权侵权惩罚性赔偿制度，坚定扛起“先行示范”的历史担当，创造更多可复制可推广的成功经验。明确知识产权惩罚性赔偿制度的适用细则。例如，确定赔偿基数，明确“恶意”特征，增加“情节严重”作为确定惩罚性赔偿金倍数的标准，明确法定赔偿考量因素，建立赔偿的层次分档，增强赔偿数额认定的规范性和可预期性等，使赔偿数额充分反映知识产权市场价值，有效威慑侵权行为。二是探索建立符合知识产权案件特点的诉讼证据规则。积极破解知识产权案件“举证难”问题。探索建立证据披露、证据妨碍排除、优势证据制度等规则，合理分配举证责任。三是要探索推进区块链技术在审判中的广泛应用，解决取证难、赔偿难的问题。

建设知识产权司法保护最规范的示范区。探索建立知识产权示范判决机制和知识产权保护案例指导机制，推出一批示范判决，对内有助于进行案例指导、统一裁判标准；对外有助于凝聚社会共识、推动调解、威慑侵权、鼓励创新。

建设知识产权司法保护最国际化的示范区。继续探索港籍陪审和7人合议庭模式，必要时可以导入外籍法律专家或技术专家加入庭审。加强标准必要专利案件的审理，敢于亮剑，颁发禁诉令，探索推动知识产权审判的国际化进程。

建设知识产权司法保护最现代化的示范区。拥抱3D扫描、区块链等新兴技术革命，推动知识产权案件存证、固证、示证体系颠覆性变革；导入技术比对、视频开庭、语音转换、微表情等新兴技术，为知识产权案件审理插上信息化的翅膀，建设最具现代化水平的新一代知识产权法庭。

建设知识产权司法保护最具创新活力的示范区。探索建立独具深圳特色的技术调查官制度，继续优化技术事实查明机制。建立“双轨制”和“嵌入式”的技术调查官队伍。采取招录技术类法官助理+购买社会服务的形式，建立技术类别丰富、需求层次分明的独具特色的技术调查官制度。探索建立专门的商业秘密审判团队，集中办理商业秘密案件。坚定不移推进各项司法改革创新，增强改革措施的针对性和实效性，以创新的方法激励创新，以创新的方式保护创新。

B.16
前海法院知识产权审判保障创新驱动发展

深圳前海合作区人民法院课题组*

摘　要：　前海法院作为自贸区新型法院，根据最高人民法院的批复，从2016年7月开始管辖前海蛇口自贸片区内一般知识产权民事案件。前海法院始终坚持以习近平新时代中国特色社会主义思想为指导，树牢“四个意识”、坚定“四个自信”、做到“两个维护”，立足粤港澳大湾区、中国特色社会主义先行示范区、前海自贸区的区位特色，紧扣“快速、严格、专业、共治”目标，着力打造知识产权公正专业审判的新高地，营造尊重知识价值、激励创新的营商环境，推动粤港澳大湾区和自贸区经济社会高质量发展。

关键词：　知识产权　营商环境　公正审判

一　自贸区加强知识产权保护的背景与意义

习近平总书记强调：“加强知识产权保护，是完善产权保护制度最重要的内容，也是提高中国经济竞争力最大的激励。”知识产权凝聚着人类的智慧，已经构成一座城市乃至一个国家创新发展和高质量发展的重要战略资源与核心竞争力。改革开放40多年来，中国逐渐成为知识产权大国，正朝着

---

* 课题组成员：林艳、赵君君、谢雯、杨海军、陈雅凌、丘概欣。执笔人：林艳、赵君君、谢雯、杨海军、陈雅凌、丘概欣，前海合作区人民法院干部。

知识产权强国迈进，知识产权保护也被提升为国家发展战略。中国知识产权创新能力和保护力度的加强，有力带动了创新环境和营商环境的持续优化[①]。为进一步促进中国经济社会高质量发展和努力优化创新环境与国际化法治化一流营商环境，中国不断向世界展示严格保护知识产权的坚定立场和鲜明态度。中共中央办公厅、国务院办公厅印发《关于强化知识产权保护的意见》，从战略高度采取多种举措，使知识产权保护的执法更严、赔偿更高、维权更快，更好地促进创新驱动发展。

深圳是首批全国知识产权示范城市，全国知识产权综合管理改革第一批试点地区，全国首个以城市为基本单元的国家自主创新示范区，在全球创新能力活跃的城市中排名第二。《粤港澳大湾区发展规划纲要》提出，深圳要深入实施创新驱动发展战略，建设国际科技创新中心。根据《深圳市 2019 年知识产权发展状况白皮书》的统计，2019 年深圳市知识产权创造数量及质量取得突破，专利申请量、授权量、授权量增速、有效发明专利五年以上维持率、PCT 国际专利申请量五项核心指标均居全国第一。每万人口发明专利拥有量达 106. 3 件，为全国平均水平（13. 3 件）的 8 倍。有效发明专利五年以上维持率达 85. 22%，居全国大中城市首位（不含港澳台地区）。PCT 国际专利申请量 17459 件，约占全国申请总量的 30. 74%，约占广东省总量的 70. 61%，连续 16 年居全国大中城市首位[②]。以上情况说明，深圳在自主创新和高质量发展等方面作了很多努力，也取得骄人成绩，走在了全国前列。

深圳前海，是“合作区 + 自贸试验区 + 保税港区”三区叠加之地，被誉为“特区中的特区”。中国和深圳高度重视知识产权，知识产权发展势头良好、成效显著，这是前海知识产权保护与发展的大背景和前提。前海始终把知识产权战略作为创新发展的主导战略之一，多层次全方位构建知识产权

① 世界知识产权组织发布的《2019 年全球创新指数》报告显示，中国排名提升至第 14 位，居中等收入经济体首位。在世界银行发布的《2020 年营商环境报告》中，中国营商环境在全球排名提升至第 31 位。

② 参见《深圳市 2019 年知识产权发展状况白皮书》。

保护体系，努力打造成全国性的知识产权生态系统建设先行区，打造知识产权保护高地。中国（深圳）知识产权保护中心、深圳国家知识产权局专利代办处设立在前海，进一步说明和凸显前海在知识产权发展战略中的重要地位。前海正抢抓“双区驱动”重大历史机遇，继续发扬首创精神，构建最严格、高效、低成本的知识产权保护机制，以知识产权保护促进新兴领域和新兴业态的健康发展，推动前海和深圳高质量发展。

二 知识产权案件相关情况反映自贸区发展特点与要求

2016 年 7 月至 2020 年 3 月，前海法院受理知识产权案件 3694 件，涉案标的额 3.46 亿元，审结 3236 件，结案标的额 2.69 亿元。其中适用小额诉讼程序审理案件 7 件，适用简易程序审理案件 1689 件，适用普通程序审理案件 1540 件。分析显示，知识产权案件受理审判情况较好地反映了自贸片区创新驱动发展的基本特点与要求。

（一）案件数量逐年上升反映创新业态发展良好

案件是纠纷的载体，纠纷是经济社会活动开展的一种反映。对 ·定时期的案件数量进行综合分析，可以管窥经济社会的发展状态。前海法院 2016 年、2017 年、2018 年、2019 年、2020 年 1 ~ 3 月分别受理知识产权案件 59 件、296 件、2024 件、973 件、342 件，分别审结 11 件、238 件、1865 件、980 件、142 件。其中，除了 2018 年因受理部分系列案使案件迅速增长，其余年份的知识产权案件收结案数保持稳定较快增长态势。2016 ~ 2020 年，超 100 万元大标的额案件数分别为 2 件、7 件、17 件、30 件、8 件，呈现逐年上升趋势。知识产权是创新的一种表现，以上知识产权案件情况较好反映了自贸区创新业态的发展趋势。随着自贸片区创新政策引导和知识产权保护体系化建设，自贸片区注册企业不断增加，其中创新型企业占了很大比例，商贸活动活跃，相关的知识产权纠纷随之增加。

（二）案件类型相对集中反映知识产权行业特色

知识产权案件主要涉及知识产权合同纠纷，知识产权权属、侵权纠纷，不正当竞争纠纷三大类共26个子案由。自2016年7月至2020年3月，前海法院受理的知识产权案件涉及知识产权权属、侵权纠纷案件3576件，知识产权合同纠纷案件81件。其中知识产权权属、侵权纠纷中侵害作品信息网络传播权纠纷3019件，侵害商标权纠纷85件，侵害录音录像制作者权纠纷42件，著作权权属纠纷19件；知识产权合同纠纷中特许经营合同纠纷36件，著作权许可使用合同纠纷30件，技术合同纠纷3件。侵害作品信息网络传播权纠纷占受理知识产权案件总数的81.7%，主要是随着数字化技术的飞速发展和网络传播的普及，网络音乐平台作为互联网产业与音乐产业相互融合而产生的新型传播媒介，具有极大的市场潜力，引发了激烈的市场竞争，由此引发该领域内知识产权权属、侵权纠纷增加。另外，前海特殊的区位优势吸引了众多高科技企业入驻，该类型企业以知识产权为核心竞争力，在企业的发展过程中由于技术、管理等核心员工流动导致的包括仿冒、虚假宣传、商业诋毁、侵害商业秘密等各类不正当竞争纠纷不断增加，共受理不正当竞争纠纷案件37件。

（三）涉众型知识产权案件反映社会关注度较高

涉众型案件因为当事人人数众多，其影响的波及面广，常常会受到更多的社会关注。前海法院受理的知识产权案件呈现系列案件批次、涉当事人人数整体上升趋势。2016～2019年知识产权纠纷案件系列案批次分别为4件、17件、81件、56件，分别涉及当事人数分别为20人、49人、281人、156人[①]。信息技术发展和市场商贸活动频繁，使知识产权的侵权主体和侵权方式呈多样化发展，部分知识产权权利人集中。随着知识产权保护

---

① 参见前海法院《自贸区知识产权司法保护状况白皮书（2016～2020）》。

力度的升级，知识产权维权更方便、便捷，呈现批量维权的趋势。这类案件的社会关注度普遍较高，案件的正确处理对于权利人的正当维权具有示范效应。

（四）着力营造保护知识产权的国际化创新环境

随着改革开放的深入推进，全面开放新格局逐步形成，中国与世界经贸往来及联系也日益紧密。这在涉外涉港澳台知识产权案件审判中也得到体现。2016 年 7 月至 2020 年 3 月，前海法院共受理涉外涉港澳台知识产权案件 67 件，其中涉外知识产权案件 12 件，涉港知识产权案件 30 件，涉台知识产权案件 25 件。这些知识产权案件的分布情况是：侵害录音录像制作者权纠纷 21 件、侵害著作权 14 件、侵害商标权纠纷 17 件、著作权许可使用合同纠纷 15 件。随着“一带一路”倡议、粤港澳大湾区和中国特色社会主义先行示范区建设的深入推进，前海区域内的国际商事活动越来越多，因为创新驱动发展定位要求，涉外涉港澳台知识产权纠纷也会随之增多，前海法院对此类案件的依法公正高效及时处理，有利于营造国际化法治化的良好创新环境。

（五）知识产权纠纷多元化解能力显著提升

矛盾纠纷的快速化解有利于经济社会健康发展，也是一个地区法治能力和营商环境的重要内容。在知识产权纠纷的解决处理上，根据当事人的意愿和要求，为顺应并推动前海创新发展，前海法院积极寻求多方解纷资源与力量的参与，综合运用多种解纷方式推进矛盾纠纷的多元高效解决。从结案方式来看，知识产权调解结案 256 件，占比 7.9%；裁定准予撤诉结案 877 件，占比 27.1%。随着多元化纠纷解决机制的日益完善，前海法院知识产权案件调撤数稳步上升，2016 ~ 2020 年 3 月知识产权案件分别调撤 11 件、99 件、314 件、649 件和 61 件，调撤率分别为 100%、41.5%、16.9%、66.2%、42.9%，除 2016 年、2018 年因为案件基数变化使调撤比较高或较低外，调撤率呈稳步上升趋势。

三　司法服务保障自贸区高质量发展的创新与实践

前海法院始终坚持司法服务保障国家创新驱动发展战略，努力回应深圳建设具有全球影响力的创新创业创意之都和自贸区创新发展的司法需求，依法公正高效推进知识产权审判工作，不断推进机制创新，着力打造知识产权公正专业审判的新高地，营造激励创新、尊重知识价值的营商环境，促进自贸区高水平对外开放。

（一）切实提高服务国家创新驱动发展战略的政治站位

1. 始终坚持司法服务保障国家创新驱动发展战略

前海法院始终坚持以习近平新时代中国特色社会主义思想为指导，确保知识产权司法保护工作服务国家重大发展战略和创新驱动发展的正确政治方向。牢固树立保护知识产权就是保护创新的理念，深入贯彻实施创新驱动发展战略、国家知识产权战略以及最高人民法院关于“司法主导、严格保护、分类施策、比例协调”的知识产权司法保护政策，公正高效审理知识产权民商事案件，完善知识产权审判机制，优化细化政策措施，加强协同保护，提升司法保护水平。

2. 建立健全司法保障体系

立足自贸区创新创业特色，制定《关于加强知识产权司法保护的实施意见》，从指导思想、基本原则、重要措施等方面，统一部署和规范知识产权司法保护措施，提升保障效能。根据自贸区受理案件特征，制定《关于审理侵害商标专用权纠纷案件的裁判指引》《涉音乐著作权侵权纠纷案件的裁判指引》，明确审理原则、权属认定、侵权责任等内容，旨在统一裁判尺度，引导社会公众行为。制定《关于适用知识产权惩罚性赔偿的裁判指引》，明确惩罚性赔偿适用条件、加倍赔偿数额的确定、法定赔偿中的惩罚性因素等内容，加大对侵犯知识产权行为的惩罚力度，提高侵权成本，营造尊重知识产权、尊重创新创造的良好氛围。

3. 积极对接国际通行的知识产权保护规则

在坚定不移走中国特色社会主义法治道路的根本前提下，积极吸收借鉴域外关于知识产权保护的有益经验。与域内外高校、研究机构合作，深入开展知识产权惩罚性赔偿等课题研究，着力打造衔接国际通行规则的制度创新高地，提升审判专业化水平，提升知识产权司法保护的社会公信力和国际影响力。

（二）建立快速保护知识产权工作机制

1. 健全多层次的知识产权案件诉讼制度

前海法院以多元化纠纷解决中心为依托，运用信息化 5G 技术，开展知识产权案件在线调解工作，有效降低了维权成本，提升了维权效率，使侵害录音录像制作权等纠纷得到有效化解。持续推进知识产权案件“繁简分流”工作，完善案件快速审理机制，实行“简案快审”，对事实清楚、争议不大的知识产权简易案件，采用小额诉讼程序审理。自受理知识产权案件以来，前海法院适用简易程序、小额诉讼程序审理知识产权案件的平均审理周期为 24.7 天，强化了司法救济的及时性，有效破解知识产权案件审理“周期长”问题。

2. 建立强有力的知识产权案件保全机制

兼顾及时保护和稳妥保护的精神，充分发挥行为保全措施的制度效能，及时审查知识产权行为保全措施并依法裁定执行，实现快速有效制止侵权行为，有效避免权利人损失进一步扩大。在涉及网络音乐平台的著作权侵权纠纷中，基于网络传播的快速性以及网络音乐平台的经营特征，依法在 4 件案件中采取诉前行为保全措施，裁定立即停止侵权，被告在收到裁定书后均立即停止侵权行为，及时保障了权利人的利益。其中腾讯音乐等公司诉网易云音乐等公司侵害作品信息网络传播权纠纷一案入选 2018 年度深圳法院知识产权十大典型案例。

3. 畅通知识产权案件便利化诉讼渠道

深度运用深融多元化平台、广东诉讼服务网、深圳移动微法院、电子卷宗随案同步生成等智慧法院建设成果，为当事人提供在线立案、在线送达、在线庭审、在线调解等高效安全的诉讼服务，进一步缩短诉讼周期，节约诉讼成本，提升诉讼服务智能化水平。发布中英文知识产权立案、举证指引，引导域内外当事人规范行使诉讼权利。完善诉前辅助机制，为知识产权纠纷主体提供诉讼风险分析、诉前调解建议、诉讼流程告知等专业性的咨询与辅导，增强相关主体对诉讼结果的合理预期。

（三）实施最严格的知识产权保护制度

1. 加大惩罚性赔偿力度

针对当前知识产权保护存在侵权赔偿标准较低的问题，前海法院制定实施《关于适用知识产权惩罚性赔偿的裁判指引》，对惩罚性赔偿制度的适用予以细化，对认定“情节严重”“恶意”等情形予以明确，通过在具体案件中依法适用惩罚性赔偿制度，充分发挥惩罚性赔偿对侵权行为的法律威慑作用，让侵权者付出沉重代价，有效遏制和威慑侵犯知识产权行为，努力营造不敢侵权、不愿侵权的法律氛围。在腾讯音乐等公司起诉网易云音乐等公司侵害录音录像制作者权纠纷一案中，综合考虑被告主观过错程度、经营规模、造成的后果等方面，在法定赔偿限额内从重判决赔偿金额，充分体现知识产权惩罚性赔偿精神①。该案被《人民法院报》《中国青年报》相继报道，受到社会广泛关注。

2. 全面支持维权合理费用

建立对律师费、公证费、鉴定费等维权合理支出的转付机制，通过对律师费等合理支出在赔偿额中单独计算等措施，显著提高侵权人的违法成本，降低权利人维权成本。对于权利人虽未能提交发票等证据证明其维权支出，但根据在案其他证据和已经查明的事实能够推定该项支出确已发生且是维权必要费用的，依法予以支持。在上海陆家嘴国际金融资产交易市场股份有限

① 参见前海法院2020年4月24日发布的《深圳前海合作区人民法院自贸区知识产权十大典型案例》。

公司起诉深圳市陆金所投资发展有限公司不正当竞争纠纷一案中，前海法院在判项中单列并支持原告维权支出的合理律师费用，有效降低权利人的维权成本。

3. 充分发挥司法裁判的示范引导价值

贯彻落实精品审判战略，完善知识产权精品案件和典型案例的发现、培育和宣传机制，对新类型、疑难复杂的知识产权案件推行“繁案精审”，加强裁判文书说理，形成具有典型意义、引导规则的裁判精品。发布前海法院知识产权十大典型案例，其中包括适用诉前禁令、适用惩罚性赔偿、香港地区专家陪审员参审等案例。注重发挥新类型案件审理的引领示范作用，在腾讯诉抖音音乐著作权纠纷中，依法认定抖音“拍同款”功能构成侵权，对规范新兴短视频平台依法运作具有示范指引作用，该案被评为2019年度深圳法院知识产权十大典型案件。

（四）完善“法官+专家陪审员+技术调查官”专业化审理机制

1. 组建专业化审判队伍

组建专业知识产权审判团队，加强对知识产权法官的政治理论、专业能力和外语培训，努力打造政治坚定、精通法律、熟悉技术并具有国际视野的专家型、复合型知识产权审判队伍。探索“3名法官+4名专家陪审员”合议庭审理重大疑难复杂知识产权案件，4名人民陪审员只参与审理事实认定问题，不审理法律适用问题。针对审判实践中的新型疑难问题，深化与高等院校合作，加强调查研究，完成“知识产权惩罚性赔偿的司法适用研究”“自贸区知识产权保护中的平行进口问题”等调研课题，形成一批总结审判经验并能有效指导审判实践的调研成果。

2. 选任香港地区专家陪审员参审

立足服务粤港澳大湾区建设大局，选任具有知识产权专业背景或相关行业背景的香港地区专家陪审员参与涉外涉港澳台知识产权案件的审理，充分借鉴香港在知识产权保护方面的经验，进一步密切内地与港澳司法交流合作，提升内地知识产权司法保护的国际、区域公信力。在两件涉及境外动漫作品保护的著作权侵权案件中，分别邀请香港地区专家陪审员苏某和孙某参审，苏某是中国动画学会副会长、亚太动漫协会理事、《喜羊羊和灰太狼》动画创办人，孙某是知识产权专家，充分发挥他们熟悉当事人的交易习惯、行业情况以及专业优势，协助法官查明事实和开展调解工作，最终两案均成功促成当事人和解。

3. 建立多元化的技术事实查明机制

探索建立技术调查官、技术鉴定、专家咨询、专家陪审员多元化的技术事实查明机制，制定《技术调查官管理办法》，为知识产权案件审理提供专业性技术审查意见。规范技术审查意见的采信机制，充分发挥专业技术人士在有效查明技术事实中的作用，增强技术事实查明的中立性、客观性和科学性，全面提升专业化审判水平。

4. 高效审理涉港澳台知识产权案件

依法审结涉及香港知名品牌“金像”的系列商标侵权案件和著名动漫形象“小黄鸭”的系列著作权侵权案件，通过调判相结合的方式，当事人有意愿调解的案件积极促进双方达成调解协议，展现内地司法调解制度高效、便捷、经济化解纠纷的优势。对于无法调解的案件依法判决侵权人停止侵权、全面赔偿权利人损失和维权合理开支，依法保护权利人合法权益，有效遏制侵权行为，积极营造公平、透明、稳定、可预期的营商环境。

（五）构建共治的知识产权“大保护”模式

1. 强化对知识产权纠纷的诉源治理

注重将矛盾纠纷化解端口前移，与前海辖区内腾讯音乐等公司合作共建纠纷化解机制，委派调解员参与腾讯公司与抖音、小米、趣唱、唱吧等公司音乐制品信息网络传播侵权纠纷的调解工作。2019 年，委派调解员上门调解纠纷 3000 余件。联合前海管理局、前海检察院等法律职业共同体的基层党组织，举办联学共建活动及知识产权专题交流会，向自贸区内包括港澳台企业宣传知识产权法律知识，提升企业知识产权风险防范意识，深入了解企业对知识产权保护的司法需求，营造尊重创新、保护创新的社会氛围。

2. 健全知识产权纠纷诉调对接机制

加强同知识产权仲裁中心、中国（深圳）知识产权保护中心、粤港澳调解联盟等专业机构的合作，不断丰富和拓展专业化、多元化的知识产权纠纷化解平台。确立“过滤引导—协调对接—专业服务”工作模式，聘请具有知识产权专业背景的港澳台地区及外籍调解员，推行“调解法官 + 域外调解员”或“内地调解员 + 域外调解员”的创新型调解模式。截至 2020 年 3 月，知识产权案件诉前调解成功案件 1608 件，成功率为 17.8%，诉中调解成功率为 17.6%。外籍调解员和港澳台地区调解员参与调解知识产权案件 320 件，调解成功 107 件。注重开展线上调解，如委托内地和外籍调解员分别在前海、北京通过在线方式成功开展视频调解，提升了知识产权调解的效率与便捷度。

3. 推进知识产权司法保护和行政保护的无缝衔接

加强与知识产权行政管理部门的交流合作，推动双方行政执法与司法保护的衔接、协同和资源共享，共同构建快速协同的知识产权保护体系。与蛇口海关建立常态化的联络沟通机制，在证据保全、财产保全、调查取证等方面开展广泛协作，特别是针对涉港澳台及“一带一路”沿线国家的知识产权侵权行为，联合海关及时采取保全措施，有效遏制跨境侵权案件侵权后果加剧。前海法院与蛇口海关先后在 6 件知识产权案件调查取证、证据保全、财产保全等方面开展了有效协作，提升了知识产权保护的合力。

四　未来展望

前海法院通过司法审判加强知识产权保护，对服务和保障前海自贸区的创新驱动发展和经济社会高质量发展发挥了积极作用。但结合深圳和前海的国家定位与发展要求，对照更高标准的知识产权司法保护要求，前海法院的知识产权司法保护还不同程度存在一些不足。例如，在实施最严格保护方面，惩罚性赔偿制度的适用率较低；技术事实的查明较多依赖司法鉴定程序，技术调查官的作用没有得到最大限度发挥；虽然形成了知识产权“大保护”格局，但是与相关单位对接、合作的紧密程度有待进一步加强；专业化审理机制在提升知识产权司法保护水平方面发挥了重要作用，随着前海经济社会的迅速发展，特别是对外开放的力度加大，新类型知识产权案件不断出现，司法处理的专业应对能力有待进一步提升。

未来，前海自贸区的知识产权司法保护重点应考虑以下方面。

一是立足服务保障“双区”发展，推进经济社会高质量发展。粤港澳大湾区和中国特色社会主义先行示范区是中国的重大发展战略，深圳和前海在其中发挥着十分重要的作用。知识产权与高科技是发展的核心驱动，是“双区”发展的重要引擎，也是深圳与前海发展的主要动力之一。司法知识产权保护必须坚持服务“双区”的发展方向，主动适应“双区”发展要求。秉承严格保护原则，积极适用惩罚性赔偿，依法提高侵权法定赔偿额上限。坚持“保护和运用的二元导向”原则，为创新设定权利与规则，通过保护知识产权激励创新，将知识产权保护与经济发展深度融合，努力推动经济社会高质量发展。

二是积极营造法治化营商环境，打造具有国际影响力的创新区。拓展国际视野，坚持开放包容、平等保护原则，依法平等公正保护域内外涉知识产权相关当事人的合法权利，积极营造市场化、国际化、法治化营商环境，推动知识产权全球治理体系和国际规则朝着更加公正合理的方向发展，以更好地服务推动深圳和前海打造成为具有国际影响力的创新区。

三是加强司法保护，推动形成联系更为紧密的知识产权“大保护”格局。加强与政府、协会、行会等主体的合作，努力形成知识产权保护合力。例如，关于技术调查官在市主管部门配备技术调查官的情况下①，积极与相

① 《深圳经济特区知识产权保护条例》第 20 条规定：市主管部门可以配备技术调查官，为知识产权行政执法提供专业技术支持，履行下列职责：（一）对技术事实调查范围、顺序、方法提出意见；（二）参与调查取证，并对其方法、步骤等提出意见；（三）提出技术审查意见，作为市主管部门办理案件的技术事实依据；（四）市主管部门指派的其他技术调查工作。技术调查官在执行职务过程中，遇有可能影响公正履行职责的情形需要回避的，应当回避。当事人有权提出回避申请。技术调查官的选任和管理办法由市人民政府制定。

关部门沟通，实现技术调查官在行政部门与司法机关的共享。加强与相关行政执法部门的信息共享与连接，对那些因为（多次）侵犯知识产权而受到行政处罚的当事人，在法律允许范围内加大司法赔偿力度，同时将相关司法处理信息及时反馈给（行政）相关部门，形成一种“联合惩戒”的保护格局。

Abstract

Based on the requirements of building a demonstration zone in socialist rule of law, Qianhai constantly improves all aspects of the construction of the rule of law, continues to strengthen cooperation between Shenzhen and Hong Kong, deeply carries out various reforms, and builds a high ground for business protected by rule of raw. Many of its explorations are worthy of careful reflection, many of its experiences are worthy of close study, and many of its innovations are worthy of deeper consideration.

Report on Rule of Law in *Qianhai No.* 3 (2020) refines and summarizes experiences mentioned above in all directions, at multiple levels, and from different perspectives. Many of its institutional innovations and experiences deserve to be promoted nationwide. In addition, the Blue Book also offers analysis and discussions on such topics as intellectual property protection, credit system construction, and comprehensive law enforcement, and predicts the future development of the rule of law in Qianhai

The *Blue Book* continues to publish an indicator system for comprehensively evaluating the rule of law in the free trade zone and an evaluation report, fully taking the impulse of the national demonstration zone in rule of law. The evaluation report, which is mainly based on objective data and objective materials, mainly examines whether there are complete systems and mechanisms, whether different systems are implemented, and whether reforms and innovations are carried out legally.

Keywords: Free Trade Zone; Demonstration Zone in Rule of Law; Business Environment

Contents

Ⅰ General Report

Abstract: Qianhai has not only become a major economic growth pole in Shenzhen, but also a source of institutional innovation. It has not only benefited from industrial cluster, special supervision and incentive policies as location advantages for development, but also constantly played a stronger role in pioneering and demonstrating rule of law, which has become an important aspect of the Qianhai phenomenon. As it is gradually moving from a domestic pioneer to an international high ground in rule of law, it provides practice to be observed, exploration to be reflected on, experiences to be promoted, and innovation to be refined.

Keywords: Free Trade Zone; Rule of Law Demonstration Zone; Business Environment

Ⅱ Index Report

Abstract: The National Rule of Law Index Research Center and the Project

Team of Rule of Law Index Innovation Project, Institute of Law, Chinese Academy of Social Sciences, systematically evaluated the construction of rule of law in Shenzhen Qianhai Rule of Law Demonstration Zone in 2019 for the third time and from five aspects of rule making, rule of law government, judicial construction, rule of law society, and safeguard supervision. In this evaluation, the rule of law in Qianhai in 2019 got an overall score of 82. 43, showing year-on-year increases from 2017 (78. 42) and 2018 (80. 48). The construction of Qianhai Rule of Law Demonstration Zone is progressing steadily, and its business environment protected by rule of law continues to improve. Qianhai walks at the forefront of the country in terms of system of rules, administration streamlining and power delegation, business environment optimization, and judicial construction. There is still room for improvement in top-level design and government services. In the future, Qianhai Rule of Law Demonstration Zone should continue to deepen reform and innovation, make up for its shortcomings, and strive to be the vanguard and experimental field in the construction of rule of law in China.

Keywords: Rule of Law evaluation; Rule of Law Index; Rule of Law Demonstration Zone

Ⅲ Law-Based Government

B. 3 An Investigation Report on the "Qianhai Model" of Party Building Work in the Pilot Free Trade Zone

Research Group of Party and Mass Work Department / 065

Abstract: Adhering to the Party's leadership of all work, including rule of law, is the primary basic strategy to uphold and develop socialism with Chinese characteristics in the new era. A pilot free trade zone is an experimental field and a major strategic platform for China to comprehensively deepen reforms. In order to further improve the quality of party building work in the free trade zone, adhere to and strengthen the Party's leadership in the Free Trade Zone, and deeply explore and summarize work experience in party building that can be replicated and promoted, Qianhai Shekou Free Trade Zone made investigations based on its own reality, summarized the achievements of party building work and shaped an outlook on the "Qianhai Model" of party building in the Free Trade Zone, hoping to provide a reference for the innovative development of party building work in other free trade zones across the country.

Keywords: Pilot Free Trade Zone; Qianhai Model; Party Leadership

Abstract: The reform to "separate operating permits from business licenses" is a major measure to deepen the reform of "streamlining administration and delegating power, combining delegating power with strengthen regulation, and optimizing services", to optimize the business environment, and stimulate market vitality. Reviewing the historic reform of "separating operating permits from business licenses" and summarizing the logical context will provide a better path for continuously furthering a market-oriented, legalized, and international business environment in the next step.

Keywords: Separate Operating Permits from Business Licenses; Historic Logic; Full Coverage Pilot

B. 5 Promoting the Qianhai Practice of New Comprehensive Law Enforcement by Platform

Research Group of Qianhai Comprehensive Administrative Law Enforcement Bureau / 089

Abstract: The Comprehensive Administrative Law Enforcement Bureau of Qianhai Shekou Free Trade Zone in Shenzhen and the Department of Justice, Guangdong, jointly built and developed the administrative law enforcement information platform of Guangdong Province to promote scientific law enforcement methods. Law enforcement operations are optimized by data-based and lightweight intelligent technologies to reduce the burden of law enforcement officers, realize automatic collection of law enforcement information, online supervision of law enforcement activities and online inquiry of law enforcement status, promote strict, standardized, fair and civilized law enforcement, and protect the legitimate rights and interests of citizens, legal persons and other organizations. It can also provide strong support for further deepening the reforms to "streamline administration, delegate powers, and improve regulation and services" and the building of a business environment protected by rule of law. Moreover, the uniform platform can meet the public needs for the disclosure and supervision of administrative law enforcement information in a timely manner. The publicity system of administrative law enforcement is fully implemented to further unblock channels for communication with the people, to facilitate public consultation, inquiry, complaint and supervision, and to improve the opening level of law enforcement.

Keywords: Transparent Law Enforcement; Openness and Transparency; Administrative Enforcement of Law

Ⅳ Institutional Innovation

Abstract: Qianhai Shekou Free Trade Zone has always attached great importance to the development of the supply chain industry. The *Master Development Plan for Shenzhen – Hong Kong Cooperation Zone of Modern Service Industry in Qianhai* lists the "modern logistics industry" including the supply chain as one of the four leading industries. Moreover, the *Implementation Plan for the Construction of Qianhai Shekou Area in Shenzhen of China (Guangdong) Pilot Free Trade Zone* clearly put forward the construction goal of "building a global supreme supply chain management center through Shenzhen – Hong Kong cooperation" . Since the launch of the national supply chain innovation and application pilot, the Qianhai Administration Bureau has conscientiously implemented the message of the Central Economic Working Conference, constantly optimized and improved a good business environment for innovation development of the supply chain, promoted the high-quality development of supply chain services in Qianhai Shekou Free Trade Zone, and given play to the role of Qianhai as a core hub of the global supply chain according to the requirements in the *Notice of the Ministry of Commerce and Other 7 Ministries on Launching Supply Chain Innovation and Application Pilots.*

Keywords: Supply Chain Innovation; Service Platform; Supply Chain Standard

Abstract: Since its establishment ten years ago, Shenzhen – Hong Kong Cooperation Zone of Modern Service Industry in Qianhai has thoroughly implemented the important instructions and commands of General Secretary Xi Jinping and stayed firmly positioned as "basing in Hong Kong, serving the Mainland, and facing the world". It promotes the construction of the financial industry as an experimental and demonstration window for opening to the world and as an innovation pilot zone for cross-border RMB transactions. Assuming the main tasks of deepening financial reform, serving the real economy, and preventing and controlling financial risks, it promotes the high-quality development of the financial industry in Qianhai, provides financial support for the development and opening of Qianhai, strives to shape the "Qianhai model" in the financial sector, and produces important practice in the opening and innovation of the financial industry in Qianhai.

Keywords: Financial Reform; Serving the Real Economy; Risk Prevention and Control

Abstract: Qianhai is a strategic platform for national reform and opening up in the new era, which is President Xi Jinping personally planned and personally deployed. In terms of talent work, it shoulders four important strategic missions: building a Shenzhen-Hong Kong talent special zone, an overseas high-level talent innovation and entrepreneurship base, a Guangdong-Hong Kong-Macao talent cooperation demonstration zone, and a national talent management reform pilot zone. In recent years, Qianhai has boldly explored and tried first, innovated the talent policy and talent system and mechanism, and realized the explosive growth and massive concentration of talents.

Keywords: Innovate Talent Policy; Reform Talent System and Mechanism; Mass Concentration of Talents

V Judicial Construction

Abstract: Qianhai Shekou Free Trade Zone is positioned by the State as, among others, a testing ground for institutional innovation. Under this position, a new governance model in which social governance is guided by the statutory body is adopted in the area, which has governance characteristics different from those of general administrative districts and also puts forward new requirements for the administrative public interest litigation model of the procuratorate in the free trade zone. Combined with the theme education of "Staying true to the original aspiration and keeping our mission firmly in mind", the Procuratorate of Qianhai conducted an in-depth special investigation through visits, discussions, and case handling in combination with the public interest litigation work. The investigation found that in doing the procuratorial public interest litigation work, Qianhai has five problems: lack of a win-win concept, poor coordination in the governance structure of the free trade zone, unclear administrative responsibilities, limited means of public interest protection and supervision, and absence of a scientific evaluation system for rectification effects. Qianhai Procuratorate needs to pay attention to the actual situation of Qianhai, do more researches, and plan work for the next phase to tackle the supervision difficulties and the five problems.

Keywords: Public Interest Litigation; Free Trade Zone; Procuratorial Reform

B. 10 Exploration and Practice in Resolve Mass Securities Disputes

Abstract: In recent years, various serious violations of laws and regulations and infringements on the rights and interests of investors in the Chinese securities market have occurred despite repeated prohibitions. To maintain the healthy, stable and sustainable development of the securities market, protecting the legitimate rights and interests of investors, especially small and medium investors, and cracking down various frauds in the securities market are required. A civil compensation system for securities infringement is an important means to increase the cost of violating laws and regulations and protecting the rights and interests of investors in the securities market. With more intensive efforts of administrative investigation and punishment and the enhanced awareness of investors towards rights protection, there are more and more mass civil disputes in securities infringement. However, small and medium investors are trapped in the real dilemma of high costs of rights protection, while courts are also under the pressure of under-staffing for cases. Under this context, Shenzhen Intermediate People's Court has issued the *Procedural Guideline for Resolving Mass Civil Disputes in Securities Infringement Legally* (Trial) based on the characteristics of mass civil disputes in securities infringement and the actual trial work to increase the trial efficiency of mass securities disputes and resolve disputes through multiple and effective means. Meanwhile, with protecting the legitimate rights and interests of investors as the starting point, a systematic solution to mass securities civil disputes is provided to ensure the organic unity of legal effects and social effects of case trials.

Keywords: Securities Disputes; Model Judgments; Representative Proceeding

Abstract: With radical changes brought about by the information technology revolution, new challenges have been imposed on the traditional offline arbitration method. In recent years, the Shenzhen Court of International Arbitration, as the forefront of Internet arbitration construction that focuses on users' needs and stays rooted in the fertile ground of network technology, has accumulated arbitration experience that meets the needs of the Internet era in terms of case trials, platform construction, arbitration rules, and technology application. At present, it has built three platforms: the cloud arbitration case handling system, the mobile arbitration platform, and the intelligent arbitration platform. It has also issued the *Internet Arbitration Rules* and seven court trial procedure for that matter. The Shenzhen Court of International Arbitration continues to strengthen the application of science and technology to help Chinese and foreign parties resolve commercial disputes more efficiently and conveniently.

Keywords: Internet Arbitration; Internet Arbitration; Intelligent Arbitration

Ⅵ Law-Based Society

Abstract: Financial institutions in Qianhai actively fulfill the mission and responsibilities of financial reform and innovation in China. Notarization plays an active functional role in guaranteeing financial reform and innovation, maintaining the security of financial claims, and realizing multiple settlement of financial claims disputes. Qianhai Notary Office works with financial institutions in Qianhai in innovation, jointly exploring the online notarization empowerment project of consumer financial claims documents to provide multiple dispute resolution mechanism for financial institutions in Qianhai, to lend legal service support for the financial reform and innovation in Qianhai, and to provide new models of the People's Court to interpret case sources and govern the sources of lawsuit.

Keywords: Notarization Financial Integration; Integration and Innovation; Governance of Lawsuit Sources

Abstract: In recent years, Qianhai has gradually accumulated experience in building a social credit system with regional characteristics. Especially since 2018, Qianhai has thoroughly summarized and expanded the "Qianhai Model" and has promoted credit-based reform and innovation with institutional innovation as the core to lead high-quality and high-speed development. Now, it has laid the foundation and created the conditions for carrying out reform and innovation of credit construction. Based on this, Qianhai, Shenzhen, applied for the establishment of a credit economy pilot zone in Guangdong Province. At present, Qianhai Free Trade Zone has made a chain of achievements in the construction of credit system, public credit platform, and corporate credit profile. In the future, it will continue to work hard towards the goal of building Qianhai Credit Economic Pilot Zone.

Keywords: Credit System; Free Trade Zone; Qianhai Model

Abstract: From 2018 to 2019, the total score of Qianhai Integrity Index was 86.56, big progress from previous years, which indicated that Qianhai has a good integrity ecological environment and shows good overall performance in the Corruption Control Index, Corruption Opportunity Index, and Corruption Perception Index. These evaluation results showed that Qianhai is a high performing area in terms in integrity. At the same time, the questionnaire survey revealed such problems as the public knowing little about the complaint procedure and a low real-name reporting rate; few channels to participate in corruption elimination governance; few but occasional pulling strings and hospitality to curry favor; high tolerance of negative corruption.

Keywords: Integrity; Corruption Governance; Corruption Tolerance

Ⅶ Intellectual Property Protection

Abstract: In view of tremendous accepted cases, difficult and complicated technical cases, and major significant cases, Shenzhen Intellectual Property Court continuously deepens reform and innovation measures to improve the quality and efficiency of judicial protection trials for intellectual property rights. Committed to serving the innovation-driven development strategy and the construction of the Guangdong – Hong Kong – Macao Greater Bay Area, the Court consolidates efforts to build a world-class business environment, strictly intensifies the protection for intellectual property rights, and insists on promoting reform and development with reform thinking and promoting the driving force of innovation in innovative ways. By carrying out a quick review mechanism reform, making innovations in model judgment mechanism, exploring jurors and a collegial panel of seven in the port area, and imposing strict behavior preservation efforts, the Court comprehensively and deeply promote reform and innovation in the field of intellectual property trial, builds new mechanisms and new patterns of judicial protection for intellectual property rights, and strives to provide strong judicial guarantee for the construction of a socialist pilot demonstration zone in Shenzhen.

Keywords: Judicial Protection; Strict Protection; Intellectual Property Right

Abstract: Qianhai Court, as a new court in FTZ, has jurisdiction over general intellectual property civil cases in Qianhai Shekou FTZ since July 2016 according to the reply of Supreme People's Court. Qianhai Court has always adhered to the guidance of Xi Jinping's new era of socialism with Chinese characteristics, firmly established "four consciousnesses", strengthened "four self-confidences" and achieved "two maintenance", based on Guangdong-Hong Kong-Macao Greater Bay Area, the first demonstration zone of socialism with Chinese characteristics, and Qianhai Free Trade Zone. The location characteristics closely follow the goal of "fast, strict, professional and co-governance", and strive to create a new highland for fair professional trials of intellectual property rights, and create respect for knowledge value and encourage innovation

Keywords: Intellectual Property Rights; Business Environment; Fair Trial

S 基本子库
UB DATABASE

中国社会发展数据库（下设 12 个子库）

整合国内外中国社会发展研究成果，汇聚独家统计数据、深度分析报告，涉及社会、人口、政治、教育、法律等 12 个领域，为了解中国社会发展动态、跟踪社会核心热点、分析社会发展趋势提供一站式资源搜索和数据服务。

中国经济发展数据库（下设 12 个子库）

围绕国内外中国经济发展主题研究报告、学术资讯、基础数据等资料构建，内容涵盖宏观经济、农业经济、工业经济、产业经济等 12 个重点经济领域，为实时掌控经济运行态势、把握经济发展规律、洞察经济形势、进行经济决策提供参考和依据。

中国行业发展数据库（下设 17 个子库）

以中国国民经济行业分类为依据，覆盖金融业、旅游、医疗卫生、交通运输、能源矿产等 100 多个行业，跟踪分析国民经济相关行业市场运行状况和政策导向，汇集行业发展前沿资讯，为投资、从业及各种经济决策提供理论基础和实践指导。

中国区域发展数据库（下设 6 个子库）

对中国特定区域内的经济、社会、文化等领域现状与发展情况进行深度分析和预测，研究层级至县及县以下行政区，涉及地区、区域经济体、城市、农村等不同维度，为地方经济社会宏观态势研究、发展经验研究、案例分析提供数据服务。

中国文化传媒数据库（下设 18 个子库）

汇聚文化传媒领域专家观点、热点资讯，梳理国内外中国文化发展相关学术研究成果、一手统计数据，涵盖文化产业、新闻传播、电影娱乐、文学艺术、群众文化等 18 个重点研究领域。为文化传媒研究提供相关数据、研究报告和综合分析服务。

世界经济与国际关系数据库（下设 6 个子库）

立足“皮书系列”世界经济、国际关系相关学术资源，整合世界经济、国际政治、世界文化与科技、全球性问题、国际组织与国际法、区域研究 6 大领域研究成果，为世界经济与国际关系研究提供全方位数据分析，为决策和形势研判提供参考。

法律声明